우리에겐 희망이 있다

통일국가론

2018년 6월 15일 초판 1쇄
2018년 8월 6일 초판 2쇄

지은이 김천식
펴낸곳 늘품플러스
펴낸이 전미정
책임편집 최효준
디자인 정윤혜
출판등록 2008년 1월 18일 제2-4350호
주소 서울 중구 퇴계로 182 가락회관 6층
전화 02-2275-5326
팩스 02-2275-5327
이메일 go5326@naver.com
홈페이지 www.npplus.co.kr
ISBN 979-11-88024-13-1 03300
정가 20,000원

 늘품은 항상 발전한다는 순수한 우리말입니다.

통일국가론

청년에게 희망을 주는 통일국가
지역 강국을 향한 가슴 벅찬 국가 대혁신

김천식 지음

서문

나는 대한민국의 국가공무원이었다. 지금도 마음은 국가공무원이다. 나는 국가사무를 담당했던 사람으로서 내가 쓴 글을 드러내는 것을 별로 좋아하지 않는다. 나는 주장하기보다는 듣기를 좋아하고 배우기를 좋아한다. 그런데 이 글을 드러내고자한다. 작금의 사태를 보면서 그렇게 할 필요성을 느낀다. 지금 반역이라는 요물이이 땅에서 스멀스멀 번져 나가며 득세하고 있다. 반역이란 나라와 겨레를 배반하고, 주권과 국토를 팔아먹는 것을 말한다. 어느 미국인은 북핵문제를 해결하기 위한제안을 내놓았다. 그것은 미국이 견지해온 한반도 통일을 이제는 포기하라는 것이었다. 그는 미국이 그렇게 하더라도 한국민은 반발하지 않을 것이라고 단언했다. 한국민은 통일에 따르는 부담을 싫어하여 진정으로 통일을 원하는 것 같지 않다는것이다. 그는 미국이 두 개의 한국 구상을 가지고 중국과 협상하라고 제언했다. 한반도를 열강들이 자기들 멋대로 처리했던 옛일을 상기하게 된다. 우리더러 분단국에 그대로 눌러살라고 하는 것은 우리를 멸시하는 것이다. 그런데 사람은 스스로잘못된 뒤에야 남이 그를 모욕한다고 했다. 사태가 이 지경까지 이르게 된 데에는우리의 책임이 크다.

사실 이 땅에는 통일을 원치 않는 사람들이 점점 늘어나고 있다. 남북한 간 분단이오래되고 한반도가 통일될 것 같지 않은 절망적 상황이 연이어 일어나고 있다. 많은사람이 좌절하면서 분단 현실에 익숙해지며 이에 안주하고자 한다. 일부 식자들은이제 통일할 필요가 없다고까지 주장한다. 한민족이 한반도에서 두 개의 나라로공존하는 것이 현실적이라는 것이다. 어떤 사람들은 세계화의 흐름을 타고 한민족의 민족개념을 거세하며 민족공동체를 폄훼하고 있다. 현실 안주와 사대주의에 빠져 나라를 망쳤던 우리의 옛날을 되풀이하는 듯하다.

팔천만 한민족은 이제 세계 유일의 분단국에서 살고 있다. 분단국이란 온전치 못한 나라이다. 국토가 반쪽 났고, 주권이 반으로 제약되어 있으며, 국민이 갈라져 있다. 한민족은 통일을 이룩할 때까지는 완전한 자주독립을 달성했다고 할 수 없을것이며 온전치 못한 나라에서 사는 것이다. 영토와 주권과 국민이 제대로 되어 있지 않은데 이를 정상이라 말할 수는 없다. 이러한 비정상을 바로잡는 것이 한민족에게는 절체절명의 과제이다. 비정상이 오래됐다고 해서 이것을 정상으로 보자고 말할 수는 없다.

일부 지식인들이 이제는 통일을 추구하지 말고 두 나라로 살자고 주장하는 것은 선의에서 나왔을 것이다. 그러나 그것은 우리의 영토를 떼어내고 주권을 제한하며 자기의 국민을 버리는 것이다. 이는 분명한 반역이다. 제정신인 사람은 그러한 반역에 가담하지 않는다. 지식인은 본래 인간의 자유와 사회의 정의를 추구하며 나라를 바르게 하는 것을 사명으로 한다. 이들은 대중들보다 앞서서 시대를 읽고 경종을 울려야 하는 사람들이다. 우리나라에서 지식인이란 나라의 분단을 극복하여 통일을 촉진하는 일에 앞장서야 할 사명이 있다. 한반도가 분단되어 있다는 사실 그 자체가 잘못된 것이다. 이것은 우리 민족 스스로를 서로 반목하게 만들고 비열해지게 한다. 이것은 또한 주변 외세의 패권경쟁에 한민족이 휘말리게 한다. 우리는 이러한 악마의 사슬을 끊어내고 질곡의 역사에서 벗어나기 위해 진력해야 한다.

이 땅에서 식자들의 반역은 과거에도 있었다. 한민족의 주권을 일제에 송두리째 팔아넘긴 주역들은 식자들이었다. 한반도를 강점했던 일제가 거기에서 멈추지 않고 만주국을 세우고 중국과 동남아 여러 나라와 남태평양의 군도를 모두 석권하고, 인도까지 넘보면서 미국과 맞붙던 때가 있었다. 조선의 어떤 식자들은 그렇게 강성한 일제와 싸워 독립하겠다고 하는 것을 실없는 짓이라고 비웃었다. 그들은 조선민중에게 독립의 꿈을 접고 일제와 협력하여 잘살아 보는 길을 찾자고 주장했다. 그들은 그것이 현실적이라고 선동했다. 식자들이 앞장서 그러한 주장을 펴자 많은 조선민중이 움직였다. 언어는 끊기고 창씨개명이 줄을 이었다. 그 어렵고 절망적인 상황에서도 대한민국 임시정부의 깃발은 의연했고, 독립지사들은 항일 독립의 뜻을 꺾지 않았다. 한민족이 일제의 식민지로 남겠다는 것은 옳지 않은 일이었기 때문이다. 일제는 어느 날 허망하게 망해버렸고 한민족은 갑자기 해방됐다. 뒷날 우리는 독립을 포기하고 일제와 잘 지내는 것이 현실적이라고 주장했던 그들을 찾아냈다. 우리는 그들을 친일반역자라고 규탄한다.

한민족은 일제강점하에서는 완전한 자주독립을 위해 싸웠으며, 분단 시기에는 통일을 추구함으로써 미완의 독립을 완성하고자 했다. 완전한 자주독립과 근대국민국가 형성을 향한 한민족의 꿈과 노력은 이렇게 지난 백 년 이상 계속됐다. 그 핵심

에너지는 민족이었다. 한민족의 마음속에 통일된 자주독립국가에 대한 의지가 살아있고 언어가 달라지지 않는 한 언젠가는 우리는 그 꿈을 실현할 수 있을 것이다.

한반도의 분단은 오래됐고 지금 한반도 정세에서 통일은 요원해 보인다. 이러한 상황에서 통일을 주장하는 것이 실없어 보이고, 두 나라로 공존하는 길을 찾자고 말하는 것이 그럴듯하고 현실적으로 보일지도 모르겠다. 통일의 주인인 한민족이 통일하지 말자고 하면 한민족은 영구적으로 분단된다. 한반도를 통일시킬 외세는 어디에서도 찾아볼 수 없기 때문이다. 한반도와 국경을 맞댄 국가들이 한반도의 통일을 바라지 않는다는 것은 상식에 해당한다. 주변 열강들은 한민족에게서 통일의 생각이 없어지고, 한반도 통일의 가능성이 자연스럽게 사라지기를 내심 기다리고 있을지도 모른다. 한반도가 영구 분단되면 나라와 민족은 더욱 쪼그라들고 위축될 것이다. 그것은 한민족에게 좋은 일이 아니다. 통일이 비록 어렵더라도 이를 추구하는 것이 타당하다. 사람은 바른 것을 추구하기 때문에 존엄하다. 한민족이 자기 주권의 핵심인 통일을 강력하게 추구할 때 주변국들은 한민족을 더 존중할 것이다. 한민족이 치열하게 통일을 추구해야 그나마도 통일의 기회가 열릴 수 있다. 세상은 한순간도 쉼 없이 변화한다. 앞으로 어떠한 일이 일어날지 알 수 없다. 우리는 완전히 새로운 미래를 맞이할 준비를 여러 가지 방면에서 해야 한다. 나는 한민족이 반드시 통일해야 한다고 주장하며 이 글, 『통일국가론』을 쓴다. 나는 이 글에서 통일국가를 주문처럼 되풀이하고 또 강조한다.

당위적으로 말하자면 공무원은 국가의 사무와 공공의 문제에 대해 끊임없이 관심을 가지고 의견을 내야 한다. 나는 국가공무원으로서 오랫동안 공공의 문제를 틈나는 대로 궁리했고 나름대로 견해를 정리하기도 했다. 이것을 지난 2016년 말에 들어와 통일이라는 관점을 가지고 다시 쓰기 시작했다. 그래서 「통일국가론」이다. 통일은 나라의 재구성 작업이다. 이때 우리는 바른 나라, 좋은 나라를 만들고 나라가 계속해서 그러한 방향으로 나아가도록 해야 한다. 가장 중요한 것이 '통일된 새로운 나라'의 방향과 구조를 정립하는 일이다. 이에 관해 내가 그동안 배우고 듣고 읽었던 것을 바탕으로 내 생각을 정리한 것이다. 나에게는 훌륭한 선생님이 참으로 많았다.

통일국가론의 글쓰기는 두 가지 줄기로 되어 있다. 첫째는 통일의 필요성을 강조한다. 나는 우리가 이루고자 하는 '부강한 조국, 제대로 된 나라'는 그 답이 통일에 있다고 믿는다. 통일국가는 상상을 뛰어넘는 새로운 나라이다. 통일은 민족자결권과 국가의 주권을 완전하게 한다. 통일국가는 평화를 수호하고 자유와 인권, 정의와 평등을 바로 세우게 된다. 통일국가는 경제적 번영을 이룩하여 세계 일등 국가이자 세계 5강의 지역 강국으로서 위상을 확립할 것이다. 우리는 민족사를 회복하고 한민족의 정신을 개벽하며 제대로 살아가기 위해 통일을 추구한다.

두 번째 줄기는 통일국가는 어떠한 나라여야 하는가에 대한 탐구이다. 나라는 왜 존재하며 무엇을 해야 하는가, 제대로 된 공동체는 어떠해야 하는가, 공직자의 자세는 어떠해야 하는가를 끊임없이 묻는 것이다. 이것은 오늘날 우리의 문제이기도 하다. 통일국가는 자유주의와 민주주의, 그리고 공화주의의 진정한 가치를 실현하기 위해 국가운영을 어떻게 해야 하고 국민은 어떠해야 하는가를 탐색했다. 분단된 나라를 통일한 국가로서 국가의 재분열 방지 조건을 논했다. 나아가 통일국가는 개방적이며 날마다 새로워지는 문화국가를 지향해야 함을 제안했다. 이 글에서는 통일을 이루기 위한 방도는 다루지 않는다. 그것은 별도의 논의로 정리했다.

이 글의 내용은 학술적인 논의가 아니다. 통일국가를 탐구하는 것이며 주장하는 내용은 주관적이고 부분적이다. 그러나 현실에 매여 있는 우리의 눈높이를 통일된 국가로 가져가기 위해 글의 제목을 '통일국가론'으로 정했다. 통일국가라는 관점에서 가슴을 확 펴고 정세의 틀을 생각하며 나라의 방향을 탐구하고자 했다. 우리는 분단 현실에 길들여져 있고 마음까지도 반으로 위축되어 있다. 현실은 암담하고 절망적이다. 나는 한민족이 제대로 된 나라를 만들어 자존감을 가진 국민으로 살아남기 위해서는 반드시 통일해야 한다는, 그리고 통일은 우리의 마음속에서 시작한다는 결의를 가지기를 간절히 바라고 있다. 한반도의 분단은 옳지 않은 일이다. 옳지 않은 일은 반드시 힘을 잃을 것이다. 하늘은 스스로 돕는 자를 돕는다 했다. 나는 한민족의 청년들이 강하고 제대로 된 나라, 통일국가를 상상하며 보다 강건해지고 희망을 갖기를 바란다.

2017년 8월 15일 광복절에 씀.

Contents

서문   4

제1장 한민족의 국가 탐구   13

1. 통일과 국가   14
한민족의 나라에 관한 사색 / 국가권력의 속성 /
통일국가의 국가권력

2. 한민족이 나라에 거는 기대   33
광복과 한민족의 국가 구상 / 국가의 안전보장 /
인권의 존중 / 자유의 수호 / 정의의 확립 / 민생의 보호

3. 통일에 대한 생각   59
통일하겠다는 것의 의미 / 민주주의 실현과 민족자결권 행사를
통한 통일 / 한민족 통일의 연원과 근거 / 민족정체성 유지

제2장 한민족의 통일국가는 이러한 나라   79

1. 한민족의 통일국가   80
전혀 새로운 나라, 통일국가 상상하기 / 통일국가의 방향

2. 국가의 재분열 방지를 위한 국가제도 수립   94
통일국가로의 귀속 의식 / 단일국가체제의 확립 / 단층 구조의
지방행정체계 형성과 강력한 지방자치 / 대통령 직선제와
대통령직의 지역순환 / 단원제 통일국회 구성과 중선거구제 /
공직의 지역균형 선발과 계층이동의 사다리 설치

제3장 **자주독립국가의 위상 확립** 123

1. 한민족사의 복원 124
   자주적 민족사관 정립 / 통일국가의 역사복원과 승계 /
   통일국가의 역사정신

2. 자주와 자강의 길 139
   국가 장래에 닥치는 도전에 대한 대응 / 세계1등, 세계5강의
   통일국가 목표 설정 / 국가의 안전보장을 위한 자강

3. 해륙국가의 위상과 외교 156
   해륙국가의 정체성 확립 / 지역 강국의 자주외교와 동맹 /
   개방적 민족국가 체제

제4장 **국민이 주인인 나라의 바른 정치** 167

1. 국민주권주의의 실현 168
   나라의 주인으로서 권리와 의무 / 국민의 기본권 보장 /
   선거의 완전공영제 실시와 돈 들지 않는 정치 실현 /
   읍·면·동 민회의 운영과 국민의 참정권 강화

2. 민주주의의 제도정착 185
   통일국가 국가기구 구성의 원리 / 법치주의 / 대의정치 /
   정치적 다원주의 / 민주주의 가치 수호와 선동정치의 배격

3. 공화주의 199
   삶의 틀로서 공화정 / 국민의 공공정신 / 지방자치를 통한
   복지공동체 실현

제5장 **남북 통합과 30년 고도성장하는 일등경제**　　211

1. 나라의 민생보장 책임　　212

2. 세계일등 경제 추구　　218
　자유 시장경제의 진작 / 시장의 민주주의 / 세계일등 경제
　추구 / 건전 재정정책

3. 통합과 확장을 통한 고도성장과 고용 증진　　242
　도전받는 사람의 일자리 / 남북 간 통합경제 구축 /
　산업의 체계 관리와 고용 증진

제6장 **아름다운 문화국가**　　259

1. 문화국가의 방향　　260
　아름다운 문화국가의 길 / 문화국가를 위한 국가의 역할 /
　문화국가의 문화인

2. 문화국가의 기반 구축　　276
　인재양성 / 가정의 보호 / 문화 예술의 기반 확충 /
　공간문화의 구성

3. 교육입국敎育立國　　290
　새로운 시대와 통일국가론을 이끌어 가는 교육 /
　14년 의무교육과 충실한 공교육 / 대학의 역할

제7장 **희망 있고 공정하며 안전한 나라**   305

1. 중산층이 중심인 나라   306
   중산층이 강한 사회 / 중산층의 육성과 보호

2. 희망 있는 공정한 사회   313
   청년의 기회 / 좋은 일자리와 안정된 소득 / 공정한 사회

3. 안전한 사회   324
   자기책임의 원칙과 공적 부조의 조화 / 사회안전망 구축 /
   100세 시대의 사회시스템 구축과 노후생활 보호 /
   사회적 약자 보호

4. 대동사회의 꿈   337

에필로그   340

제1장

한민족의 국가 탐구

1

통일과 국가

한민족의 나라에 관한 사색

우리는 왜 통일을 해야 하는가? 이 문제는 역사적으로 일제 식민
시대와 연결돼 있다. 한민족이 국권을 잃지 않았다면 한반도가 분단
되는 일은 없었을 것이다. 한반도의 분단은 제2차 세계대전 후 전승
국이 식민지를 처리하는 과정에서 생겨난 문제였다. 그때까지 한민족
은 분단을 상상할 수 없었다. 한민족은 일제하에서 광복을 추구했고
그것은 당연히 하나의 민족국가를 회복하는 것이었다. 통일은 이렇게
일제 식민시대부터 한민족이 이루고자 했던 하나의 자주독립국가를
만드는 정치과정이다.

통일문제는 또한 근원적으로 나라의 문제와 연결돼 있다. 일제하
에서 독립지사들은 우리가 광복을 이룩하면 어떠한 나라를 만들 것
인지 깊이 궁리했다. 통일은 이러한 독립지사들의 탐구가 일단락되는
것을 의미한다. 나라의 문제는 먼 옛날부터 인류의 큰 관심사였다.

공자, 맹자, 플라톤, 아리스토텔레스, 삼봉, 다산 등을 포함하여 많은 성현으로부터 근현대의 사상가, 정치가 그리고 우리가 알고 있는 내로라하는 철학자 중에 이에 대한 견해를 남기지 않은 사람이 없을 정도다.

나라는 왜 존재해야 하는가? 이러한 나라에 대한 질문은 현재를 사는 우리에게도 사색의 중심 테마이다. 따지고 보면 나라는 사람들의 사색의 결과물이다. 그러나 일반적으로 사람들은 그 문제를 따져 묻지 않는다. 사람들에게 나라는 태어나면서부터 그냥 존재하고 있었다. 그들은 국가와 그 존재 이유를 이미 주어진 그대로 인식했다. 한민족도 또한 마찬가지였다.

조선왕조가 끝날 때까지 우리 조상들에게는 태어나면서부터 나라가 있었고, 그 나라의 주인은 임금님이었다. 군왕은 절대적인 존재였으며, 사람들은 왕에게 그냥 복종해야 하는 신민이었다. 그리고 제왕은 당위적으로 어떠해야 한다는 것은 경전에서나 기록되어 있는 것이지, 그의 처분에 대해 백성들이 시비를 가릴 수는 없었다. 조선시대에 자기의 왕을 상대적인 존재로 격하시키고, 절대적인 충성의 대상을 외부에서 찾았던 사대주의자들이 있었다. 그 사대주의자들은 앞장서서 나라를 팔아먹었지만, 그들이 이상한 행동을 하면서도 나라를 근본적으로 사색했다는 기록은 찾아볼 수 없다.

한민족이 나라의 문제를 깊이 생각하게 된 것은 역설적이게도 나라가 없었던 때이다. 거슬러 올라가 보면 19세기 말 천하의 질서가 흔들리고 나라의 앞날은 위태로웠다. 이때 조선의 지식인들은 나라의 문제를 새롭게 궁리하기 시작했다. 동학은 세상을 완전히 개벽해야 한다고 가르쳤다. 갑오농민운동은 그 정신을 이어받았다. 개혁적 지식인들은 동도서기를 주장하기도 하고 경장과 정변을 추구하기도 했다.

만민공동회는 권력이 공공의 사물임을 주장하여 공화주의 정신을 내보이기도 했다. 당시 개혁운동은 자주정신에 투철하지 못했고 근대성에 미달하여 모두 실패했다. 그러다 어느 날 군주주권의 나라인 조선이 조용하게 망해버렸다.

나라가 망한 이후 우리의 조상들은 조선이라는 나라가 없어졌는데도 조선 민족은 의연히 존재함을 발견했다. 나라와 민족의 분리를 경험한 것이다. 독립지사들은 한민족의 공동체를 정치적 실체로 인식했다. 이들은 민족공동체의 정체성을 가지고 독립운동을 전개했으며 이를 기반으로 나라를 되찾고자 했다.

1919년 4월 대한민국 임시정부 헌장에서는 대한민국이 민주공화제를 채택하며, 자유와 평등을 추구할 것임을 규정했다. 과거와는 전혀 다른 새로운 나라를 만든 것이다. 대한민국 임시정부는 기미독립운동을 통해 우리 민족이 자유인이며, 우리나라가 독립국가임을 선언한 데서 비롯했다. 우리 조상들은 기미독립선언에서 반만년 역사의 권위와 이천만 민중의 의사와 인류 양심의 발로에 기인한 세계 개조의 대기운에 바탕을 두고 한민족의 자주독립을 선언한다고 밝히고 있다. 따라서 한민족이 자주독립국가를 이룩하는 것은 하늘의 명명明命이며, 시대의 대세이며, 인류 공존동생권共存同生權의 정당한 발동임을 천명했다. 이렇게 민주공화국 대한민국의 탄생은 엄청난 근거와 배경을 가지고 있다.

한민족은 나라를 상실한 참변 속에서도 날마다 선혈로 강토를 물들이며 독립을 외쳤다. 한민족이 일제 침략자와 매일 목숨을 걸고 싸운 것은 국권의 절멸絕滅을 인정할 수 없었기 때문이다. 이를 이끌었던 독립지사들은 열린 마음으로 역사와 시대와 국가를 치열하게 탐구하며 대의에 기초하여 새로운 나라를 구상했다. 이들에게는 기존 국가나 체제의 제약이 없었다. 이때 한민족은 비로소 모름지기 나라는 이러해야 한다고 근원적으로 사색하게 된 것이다. 그 결과가 기미독립선언과 대한민국 임시정부의 정치이념으로 나타났다.

한민족은 민주공화국을 선포함으로써 과거의 정치체제와 단절을 선언했다. 경술국치1910년 이후 한동안 존왕尊王사상과 구 왕조의 회복을 위한 복벽復辟운동이 있었다. 우리 조상들은 나라를 잃은 지 10년이 채 안 돼 왕정체제에 대한 미련을 완전히 지우고 민주공화제의 국가 체제를 선택했다. 이제 나라의 주인은 왕이 아니라 국민이며, 국민이 나라를 이끌어 가야 한다고 선언했다. 군주주권은 사라졌고 국민주권의 대한민국은 일제의 지배를 거부했다. 대한민국 임시정부는 계급을 타파하고 모든 면에서의 일체 평등과 국민의 자유를 보장함을 국가의 원칙으로 정했다. 이것은 그야말로 파천황의 대전환이었다. 독립운동 지도자들은 당시 세계에서 가장 선진적인 사상을 우리의 정치현실에 적용하고자 했다. 그들은 개방적이고 호활했으며, 그 꿈과 이상은 매우 높았다. 왕조체제의 파괴로 인해 구질서의 제약이 사라졌기 때문에 이러한 혁신적인 합의가 가능했을 것이다.

그즈음 인류사회는 제1차 세계대전의 결과로 구질서가 무너졌다. 그 틈에서 인류사회는 새로운 정치이념의 실험을 경험하고 있었다. 이러한 시대적 흐름 속에서 한민족은 자주독립을 이룩하여 새로운 나라, 새로운 정부를 수립하고자 했다. 한민족은 새로운 나라가 어떠한 이념과 제도를 기초로 성립되고 운영되어야 하는가에 대한 해답을 찾고 있었다. 한민족의 지도자들은 세계의 선진사상과 세계사의 진운을 탐구하였다. 그들에게 중국이나 일본은 물론 제국주의와 전쟁으로 찌든 유럽의 구질서는 우리가 닮고자 하는 모델이 될 수 없었다. 조선의 독립을 선언했던 당시에 한민족 지도자들에게 매력적으로 보였던 나라는 신흥 강국 미국이었다. 또 하나의 모델은 사회주의 혁명에 성공하여 역사상 최초로 현실 사회주의 정권을 세운 소련이었다.

미국은 이념형으로 분류하자면 자유의 나라이다. 미국은 원래 종교탄압을 피해 자유를 찾아 구대륙 유럽을 탈출한 사람들이 신대륙에서 세운 나라였다. 이들은 자기들이 지향하는 가치를 실현하기 위해서 인위적으로 미국을 건국했다. 이들은 국가라고 하는 것을 인간의 자유와 인권을 보장하기 위한 장치여야 한다고 보았다. 이들에게는 미국이라는 나라는 본래부터 존재했던 것이 아니다. 그들은 국가의 절대성을 인정하지 않았다. 미국은 자기들founding fathers이 만든 나라였다. 그들은 천부인권天賦人權 사상을 바탕으로 인권의 절대성을 인정했다. 미국의 독립운동 지도자들은 국민주권과 자유민주주의 원칙을 채택했다.

미국은 1776년 독립을 선언하면서 이를 분명히 했다. 즉, 모든 사람은 평등하게 태어났고, 하늘로부터 생명과 자유와 행복 추구의 권리를 부여받았으며 이는 불가양이다. 이 권리를 확보하기 위하여 사람들은 정부를 조직하였으며, 정부의 정당한 권력은 인민의 동의로부터 유래한다. 어떠한 형태의 정부든 이러한 목적을 파괴할 때는 언제든지 변혁하거나 폐지되어야 한다. 정부는 인민의 안전과 행복을 가장 효과적으로 가져올 수 있어야 한다. 이러한 원칙을 실현할 수 있는 새로운 정부를 조직하는 것은 인민의 권리이다.

미국의 독립은 자유민주주의에 의한 정치체제가 인류역사에서 처음으로 탄생했음을 의미한다. 주권재민과 자유민주주의 정치사상이 현실정치에서 구현된 것이다. 미국의 독립은 절대 왕정에 반대하는 민주주의 혁명이었다. 그 혁명의 목적은 인민의 자유·평등을 보장하고 국민주권을 확립하는 데 있음을 명확히 했다. 이는 수천 년간 인류 역사의 흐름을 바꾼 대사건이었다. 그 이전 인류의 정치는 기본적으로는 왕정체제였다. 하나의 왕조는 강력한 무력을 가진 절대 강자에 의해 세워졌다. 나라의 정치는 왕의 무력에 의해 성립된 지배 복종 관계였다. 따라서 치자와 피치자는 기본적으로 군신관계이고 불평등 관계였다. 미국에서의 새로운 정치는 대통령을 국민이 선출하는 등 피치자가 통치계급을 선출하고, 치자와 피치자의 평등 관계를 이룩하였다. 또한 정부의 정당성은 피치자의 동의에서 비롯된다고 규정함으로써 세상을 완전히 변혁했다.

미국에서의 이러한 정치실험과 짝하여 1789년에 프랑스 대혁명이 일어났다. 프랑스 시민들은 파괴적으로 왕정체제를 무너뜨렸다. 이들은 자유·인권·평등 사상과 국민주권론에 기초하여 공화정을 세웠다. 그 이후 세계적으로 국민이 국가지도자를 선거하는 정치는 계속 확산됐다. 유럽에서는 입헌주의와 공화제가 정착되었다. 제2차 세계대전 후 신생국가에까지 이것이 확산됐다. 1990년 냉전이 끝나면서 동구 여러 나라와 러시아도 국민주권주의를 채택했다. 2010년에는 중동과 북아프리카 국가들에서도 민중봉기를 통해 민주주의를 실현하고자 하는 조짐이 있었으나 여기에서는 아직까지 혼돈과 진통을 겪고 있다.

지금도 지구상의 한 편에서는 국민들의 정부 구성권을 부정하고 있다. 이들은 당의 독재나 과두제 또는 지도자의 절대 권력과 세습을 당연시한다. 나아가 이들은 독재체제의 지배질서가 효율적이라고 옹호하면서 이를 널리 확산시키려는 움직임까지 보이고 있다. 인지가 발달하지 않고 가난한 나라에서는 인권을 침해하는 독재자들이 건재하고 있다. 역사에서는 종종 반동이 있었다. 오늘날 신문명이 전체주의에 봉사할 위험성도 있으나 인류사회의 개명으로 볼 때 앞으로도 국민주권주의는 더욱 확산될 것이다.

한민족의 독립지사들이 보았던 미국은 새로운 정치 이념의 실험장이었다. 그뿐만 아니라 신흥 강국이자 제1차 세계대전 이후 새로운 패권 국가였다. 그러한 사실 자체가 독립을 추구하는 한민족에게는 미국이라는 나라는 기대를 걸어볼 수 있는 국가였다. 미국은 민족자결주의를 주창하고 식민지의 해방과 자주독립을 옹호하였다. 세계경제를 폐쇄적인 식민지 블록체제에서 개방적인 자유무역체제로 전환하는 것이 정치 경제적으로 바람직하다고 보았기 때문이다. 미국의 윌슨 대통령이 제안한 민족자결주의는 한민족에게 희망을 주었다.

미국의 정치는 당연히 독립지사들이 참고해야 할 하나의 모델이었다. 하와이 이민 사회를 근거로 형성된 미주지역의 독립운동 세력은 미국의 정신과 정치를 한민족에게 전달하는 통로였다. 이러한 독립투사들의 지향성이 대한민국 임시정부 헌장에 반영됐다. 해방 후 대한민국은 건국의 기원을 대한민국 임시정부로 규정했다. 그리고 미국의 지원 하에 수립된 대한민국 정부가 기본 철학과 정치의 원리를 미국식의 자유민주주의와 시장경제체제로 선택한 것은 자연스러운 귀결이었다.

일제에 저항하던 독립투사들에게 큰 충격과 희망을 준 사건은 1917년 러시아에서 일어난 소비에트 혁명이었다. 문명사적으로 봤을 때 20세기는 사회주의 혁명의 세기, 이데올로기의 시대였다. 1917년 10월 러시아 사회주의 혁명이 일어남으로써 20세기는 그때 사실상 시작되었고, 1991년 12월 소련이 망함으로써 20세기는 끝났다. 소련의 볼셰비키 혁명으로 시작된 현실 사회주의는 인류 역사에 있어서 경험한 적 없었던 대실험이었다. 그 이전 수천 년간 인류사회는 기본적으로 사유재산제를 바탕으로 해왔다. 소련의 소비에트 정권은 인류 역사상 최초로 모든 생산수단의 사유를 전면 금지하고 계획경제를 실시했다. 그렇게 해서 시작된 20세기는 지난 한 세기 동안 계획경제와 시장경제가 치열하게 경쟁하고 대결한 세기였다.

혁명에 성공한 소련은 사상의 메카이자 사회주의 국가들의 조국으로 불리었다. 새로운 이상을 추구했던 소련은 한때 세계 열혈 청년들의 절대 신뢰의 대상이었으며 희망이었다. 그러나 사회주의는 인간 본성에 대한 잘못된 전제에서 출발했다. 계획경제로는 국가가 국민들의 경제적 욕구를 충족시킬 수 없다는 것이 판명됐다. 한 세기 동안 새로운 형태로 역사의 전면에 나타나 세계의 절반 이상을 지배하며 국제질서를 좌우하던 최강국 소련이 1991년 12월 속절없이, 갑자기 망해버렸다. 다른 사회주의 국가들도 모두 계획경제를 버리고 체제를 전환했다. 러시아와 동유럽과 중국이 모두 자본주의와 시장경제 체제를 택하고 있다. 분단시대에 북한은 계획경제를 하겠다고 버텨보았으나 배급제가 거의 작동하지 않았다. 대부분의 북한 주민들은 시장에 의존했고 시장이 번성했었다. 오늘날 공산주의와 사회주의는 개념이나 명목으로만 존재한다. 정치현실에서는 사회주의 국가도 공산주의 사회도 없다.

20세기 초반 나라가 없던 시절, 많은 독립운동가들은 얼어붙은 두만강과 압록강을 넘나들었다. 이들은 만주와 연해주에서 일제에 항거하며 새로운 자주독립 국가를 염원했다. 새로운 국가체제를 모색하던 한민족의 독립투사들에게 1917년 레닌의 성공은 큰 자극제였다. 사회주의는 기존 질서를 거부했다. 볼셰비키 혁명은 사유재산의 철폐와 공산사회 건설, 프롤레타리아 폭력혁명과 계급해방, 반제국주의와 피지배민족의 해방 등 앙시앙 레짐을 완전히 무너뜨리겠다고 선전했다.

일제의 민족말살 책동과 폭정에 항거하며 기진해 있던 독립투사들에게 볼셰비키 혁명구호는 매우 신선했으며 새로운 기운이었다. 그것이 구호나 꿈에 그치지 않고 세계에서 가장 큰 나라 소련에서 현실적으로 실현되고 있었다. 사회주의 혁명의 열정은 소련 밖으로 번져나가면서 세계를 뒤흔들었다. 이러한 현실을 보면서 상당히 많은 독립투사는 사회주의 체제를 새로운 나라의 모델로 삼아야 한다고 생각했다. 더구나 소련 지도자들은 세계 피지배 민족의 해방투쟁과 저항운동을 지원하기까지 했다. 한민족의 일부 독립지사들은 소련의 자금지원과 혁명지침을 받았다. 소련은 사회주의 혁명을 수출하고자 했다. 많은 지식인과 독립운동가들이 사회주의에 빠져들었다. 식자들 사이에서는 독서회와 브나르도 운동이 들불처럼 번졌다. 사회주의 운동이 일제의 압박과 암울했던 시대를 이겨낼 활로처럼 보였던 것이다. 소련군 점령하에서 수립된 조선민주주의인민공화국의 정부가 사회주의와 일당독재를 국가운영의 기본 원리로 채택한 것도 또한 당연한 일이었다. 북한은 뒷날 이러한 기반위에다가 항일혁명전통의 신화를 만들어 인민을 세뇌함으로써 개인숭배와 수령의 유일 영도체제로 변질되어 갔다.

사회주의 체제 국가가 출범했던 20세기 전반, 세계는 인간해방의 이상주의로 들끓었다. 사회주의 국가는 나라가 경제를 모두 관리하며 인민생활을 책임지겠다고 약속했다. 이렇게 하는 것이 제국주의를 타파하고 세계평화를 가져올 것이며, 인간의 자유로운 발전을 실현할 것이라고 선전했다. 사람들은 그러한 이상이 현실 정치에서는 곧 구성원 전체를 완벽하게 통제하는 전체주의 체제로 나아가리라는 것을 미처 심각하게 생각하지 못했다. 사회주의는 나라를 하나의 가치체계로 일색화했다. 전체주의 국가는 모든 언론과 교육을 장악하여 인간을 세뇌하고 먹을 것과 공포를 수단으로 인간을 개조하였다. 사람들은 모든 자유를 상실하고 인간으로서의 존엄성까지 파괴됐다.

전쟁의 혼란과 선전선동으로 인해 사람들은 현실 사회주의 체제에 내포되어 있는 폭력성을 제대로 깨닫지 못했다. 이것은 뒷날에나 알려진 것이었다. 사회주의 혁명이 내세우는 이상과는 달리 소련이 현실에서는 폭압적 내정을 할 뿐만 아니라 외정에서도 매우 침탈적이었으며 강포했다. 스탈린은 다른 나라에 자기 체제를 이식하기 위해 스스럼없이 군대를 썼다. 소련은 동유럽에서 일어났던 시민들의 자유화 운동을 탱크로 깔아뭉갰다. 한때 제국주의 침략 국가들이 우리나라에 군대를 밀어 넣어 내정간섭하고, 실권자였던 대원군을 자기 땅으로 납치하여 유폐시키거나 왕후를 살해했다. 이와 똑같은 만행이 국제주의를 내걸고 그대로 재현됐다. 코민테른은 종주국 소련의 제국주의를 은폐하기 위한 도구였다. 무계급 사회와 피지배 민족의 해방, 국가소멸론은 허상이었고 기만이었다.

일제하에서 많은 항일운동가들이 사회주의를 환호할 때, 그때에도 독립투쟁에 앞장섰던 민족 지도자들은 사회주의의 확산이 뭔가 불온하다고 느꼈으며 탐탁지 않았다. 그들에게는 노동계급의 국제적 연대를 내세우며 민족을 부정하는 사회주의 원리가 우선 달갑지 않았다. 공산주의는 계급해방과 무계급사회를 주장하며 국가소멸을 선동하였다. 이는 독립지사들이 목숨보다도 더 소중하게 생각했던 조국을 능멸하는 것이었다. 사회주의자들은 소련을 조국으로 추종하며 소련의 지령에 따라 일사불란하게 움직였다. 민족주의자들은 사회주의가 제국주의 타파와 국제주의를 내세우면서 사람들을 현혹하여 세계적인 차원에서 민족국가의 주권을 부정하고 있음을 알아차렸다. 민족국가를 부정하는 것은 더욱 악랄한 제국주의의 변종이었다. 계급독재와 집단주의의 명분하에 개인의 자유를 말살하는 것은 독립운동의 본원적 가치를 부정하는 것이었다. 그러나 한민족의 많은 사람은 해방 투쟁의 긴 터널에서 사회주의의 어두운 면을 보지 못하고 그 선전 선동에 빠져들었다. 이때 민족 내부의 사상적 분열은 한민족 독립운동에 큰 내상을 주었다. 그러나 그것이 분단의 씨앗이 될 수는 없었다.

한민족은 이와 같이 지난 한 세기 동안 국가를 근원적으로 사색했다. 그 결과로서 백지 위에 민주공화체제를 그렸으며, 자유민주주의나 사회주의의 국가원리를 도입하여 정부를 수립했다. 역사에서 몇 가지 예외는 있었지만, 체제를 바꾸거나 새로운 체제를 수립하는 것은 지난한 일이었다. 그러한 과정은 기본적으로 피를 부르는 권력투쟁이었다. 사회주의 체제를 처음 수립하는 것도 폭력혁명이었으며 많은 사람이 살상됐다. 우리는 지금도 세계도처에서 이러한 참극이 일어나고 있는 것을 목격하고 있다. 한민족은 그러한 심각한 권력투쟁 없이 국가의 체제를 바꾸고 새로운 정치체제를 도입했다. 한민족은 이러한 이유로 인해 정치과정의 권력투쟁과 국가권력이 내포하고 있는 폭력과 유혈의 속성을 간과하기도 한다. 때로는 경험적 맥락을 무시하고 이념을 교조적으로 주장하거나 광신함으로써 현실을 혼란스럽게 한다.

국가권력의 속성

국가권력이란 강제력coercive power이다. 정치학에서는 적나라하게 폭력naked power을 제도화한 것이라고 정의한다. 나라는 규칙을 만들어 그 국민들이 따르도록 강제한다. 돈이 필요할 때는 국민들에게서 돈을 세금으로 걷어 간다. 어떤 경우에는 재산을 강제로 수용하기도 한다.

때로는 사람을 잡아가고 감옥에 가두기도 하며 사형이라는 이름으로 생명을 앗아간다. 젊은이들을 징집하여 군대를 구성하고 어떤 때는 죽음이 기다리고 있는 전선으로 이들을 내보낸다. 헌법에서는 이러한 국가작용을 따르는 것을 국민의 의무로 규정해 놓고 있다. 사람들은 대부분 국가가 행하는 강제력을 정당하다고 인정하고, 이에 순응하고 있다.

국가공동체에서는 사람들이 규율을 따라야 한다. 사람들이 자연 상태에서는 완전한 자유를 향유할 수 있다. 대신 모든 위험과 도전을 혼자서 감당해야 하고 스스로 생존을 유지해야 한다. 이때 소위 '만인의 만인에 대한 투쟁'이 전개됐고, 그것은 개인의 생명과 자유를 전혀 보장할 수 없는 혼란 상태였다. 이러한 자연 상태는 평화롭지도 않고 아름답지도 않았다. 사람들이 그러한 혼란 상태를 막아줄 수 있는 힘 있는 자를 추종하면서 지배복종관계가 형성됐다. 그러한 권력관계가 널리 적용되는 공동체가 형성됐고 국가는 이렇게 시작됐다. 사람들은 국가공동체에 동의하는 순간 무한의 자유를 일정 부분 유보하고 공동체를 유지하는데 협조해야 한다. 개인의 자유와 권리는 일정한 제한이 따르고 사람들은 나라의 권력작용에 복종한다. 이러한 원리가 작동하지 않으면 국가공동체는 성립할 수 없다.

사람들이 국가권력의 정당성을 인정하는 것은 국가권력이 정의와 공공을 위하고, 선善을 행한다고 생각하기 때문이다. 그리고 자격을 가진 사람이 정당한 절차due cource에 따라 그 권력을 행사한다고 가정한다. 사람들은 국가권력이 자기의 안전을 지켜준다고 믿는다. 나라의 기본 사명은 사람들이 위험을 느끼지 않고 평온하게 살 수 있도록 하는 것이다. 나라는 외적의 침략을 막아 국가공동체의 안전을 지킨다. 내부적으로는 특정 인사나 집단의 폭력과 발호를 막아 질서를 유지한다. 더 나아가 사람들이 보다 부유하고 행복하게 살 수 있도록 공공재와 공적 부조를 제공한다. 물론 후자의 일은 현대의 국가에서 사람들이 기대하고 있는 것이다. 이를 민생의 안전이라고 할 때 이 역시 사람들의 안전에 관한 문제이다. 국가는 이러한 일을 하기 위해 강제력을 독점한다. 국가는 정당한 목적을 실현하기 위해 필요할 때는 강제력을 쓸 수 있다. 필요할 때에 국가권력이 작동하지 않으면 국가질서는 무너진다.

객관적으로 보면 모든 힘은 양면성을 가지고 있다. 수력이나 원자력을 포함한 모든 물리력이나 화학적·생물학적 힘은 유용한 반면 부작용이 있다. 그 유용성을 살리면서 부작용을 통제하는 것이 과학기술이다. 인간관계에서 작용하는 사회적 힘도 선한 목적으로 쓰일 수도 있고 나쁘게 쓰이기도 한다. 이러한 힘을 선한 목적으로 쓰이도록 하는 것이 인간의 지혜이고 국가제도이다. 국가는 자연의 힘과 사회적 힘을 선용하여 국력을 키우고 사람들의 후생을 증진시키는 것을 목적으로 하는 권력 실체이다.

권력자는 힘 있는 사람이다. 그 힘의 원천은 시대에 따라 다르다. 원시사회는 권력관계가 분명하게 성립하지 않았다. 그때 힘이란 근력이었으며 그 힘의 차이란 미미했기 때문이다. 여러 이론이 있지만 권력관계가 형성된 시기는 사람들이 무기를 가지고 싸우는 때부터였을 것이다. 문명사적으로는 청동기 시대에 비로소 국가형태를 갖추기 시작했다. 그때부터 군왕이 나왔고 신하가 있었으며 일반 백성과 노예가 힘의 관계에 따라 형성됐다. 우리의 역사에서는 그 무렵 단군 조선이 시작됐다. 군왕의 힘을 구성하는 기본요소는 무기와 군대였다.

국가권력을 잡은 군왕은 백성들의 자발적 동의를 확보하여 통치비용을 줄이고자 했다. 나라의 체계와 정치철학이 필요하게 된 것이다. 그래서 군왕은 현자를 모으고 관료를 뽑았다. 군왕은 그들을 통해 통치철학을 만들어 국민들의 충성을 확보하고 나라의 시스템을 운영했다. 통치체제가 이완되고 군왕의 힘이 흐트러진 때에 더 큰 무력을 가진 자가 나타나 도전할 때는 왕조가 교체됐다. 그때마다 많은 인명이 도륙됐고 많은 것이 파괴됐다. 왕조시기에는 국가와 군왕은 동일시됐고, 왕권신수설이 통용됐다. 방벌론放伐論과 계약론 등 왕권을 제약하고자 하는 여러 이론과 시도가 있었으나 동서양을 통틀어 군주주권론은 의연했다.

근대 시민혁명이 이러한 정치의 기본구조를 바꿨다. 시민혁명의 기본정신은 국가권력의 획득과 이의 행사는 국민의 동의에 기초해야 한다는 것이다. 국민이 나라의 주인이며 모든 권력은 국민으로부터 나온다. 국민주권론의 핵심은 국가의 지도자를 국민이 자유롭게 선택하는 것이다. 옛날에도 나라는 백성들을 위한다고 했다. 권력자들은 항상 나라는 국민의 것of the people이라거나 국민을 위해 선정을 베푼다for the people고 했다. 국민들이 국가지도자를 선출하거나 교체할 권한by the people을 확보한 것은 시민혁명 이후이다. 민주주의 국가에서는 국민이 선출한 사람이 국가 지도자의 지위에 오른다. 그 과정은 긴장도가 높고 치열하기도 하지만 대체로 평화롭다. 국민이 권력자로 선출한 사람만이 국민의 동의를 기초로 국가권력을 행사한다. 그 외의 어떤 사람도, 그 외의 어떠한 방법으로도 국가권력을 행사할 수 없다. 그러한 절차적 정당성 없이 국가권력을 행사하는 것은 불법이다. 권한 없는 자의 국가권력 행사는 국민주권에 대한 반역이다.

국가권력은 권력자가 행사한다. 주권자인 국민이 직접 권력을 행사하는 일은 현실에서는 없다. 직접민주주의를 한다고 선전하는 체제에서도 권력행사는 권력자가 독점한다. 그런 사회에서는 대중은 권력자의 힘을 강화하는데 기만당하고 이용되는 일이 보편적이다. 민주주의 체제에서는 국민이 권력자를 선출하고 그에게 권력행사를 위임한다. 권력자가 주권자를 잘 대표하지 못할 때는 국민주권이 형해화되고 국가권력은 왜곡된다. 그러한 위험성이 현대 대중민주주의에 잠재되어 있다. 대체로 국가지도자에 오르는 사람은 현실적으로 힘 있는 사람들이다. 돈이 많든가 말_{선전선동}에 능한 사람들이 선거에서 지지를 얻어 권력을 획득한다. 과거에는 칼_{무력}의 힘이 권력 그 자체였다. 현대에 들어와서는 돈과 말이 선거과정을 거쳐 권력을 장악한다.

국민주권을 제대로 실현하려면 권력자를 선출하는 정치과정이 정당해야 한다. 부당한 말과 돈이 정치과정을 지배하면 국민들은 기만당한다. 이것은 일종의 권력찬탈이다. 정치과정이 정당하지 않으면 권력남용과 부정부패가 판치고 나라는 무능해진다. 국민주권 시대에 국가권력이 바로 서려면 좋은 뜻을 가지고 능력이 있으며 선한 사람이 공명정대한 절차에 따라 국가 지도자의 지위에 올라야 한다. 그러한 사람은 권력을 공공을 위해서만 쓴다. 그러한 권력자는 공공성과 공정성을 칼날같이 지켜 국민주권을 바로 세울 것이다.

국가권력은 공공의 것이다. 권력을 정위치 시켜야 한다. 유럽의 일부 나라에서는 평범하고 상식적인 시민이 국가권력을 수행하는 사람으로 선출된다. 권력자를 선출하는 과정에 돈과 불법이 끼어드는 일이 거의 없다. 그 권력자는 거창한 사무실이나 특권이 없다. 일반 시민이 사무실에 나가듯 대중교통을 타고 사무실에 나간다. 공무를 보는 그 시간만 공공의 일을 위해 권력을 쓴다. 일상의 생활은 권력자가 아니고 아주 평범하며 검소하다. 대중민주주의 시대에 국민주권을 지키기 위해 정당하지 못한 말과 돈이 정치과정을 혼란시키지 못하도록 통제해야 한다. 국가권력을 공공의 것으로 만들기 위하여 권력자의 모든 특권을 배제해야 한다.

통일국가의 국가권력

　통일은 국가권력을 바로 세우는 일이다. 통일됨으로써 국민의 힘이 커졌다. 칼과 돈과 말이념의 힘은 분단 시기에 비해 상대적으로 약화됐다. 남북분단은 정도에서 벗어난 일이었는데 그때 칼과 돈과 이념의 힘이 과도했다. 분단 시기에는 여러 가지 공리공담이 들끓었다. 좌우 이념대결은 쓸데없는 일이었다. 그것들은 그 발상지에서도 이미 무용한 것으로 판명되고 골동품이 됐는데 우리는 그것을 부여잡고 있었다. 마치 옛날의 소중화小中華를 보는 듯했다. 이러한 와중에 국력은 소모되고 국민은 권리를 제약받았다. 통일국가는 그러한 장애에서 벗어나 국가권력의 본 모습을 찾을 것이다.

　통일은 한민족을 이념의 도그마에서 해방시켰다. 나라는 가치를 추구한다. 나라가 추구하는 가치는 매우 현실적이다. 그것은 본래 사람들의 삶의 문제이기 때문이다. 사람들은 가끔 나라의 가치를 거창한 명분을 내걸고 추상화시키며 맥락도 없이 여기에 매달린다. 조선시대에도 그러한 일이 있었다. 부패하고 무능한 구체제를 무너뜨리고 도탄에 빠진 백성들의 민생고를 해결하고자 하는 것이 조선 선비들의 정신이었다. 그러한 선비들이 어느 때부터 원리주의에 기울어지기 시작했다. 이理와 기氣를 따지고 인간과 우주의 근원을 탐구하는 것이야 좋은 일이고 탓할 수 없다. 그런데 학문이 깊을수록 추상적이고 관념적인 것으로 빠져들었다. 그 궁리가 지극하여 학문이 환상이 되고 백성들의 삶에서 떠났다. 조선 지식인들은 현실 대처능력이 떨어지고 무능하고 부패하면서 망국을 막지 못했다. 한민족은 분단으로 인해 철지난 이념의 수렁에 빠졌다. 통일은 그러했던 한민족이 낡은 이념의 질곡에서 벗어났음을 의미한다.

통일은 나라가 추구하는 가치를 정상화시킬 것이다. 나라는 사람들이 특정한 목적을 실현하기 위해서 만든 공동체이다. 나라가 추구하는 가치는 기본적으로 인간을 위한 것이다. 인본주의는 현대 정치의 기초이다. 우리 조상들은 이를 천명이라 했다. 나라의 일이란 사람들의 현실의 문제를 다루는 것이다. 나라가 추구하는 가치는 추상적이거나 낭만적일 수 없다. 통일국가의 권력행사는 이념의 편견이 없다. 오직 국권의 수호와 사람들의 삶과 자유 발전을 위해 국가권력을 행사할 것이다.

통일국가는 가치의 갈등을 해결해야 한다. 가치는 상대적이고 시대에 따라 변하고 사람마다 생각하는 것이 다르다. 그래서 논쟁적이고 갈등을 수반한다. 통일국가에서는 사람마다 생각의 시대가 다르고 가치체계가 달라 갈등과 충돌이 있을 수 있다. 통일국가는 그러한 갈등을 어떠한 수단을 통해서든 해결해야 한다. 갈등을 해결하는 것은 권력자의 사명이다. 통일국가는 갈등을 해결할 힘을 가지고 있어야 한다. 통일국가가 국가통합 과정에서 나타나는 가치의 충돌과 이해의 갈등을 해결하지 못하면 나라는 혼란스러워지고 분열의 위험성이 커진다. 나라가 어지러워지면 국가제도와 국가권력을 불신하고 그러한 혼란을 일거에 해결할 영웅을 기대하게 된다. 그러한 초현실적인 기대는 독재나 전체주의를 초대한다.

통일국가는 철저하게 공공의 이익을 위해서 공정하게 국가권력을 행사해야 한다. 국가권력은 현실적으로 정부를 구성하고 있는 사람들의 언행으로 나타난다. 정부가 국가권력을 행사하는 것은 국민의 동의를 전제로 한다. 권력자와 공직자는 권력을 위임받은 사람으로서 그들은 직무를 적법절차에 따라 기강 있고 효율적으로 수행해야 한다. 통일국가의 어떠한 공직자도 자의적으로 권력을 행사하거나 사리사욕을 위해서 권력을 행사해서는 안 된다. 정부와 공직자들은 그 사무를 행할 때 국민의 동의와 공공성, 공정성, 적법성, 효율성을 주문처럼 외우면서 지켜야 한다.

역사에서 때로는 어떤 사람이 도탄에 빠진 민중을 구제하고자 새로운 가치를 내걸고 권력과 부조리에 저항하기도 했다. 이들은 민중의 분노를 타고 구제의 깃발을 높이 들어 노도처럼 일어났다. 높은 뜻을 가졌던 사람들도 세력을 얻자 초심을 잃고 부패하고 분열하며 허무하게 스러졌던 슬픈 일도 있었다. 때로는 절대적 가치를 내세워 세상을 뒤엎고 새로운 시대를 열고자 했던 시도도 있었으나 그것도 인간 세상을 황폐하게 만들고 사라졌던 광풍이었다. 통일국가는 인간존중의 가치를 냉철하고 엄정하게 지켜야 한다. 통일국가의 주권자는 권력자들이 허위의식에 빠지고 나태할 때는 이를 날카롭게 비판한다.

통일국가의 국가권력은 실용주의를 지향한다. 정치가 가끔 거창한 이념을 내세우고 멋있는 이론말을 편다. 이런 것으로 사람들을 취하게 만들고 환상을 부추기는 것은 부적절하다. 그것은 가짜다. 정치는 추상적이거나 환상적인 것을 추구하지 않는다. 정치가 추구하는 가치는 그것이 형성된 역사가 있고 현실적 맥락이 있다. 이러한 현실을 간과하고 어떠한 가치를 교조적으로 추구하면 나라는 흔들린다. 나라가 극단을 추구하는 것은 좋은 일이 아니다. 우리는 나라가 추구하는 가치에 대해 깊이 생각하고, 널리 묻고 계속 점검해야 한다. 우리가 지향하는 가치가 옳은 것인지, 인간을 위한 것인지, 초심을 유지하고 있는지?

　통일국가는 정부를 교체할 수 있는 절차를 확실하게 마련한다. 정부가 부정한 방법으로 권력을 행사하면 그것은 폭력집단보다도 더 나쁘다. 정부가 권력을 제대로 행사하지 못하면 주권자는 그러한 정부 행위를 배척하고 정부를 교체할 수 있다. 정부 교체의 조건이 형성되어 있는 경우에도 정부 교체가 이루어지지 않는다면 민주주의는 위기상태에 빠져 있는 것이다.

2

한민족이 나라에 거는 기대

광복과 한민족의 국가 구상

해방 후 정부 수립 과정에서 좌우 대결이 심했다. 이것은 본질적으로 따지자면 한민족이 어떠한 나라를 세울 것인가에 대한 가치의 문제였다. 좌우대립은 단순히 이념대결만은 아니었다. 표면적으로는 자주독립국가 건설의 방략에 있어 반탁과 찬탁으로 나뉘어 싸웠다. 이것은 세계 패권질서 및 정치체제의 선택과 직결돼 있었다. 여기에 국토의 분단과 권력투쟁이 결합되어 대결은 극렬했다. 뿐만 아니라 일제하에서의 행적에 대한 해석과 청산, 신분 사회의 변동에 따른 은원恩怨관계의 분출 등이 복잡하게 결합되어 치열하게 전개됐다. 현실적으로 세계적 차원의 냉전질서에 포섭된 한민족은 사실상 갈 길이 정해져 있었다. 그러한 징후는 북한에서부터 분명히 드러났다. 소련은 점령지인 북한지역을 사회주의 친소 국가로 만들어야 한다는 확고한 목표를 가지고 점령정책을 펼쳤다. 추종 인사를 내세워 부각시키고 공산당을 창설하였으며, 공산당 지배의 당국가 체제를 구축하는 일련의 조치를 실행했다. 북한지역에서의 좌우대립은 무용했으며 사실상 불가능했다. 소련의 점령정책에 반대하거나 통일정부 구성을 추구했던 사람들은 억압당하거나 남한으로 탈출했다.

남한에서의 좌우대립은 치열했다. 좌우 대결로 인해 국가건설의 희망은 간데없고 암약이 횡행하며 흑색이 난무하여 사회는 음산했다. 이념을 내세운 선동선전과 세 과시는 폭력사태로까지 번졌다. 단독정부 수립에 대한 남로당의 극단적 반대 투쟁은 결국 무력과 충돌하여 수많은 인명이 살상되는 참극이 발생했다. 남한에서의 좌우대립도 결국은 미국적 질서를 따르는 정부 수립과 국가보안법의 제정 등으로 수면하로 잦아들었다. 이제 남한에서의 국가과제 탐색은 민주주의 국가를 건설하는 것이었다. 당시 지도자들은 그 탐색의 결과를 바탕으로 헌법을 제정했다.

제헌헌법은 현대 정치의 보편성을 가지고 있다. 제헌헌법은 조선 말 구질서가 흔들리던 때부터 일백여 년 동안 한민족의 국가에 대한 사색이 종합된 것이었다. 구한말부터 진행된 한민족의 구국자강운동이 망국 후에는 3.1운동으로 결집됐다. 대한민국 임시정부는 3.1운동의 독립정신을 구현하기 위한 것이며, 그 정신이 대한민국 임시정부 헌장으로 표현됐다. 이 헌장은 해방될 때까지 여러 차례 보완되면서 한민족의 정치적 가치를 구체화했다. 독립지사들은 이것을 승계하여 해방 후 제헌헌법을 성안했다. 제헌헌법에 의하여 국민이 탄생했다. 우리 역사상 최초로 일반 백성이 현실정치의 주체가 됐다. 나라가 추구하는 기본정신은 자주독립과 계급타파, 기본권 보장, 균등과 균평이었다. 나라를 세우는 구성 원리는 국민주권과 민주공화국, 권력분립이었다. 이러한 헌정질서는 민족사의 정통이며 세계사적 보편성을 갖는다. 유엔총회는 1948년 12월 12일 대한민국정부를 합법정부로서 승인했다.

제헌헌법은 나라의 법통과 정신을 천명하였다. 대한국민은 한민족의 유구한 역사와 전통을 잇는다, 기미 삼일운동으로 대한민국을 건립하여 세계에 선포한 위대한 독립정신을 계승한다, 이제 민주 독립국가를 재건함에 있어서 정의 인도와 동포애로써 민족의 단결을 공고히 한다, 모든 사회적 폐습을 타파하고 민주주의 제 제도를 수립한다, 이를 통해 정치, 경제, 사회, 문화의 모든 영역에 있어서 각인의 기회를 균등히 하고 능력을 최고도로 발휘케 한다, 국민은 각인의 책임과 의무를 완수하게 한다, 나라는 안으로는 국민 생활의 균등한 향상을 기하고 밖으로는 항구적인 국제평화의 유지에 노력한다, 이렇게 하여 우리들과 우리들의 자손의 안전과 자유와 행복을 영원히 확보하고자 한다前文.

제헌헌법은 주권의 불가분과 국가의 유일성을 기초로 하고 있다. 해방된 민족으로서는 국가의 자주권을 확립하고 국민주권주의를 선언하며, 영토를 보전하는 것이 우선적으로 실현해야 할 과제였다. 제헌헌법 1조, 2조, 3조, 4조에 이를 명시하였다. 당시 외세에 의하여 현실적으로는 관할권이 분열되었으나 한민족은 영토와 국민의 통합이 정당함을 선언했다. 한민족의 국가는 유일해야 한다는 것이다. 남북한은 다 같이 한민족의 국가는 유일해야 한다고 믿었다. 그것이 독립정신이었다.

제헌헌법에서는 국민의 자유와 평등, 기본권 보장을 규정했다. 국가는 공공복리를 추구하며 사회적 시장경제를 채택함을 천명했다. 국가의 기구는 국민주권주의에 따르며 권력은 분립되어야 한다. 제헌헌법에는 미국적 사고와 정치질서가 깊은 영향을 미쳤다. 거기에 바이마르 헌법의 사회민주주의적 요소를 가미했다. 경제질서는 국민 생활의 기본적 수요 충족과 사회정의의 실현, 균형있는 국민경제발전을 기함을 기본으로 했다. 이러한 정신의 연장선상에서 중요 기업의 국·공유화를 선언했다. 제헌헌법은 이와 같이 그때 선진적인 것으로 인정되던 외국의 정치제도를 받아들여 한국의 현실에 적용하고자 했다.

제헌헌법은 그 논의의 시작과 내용으로 보아 분단된 남한만의 정치 문서가 아니다. 제헌헌법의 기본 정신은 국가의 분단 이전 일제 식민지시기에 이미 형성돼 있었다. 이는 한민족이 정상적인 국가로 재탄생할 우리나라를 구상하며 정리한 것이다. 이것은 분단을 상정하고 만든 문서라고 할 수 없으며, 원래 있던 나라를 재건하면 나올 것으로 예정되어 있던 문서였다. 제헌헌법은 일제 식민시대부터 한민족이 이루고자 했던 정치의 원상이었다. 해방 이후 남북한에서 많은 주장과 규범들이 발표됐다. 그러한 문서들의 대강은 제헌헌법이 지향했던 규정들과 유사했다. 통일국가가 그러한 제헌헌법의 정신을 정치의 기준으로 채택하는 것은 자연스러운 일이다. 제헌헌법은 민족사적 정통성과 세계사적 보편성을 구현하고 있기 때문이다.

분단 후 새로운 나라를 세웠으나 한민족 개개인은 그때까지 나라의 주인이었던 경험이 없었으며 민주주의는 생소한 것이었다. 많은 사람들이 나라에는 나라님이 있어야 한다고 생각했다. 그들이 갑자기 나라의 주인으로서 처신하는 것은 어설펐다. 특히 국민의 80%가 무학無學으로서 그중 대부분이 문맹이었고 반상班常의 구분이 남아있었으며 남녀차별이 엄연했다. 그때 만민이 주권자이고, 정치에서 동등한 권한을 가지며 정치참여가 평등하게 보장되어야 한다는 것이 오히려 이상했을 것이다.

보편가치와 민주질서가 사람들에게서 겉돌았다. 남북한을 막론하고 사람들은 지도자에 열광하고 맹종하기까지 했다. 그러한 정치의식의 후진상황에서 장기집권과 일인독재가 가능했으며, 이와 어울려 부정부패가 들끓었다. 그래도 남한에서는 강단에서 자유와 민주주의를 가르치고 정치의 현장에서는 민주주의가 정당하다고 주장됐다. 그렇게 해서 자유민주주의에 대한 생각이 커졌다. 이러한 민주의식이 있었기에 지식인과 대학생들이 분연히 일어나 자유를 요구하며 독재 정권을 종식시켰다. 이러한 정치변동기를 거치며 국가와 국민주권에 대한 사색은 계속됐다.

5.16군사정변 후 헌정이 중단됐고, 이후 권력자의 뜻에 따라 여러 차례 헌법이 개정됐다. 권력자에 의한 헌법 개정으로 인해 국민주권이 약화됐다. 국민들은 권위주의 체제를 거부하고 국민주권을 되찾고자 1987년 대규모 저항운동을 일으켰다. 권력자는 폭압의 의지를 상실하고 이에 굴복하여 국민의 뜻을 받아들였다. 9차 헌법 개정은 주권자인 국민이 그 주권을 발동하여 국민주권주의를 확고히 한 것이다. 그 핵심은 대통령 직선제와 대통령의 단임제이다. 9차 개정 헌법은 우리의 헌정사에서 남북한을 통틀어 사실상 유일하게 주권자인 국민이 주도하여 만든 헌법이다. 일부 권력자들이 주권자가 만들어 놓은 9차 개정 헌법의 권력구조를 바꾸고자 시도했던 적이 있다. 권력구조를 권력자들의 이익에 맞게 바꾸면 국민주권주의는 후퇴한다.

헌정사의 소용돌이 속에서 한민족의 국가정신은 분명해졌다. 한민족은 자주독립과 국민주권주의, 민주공화국의 원칙을 지킨다. 나라는 사람들의 자유와 인권을 보장하고 민생을 챙기는 것이 기본 의무이다. 나라는 공공의 안녕 질서를 지키고 정의를 수호하며 공익을 추구하는 공공의 공동체이다. 국가권력은 공공의 사물로서 독재와 장기집권은 용납되어서는 안 된다. 한민족은 분단과 내분을 거부하고 본디부터 하나의 나라여야 한다고 생각했다. 이러한 정신이 한민족의 국가구상이다.

북한에서는 소련 점령 하에서 소련식의 공산정권 수립 활동이 계획적으로 진행됐다. 세계적으로 사회주의 체제는 소련의 일원적 지휘 아래 보편적 성격을 갖고 있었다. 그래서 화물차 정권이라는 말도 있었다. 공산당을 조직하고 그 공산당이 한 국가의 최고의 정치조직으로서 국가기구들을 지도하도록 하였다. 북한에서 가장 먼저 조직된 정치조직이 공산당조선공산당 북조선 분국이다. 공산당의 이념과 조직은 소련 점령군이 지도해서 만들었다.

북한의 헌법은 노동당 규약의 하부 문서로서 노동당의 지침과 정책을 집행하기 위한 것이다. 북한의 첫 헌법은 1948년 4월에 북조선인민회의에서 승인됐다. 북한 스스로가 주권기관이라고 규정하고 있는 최고인민회의가 구성되기도 전이었다. 노동당 규약이나 북한의 헌법은 모두 북한지역을 사회주의 국가의 기지로 건설하고 결국은 전국적 범위에서 공산주의 사회를 건설하는 것을 목표로 하고 있다. 당시 북한 헌법에서 수도를 서울로 규정했다. 그때 북한에서는 민족주의와 민족적인 것은 반동으로서 배척됐다.

북한은 기본적으로 민족을 부정하고 민족적인 것과의 단절을 추구했다. 그것이 사회주의의 원리에 부합한다. 북한이 민족과 민족적인 것을 다시 찾고 자주와 주체를 말하기 시작한 것은 한참 뒤의 일이다. 그들은 사회주의의 이념에 복종하는 새로운 나라 새로운 사회를 건설하는 것을 목표로 했다. 북한은 프롤레타리아 독재와 당 독재를 가르치고 권력집중을 정당한 것으로 주장했다. 그것이 극대화된 것이 수령의 유일 영도체제였다. 독립운동 과정에서 합의된 한민족의 총의는 민족국가를 재건하고 민주공화국을 수립하며 권력분립을 추구하는 것이었다. 이러한 점에서 북한의 정치는 한민족의 역사적 본류와는 다른 별세계였다.

국가의 안전보장

한민족은 1910년 8월 29일 경술국치로 나라를 잃었다. 한민족이 국권을 송두리째 빼앗긴 것은 5천 년 역사에서 처음 있었던 일이다. 사상 초유의 망국은 그 자체가 참혹한 일이었고 치욕이었다. 한민족은 나라를 잃음으로써 끔찍한 수모와 고초를 겪었다. 한민족은 폭압과 멸시와 수탈의 대상이었고, 인권이 말살됐다. 한민족은 자존심을 잃었고 양심과 정의를 세우지 못했다. 나라를 지키지 못한 결과였다. 그 후유증이 지금도 남아 있다. 국가안보란 영토를 보전하며, 국민의 생명과 자유와 재산을 보호하고, 주권을 수호하는 작용이다. 주권의 핵심은 국가의 행위, 자기의 운명을 자기가 스스로 결정할 수 있는 최고의 독립된 절대 권력이다.

나라는 외부의 침략을 막아야 한다. 인류는 수천 년 동안 결핍의 역사를 거쳤다. 사람들은 내핍이 불가능할 정도로 궁해지면 약탈로 이를 해결하기도 했다. 침략과 약탈은 인류역사의 한 부분을 차지하는 중요한 일이었다. 그 기억들이 축적되어 국가의 틀이 만들어지고 민족이 형성됐다. 나라들 사이에는 크고 작은 수많은 전쟁과 흥망이 있었다. 그것이 한 나라의 역사이고 세계사이다. 사람들은 자기 나라가 망할 수 있다는 것을 잘 생각하지 않는다. 그러나 어떤 나라든 잘못하면 나라가 망한다. 나라가 새롭게 생겨나고 흥성했다가 망하는 일은 옛날부터 지금까지 비일비재했다. 실제로 한민족은 나라를 한 번 망해 봤다. 지금도 나라를 망하게 할 요소들이 나라의 안과 밖에서 번득이고 있다. 나라를 잘 지키고 망하지 않도록 비상한 노력을 기울여야만 나라가 망하지 않는다. 나라는 반드시 스스로 토벌된 뒤에야 남이 그 국가를 토벌한다.

나라는 평화를 지켜야 한다. 이로써 인간의 생명과 자유를 보호하며, 인간의 존엄을 보존한다. 평화가 깨지면 무질서가 도래한다. 이로 인해 사람들의 생명과 자유와 재산이 침해되며, 인간의 존엄성을 지킬 수 없다. 전쟁은 살육과 파괴, 불법과 불의, 패륜과 비겁, 부조리와 몰상식 등 인간사회를 황폐화시킬 수 있는 모든 것을 허용한다. 전쟁에서는 승자는 패자에게 무슨 일이든지 할 수 있고, 패자는 살아남기 위해서 무슨 일이든지 해야 한다. 전쟁은 반인륜적이다. 전쟁을 전면에 내세우고 전쟁을 위협하는 나라는 정상적인 나라가 아니다. 나라는 불법 침략행위에 대해서는 자위권적 차원에서 강력하게 응징할 수 있다. 자위권 행사는 정당방위이다. 평화의 파괴행위를 예방하기 위해서 자위권 행사를 제대로 할 수 있는 능력을 갖추는 것은 나라의 의무이다.

나라는 평화를 지키기 위해 군대를 갖는다. 나라는 청년들을 징집하여 상비군을 유지하며 군비를 확충한다. 나라는 인접 국가와의 선린우호관계를 다지며 분쟁문제의 평화적 해결을 위해 외교를 한다. 또한 안보를 더욱 강화하기 위해 특정 국가와 동맹을 맺기도 하며 집단안보체제를 구축하기도 한다. 나라는 영토와 국민과 주권을 지키기 위해서 어떤 경우에는 전쟁을 할 수도 있다. 군대는 그러한 것을 지키기 위해서 존재한다. 전쟁권이란 자주독립국가의 고유 권한이며, 전쟁권을 포기한 나라는 주권을 포기한 것과 같다. 그러나 전쟁은 최후의 수단이다. 전쟁이전에 분쟁요인을 평화적으로 해결하는 노력이 필요하다. 전쟁이란 엄청난 인명피해와 국력을 소진시키는 국가작용이고 손실이 매우 크다.

나라는 국제정치의 흐름에 현명하게 대처해야 한다. 국제정치에서는 자유주의나 이상주의도 있지만, 기본적으로 현실주의가 지배한다. 국제사회는 본질적으로 무정부 상태이고 강대국이 국제질서를 만든다. 국제질서는 패권 국가의 성격이나 강대국 간의 세력균형에 의해서 그 성격이 결정된다. 많은 나라는 그러한 질서를 수용하면서 국가를 유지한다. 세계 4대 강국에 둘러싸인 한반도의 지정학적 위치는 세계적으로 봐도 불리하다. 동북아에서는 전통적으로 제국적 위상을 추구하는 나라들이 있고 패권경쟁이 있다. 한반도 주변국의 역사 인식과 민족주의 팽창의 동향이 불온하다. 동북아에서는 제2차 세계대전 이후 변화된 국력을 바탕으로 지역 국가들이 기존의 세력균형을 무너뜨리려 한다.

통일국가는 자강력을 갖춘 지역 강국이다. 한민족은 국제정치의 흐름 속에서 한 치라도 실수하면 망국이나 전쟁의 참화를 겪을 수 있다. 동서고금의 역사적 교훈은 한민족의 자강과 동맹 등 현실적인 안보전략을 강조한다. 지역 강국 통일국가는 여러 가지 방법으로 세력균형을 유지하며, 패권추구를 거부한다. 어떤 주변국도 군사력으로 통일국가를 제압할 수 없다. 한민족은 동북아에서 세력균형이 급속히 변화하는 최악의 상황까지도 상정하여 안보체제를 갖춰 나갈 것이다. 통일국가는 그러한 나라이다.

통일국가는 나라를 지키는 데에는 단호하다. 정부가 안보체제를 갖추는데 이웃 나라의 눈치를 살피며 미적거리는 모습은 주권국가로서 태도가 아니다. 침범과 도발에 단호하게 대응하지 못하고 적당히 타협하는 자세는 안 된다. 안보위협에 대해서는 결연히 맞서는 지도자와 국민의 결기가 있어야 한다. 위협을 당하여 정부와 국민이 전쟁 공포에 떠는 듯한 유약함을 보이면 위협은 더욱 커지고 우리는 더 많은 양보에 내몰린다. 그리고 나라가 당장의 안보위험을 피하다 보면 장차 더욱 어려운 상황에 처하게 된다.

통일국가는 나라를 지키는 데 지도자와 국민들이 혼연일체가 된다. 지난 우리의 역사를 보면 힘없고 가진 것 없는 사람들이 나라를 지키는 데 앞장서고 큰 희생을 치렀다. 국가안보를 지키는 데 있어 국민 모두가 계층에 상관없이 혼연일체가 되어야 한다. 국가는 자기의 것이다. 가진 사람이든 못 가진 사람이든 모두가 나라를 지키는 데 앞장서고 자기희생적인 행동을 해야 국가공동체가 건강하다. 국가안보를 위해서 부과된 의무를 회피한 사람들은 국가의 지도적 위치에 올라서는 안 된다. 지도자와 국민들이 나라를 지키는 데 어떠한 희생도 치르겠다는 결의가 있고 이를 실천해야 한다. 그래야 우리는 자주독립을 유지할 수 있다. 나라는 자기의 사명을 다하여 국민들이 이를 지킬 가치가 있다고 믿어야 한다.

통일국가는 나라를 지키는 데 계산을 하지 않는다. 나라를 지키기 위해 사람의 목숨까지도 거는 데 거기서 무슨 수지타산을 따지는 것은 맞지 않다. 국가안보를 지키자고 하는 일에 자기의 이익을 먼저 계산하거나 머리띠 두르고 결연히 반대하는 것은 옳지 않다. 사익이 침해된다고 해서 국가안보를 위한 조치를 저지해서는 안 된다. 나라는 공공의 일에 항상 공공의 보상을 한다. 국방의 부정비리는 안보태세에 구멍을 내는 이적행위이다. 나라는 이러한 일이 일어나지 않도록 해야 한다. 국가안보를 위해 봉사하고 있는 사람들에 대해서는 국가와 사회가 모두 존중하고 우대하는 분위기가 있어야 한다.

인권의 존중

　한민족의 역사에서 핵심적인 정치사상은 민본이었다. 통치자는 사람을 하늘과 같이 존중하고 백성의 소리를 하늘의 소리로 알아들어야 하는 것이 의무였다. 현실에서는 남녀노소와 반상班常, 적서嫡庶의 차별이 심했다. 조선말 어지러운 세상에서 동학의 선각자들은 진실로 사람이 하늘과 같음人乃天을 설파했다. 그들은 조선의 민중들에게 갓난아이에서부터 미천한 여인들까지도 모두 하늘처럼 높고 귀하게 대접할 것을 가르쳤다. 오늘날까지 이어지고 있는 어린이날은 그러한 동학의 정신에서 비롯된 것이다. 한민족에게는 이렇게 인권존중의 정신이 뿌리 깊다.

　나라의 존재 이유는 인권보장에 있다. 사람들이 나라를 위해 존재하는 것이 아니라 나라가 사람들을 위해 존재한다. 이러한 원리는 나라가 처음 발생했을 때부터 그러했다. 사람들은 이미 존재하는 나라에서 태어난다. 그래서 가끔은 사람들은 나라를 위해 존재한다고 잘못 이해되기도 한다. 나라는 사람들의 인권보장과 자유의 확대, 인간다운 삶을 실현하는 데 주력해야 한다. 인권과 국권은 오랜 역사 동안 갈등관계에 있었다. 사람들은 근대 국가 질서 형성과정에서 투쟁을 통해 인권의 우위를 확보했다. 그리고 인권존중은 국제규범으로 정착되었다. 지금도 나라에 따라서는 인권의 개념이 다르고 인권과 국권이 갈등하고 있다. 권력자가 인권의 기준을 정하고 그의 선의로 인권을 보장한다면 필연적으로 인권침해가 있을 것이다.

　오늘날 인권은 국가보다 상위에 있는 인류 보편가치이다. 인권의 기준은 개별 국가 차원이 아닌 세계적 차원에서 정해지는 것이 타당하다. 세계인권선언과 국제인권규약은 보편적 인권을 정의하고 있는 매우 중요한 규범이다. 개별 국가들은 각국의 사정을 뛰어넘어 그 규범을 준수해야 한다. 세계인권선언은 모든 사람은 태어날 때 이성과 양심을 부여받았으며, 모든 면에서 자유롭고 평등하다는 전제에서 출발하고 있다. 따라서 모든 사람은 어떠한 이유로도 차별받지 않는다. 사람은 생명권과 신체의 자유와 안전을 누려야 한다. 또한 양심 사상 종교 언론 출판 집회 결사의 자유를 가진다. 사람들은 어디에서도 법 앞에 평등하며, 기본권을 침해받은 경우 국가가 이를 효과적으로 구제해야 한다. 누구라도 자의적으로 체포, 구금당하지 아니한다. 형사상의 혐의가 있더라도 자의적으로 처벌받아서는 안 되며, 공정하고 공개적이며 평등한 재판을 통해 심사받을 권리가 있다. 모든 사람은 사생활을 보호받아야 한다. 출입국을 포함하여 거주 이전의 자유를 가지며, 국적을 가질 권리와 국적을 바꿀 권리가 있다. 사람들은 성년이 되면 혼인할 권리를 가지며 남녀는 혼인에 있어서 평등하고 자유로워야 한다. 모든 사람은 참정권을 가지며, 공무에 취임할 권리를 가지며, 정부를 구성할 권리를 가진다. 그리고 국민들의 자유 선거에 의해 구성된 정부만이 정당성을 갖는다.

사람들은 자신의 존엄성과 인격의 자유로운 발전을 위하여 불가결한 경제적 사회적 문화적 권리를 실현할 수 있어야 한다. 모든 사람은 근로의 권리, 직업선택의 자유, 공정하고 유리한 근로조건을 누릴 권리가 있다. 사람들은 인간의 존엄을 보장할 수 있도록 노동에서 적절한 보수를 받아야 하며, 노동의 보수는 차별받지 않아야 한다. 근로시간의 합리적 제한과 여가에 관한 권리를 가진다. 모든 사람은 사회보장을 누릴 권리를 가지며, 교육을 받을 권리, 학술 문화 예술의 권리를 가진다. 나라와 어떤 집단 또는 어느 개인이 어떤 사람의 기본권과 자유를 파괴하는 행위를 해서는 안 된다.

사람들은 하늘로부터 그 본성을 부여받았다. 사람은 잉태한 그 날부터 죽을 때까지, 그리고 죽은 후에도 존엄하며, 존엄한 존재로서 권리가 있다. 나라는 사람들의 인권을 침해하지 않아야 한다. 나라는 사람들이 공부하고 생각하고 일하면서 인간다움의 가치를 실현하고 인간다움을 자각할 수 있도록 도와주어야 한다. 나라는 사회에서 멸시당하고 천대받는 사람들까지도 존중하고 보살펴야 한다. 아울러 각자의 인권이 다른 무엇에 의해서 침해받지 않도록 보호해야 한다.

나라는 어떠한 외력이 인간을 지배하고 굴종시키며 얽어매지 못하도록 해야 한다. 인간은 사회적 동물이다. 나라는 사람들이 공동체를 형성하도록 돕는다. 사회생활에서 사람들이 자유롭고 평등한 대우를 받도록 해야 한다. 사람들은 사회생활 중 부귀와 가난 앞에서, 완력과 거짓 앞에서 약하고 비겁해지며 극렬해질 수 있다. 사람들이 외력에 의해 약해지고 어리석어지거나 미신에 빠지는 것은 인간의 존엄성을 해치는 것이다. 사람들이 특정한 개인이나 사물, 사상에 열광하고 광신하는 것도 존엄한 존재로서의 태도가 아니다. 나라는 사람들이 자신을 하늘과 같이 존엄한 존재로서 인식하게 해야 한다. 사람들은 스스로 존엄한 존재로서 자각하며 절제하고 항상심을 잃지 않으며, 또한 타인을 자기와 같이 존중하는 데에서 인권을 증진시킬 수 있다. 나라는 인권을 보호할 수 있는 가장 강력한 실체이다. 그래서 나라는 지킬 가치가 있다. 나라는 인권을 침해할 수 있는 가장 강력한 실체이다. 인권을 침해하는 나라는 존립할 가치가 없다.

자유의 수호

원래 자유주의는 인간의 신체적 정신적 자유와 자율성을 최고의 가치로 추구하는 정치사상이다. 사람들은 자연 상태의 혼란을 방지하기 위해 나라를 만들었지만, 또한 국가권력으로부터의 자유가 침해되는 것을 막아내고자 했다. 사람들은 국가권력으로부터 자유를 보장하기 위해 법에 의한 지배의 원칙을 확립했다. 한민족은 20세기 제국주의와 전체주의에 희생되어 자유와 인권을 참혹하게 짓밟혔다. 한민족의 독립지사들은 민주주의와 국제평화주의를 선택했다. 이것이 한민족의 자유를 보장할 것이라고 보았다.

인간은 자기 결정권自己決定權을 가지고 있다. 이것이 자유권의 출발이다. 인간은 정의를 추구하고 자기 결정권을 가지고 있기 때문에 존엄한 것이다. 나라는 사람들이 그 결정권을 박탈당하지 않고, 그 권리를 행사할 수 있도록 보장해야 한다. 권력자는 국가권력을 자의에 따라 악한 목적으로도 사용할 수 있다. 사람들이 자유를 보장하라고 요구했던 것은 국가권력을 자의적으로 사용하지 말라는 것이었다. 근대 초기에는 야경국가론이 있었다. 인간의 자유권을 지키기 위해서 나라는 국가안전과 사회질서를 유지하는 최소한의 행위만을 해야 한다는 이론이다. 현대국가는 국민들의 최소한의 생활 수준을 보장하고 국민 생활의 향상을 도모하는 책임을 지고 있다. 나라는 이러한 요구에 부응하여 급부행정과 조성행정을 한다. 또한 경제의 독점과 불공정을 시정하기 위해 시장에 개입한다. 이를 복지국가 및 행정국가, 경제민주화라고 칭한다. 야경국가와 행정국가가 전혀 다른 이론이지만 이들은 모두 존엄한 존재인 인간의 자유를 확대하려는 이념에 기초하고 있다.

사람들은 신체의 자유가 있다. 신체의 훼손이나 구속, 폭행은 신체의 자유를 본질적으로 침해하는 것이다. 나라가 사람들을 체포·구금하고 형벌을 결정할 때에도 적법절차와 공개적 방법으로 해야 한다. 사람들이 이유 없이 국가권력으로부터 구금되는 일은 없어야 한다. 사람들이 그러한 걱정을 하는 나라는 자유가 보장된 것이 아니다. 분단 시대와 권위주의 체제에서는 그러한 걱정이 사회에 깔려 있었다. 무고한 사람들이 비밀리에 권력기관에 끌려가 고문과 구타를 당하는 일도 있었다. 사회주의 체제에서는 정치에 대한 비판이 허용되지 않았다. 정치범 수용소는 공포정치의 상징이었다. 나라는 또한 어떠한 사인私人이 어떠한 이유로든 타인의 신체를 침해하는 것을 금지한다. 사람들이 긴급 피난과 자위권적 차원의 정당방위, 자구행위 외에 타인에 대해 사적 구제와 구속을 해서는 안 된다. 나라는 사람들의 신체의 자유를 침해하는 자를 모두 형벌로 다스린다. 국가 외에는 누구도 타인의 자유를 제한할 권능이 없다.

사람들은 생각하는 자유가 있다. 마음의 자유, 정신의 자유라 해도 좋다. 법률적으로는 사상과 양심의 자유나, 학문·예술의 자유, 집회·결사의 자유라고 표현되고 있다. 나라는 사람들이 언행의 자유를 누리도록 해야 한다. 사람들은 다른 사람의 자유나 권익을 침해하지 않는 한 자기가 뜻한 바대로 말하고, 행동할 수 있어야 한다. 모든 사람은 국가의 권력자나 기타 힘 있는 자의 잘못을 비판할 수 있어야 하며, 그렇게 하더라도 불이익을 받지 않아야 한다. 언행의 자유는 다른 사람의 자유와 권리를 침해할 자유를 허용한 것은 아니다. 거짓이나 힘으로 타인에게 정신적 물질적 피해를 입혔을 때는 배상을 해야 한다. 이를 제도적으로 보장하여 사인에 의한 다른 사람의 자유침해를 막아야 한다.

사인 간의 계약에 의해 특정 개인이 다른 사람의 본질적 자유를 침해해서는 안 된다. 돈 많은 어떤 사람은 타인을 폭행하고도 돈으로 보상하고 입을 막는 경우도 있었다. 사인 간의 일이라도 그들 사이의 합의로 끝나서는 정의가 서지 않는다. 나라는 어떤 사람이 다른 사람의 본질적 자유를 침해하면 반드시 형벌권을 발동하여야 한다. 가해자는 피해자에게 반드시 금전적 배상을 하도록 한다. 가해자는 그의 재력에 비례하여 상당한 징벌적 배상을 하도록 제도화한다. 사인 간의 합의에 의한 배상으로 방치해 두면 몇 푼 주고 끝나게 되어 있다.

　　개인의 자유는 한계가 있다. 사람들은 무한의 자유를 일정 부분 유보하고 국가공동체를 만들었다. 사람들이 자신의 자유를 무제한으로 주장하고 아무 제한도 없으면 그것은 자연 상태이다. 그러한 사회는 무정부 상태이고 무질서와 혼란이 발생한다. 무정부주의는 결국 지배가 극대화된 무법의 전체주의를 초래했다. 사람들은 이를 막기 위해 자유권을 일정 부분 유보하는 것을 합의했다. 국가는 국가 안보를 지키고, 공공의 안녕질서를 유지하며, 공공의 이익을 위해서 법으로 개인의 자유를 제한할 수 있다. 이때에도 국가는 자유권의 본질적 내용을 제한할 수 없다.

　　나라는 사적 권력에 의한 자유 침해를 방지한다. 현대에는 국가의 권력 남용은 많이 제약되고 있다. 현대 사회에서는 사적인 거대집단이나 소집단이 인간의 자유를 침해하고 인간을 소외시키며, 인간을 지배하는 경향이 있다. 왕따도 그러한 현상이다. 사람들은 사적 권력으로부터 자유를 침해당하고도 내색조차 못 하는 경우가 있다. 생업이나 경제가 개입되는 경우에는 그것이 더욱 심하다. 나라는 사람들이 경제적 이유 때문에 다른 사람에게 짓밟히면서도 매달리고 자유를 상실하는 일이 발생하지 않도록 해야 한다. 나라는 이러한 일을 제도로써 통제한다. 또한 불합리하고 부조리한 일은 이를 밖으로 드러내고 공정하게 심판한다. 이 과정에서 피해자든 가해자든 누구에게나 수모를 주는 방식은 지양한다.

인간의 자유를 억압하는 것들은 참으로 다양하다. 전쟁이나 폭력이나 가난, 돈, 무지, 이념 등이다. 이것들은 아주 교묘하게 인간을 통제하고, 인간의 자기 결정권을 빼앗는다. 심하게는 사람을 노예로 만들기도 한다. 이제 나라는 국가권력으로부터의 자유 침해 방지뿐만 아니라 사적 권력으로부터의 자유침해를 막아야 한다. 나라는 유무형의 힘으로부터 개인이 종속되고 억압받으며 착취당하는 구조가 형성되어 있는지 계속 점검한다. 나라는 불합리한 현실을 공개하여 통제하며 모든 사람을 보호한다. 사인 간의 관계에서도 사람의 자유가 침해되는 것은 프라이버시의 영역이라고 할 수 없다. 그것을 공공의 영역으로 전환하여 공공의 감시와 통제 하에 둔다.

나라는 자유권을 보장하기 위해 법치를 한다. 나라의 역할을 최소화해야 한다는 이론은 전체주의 국가의 출현을 경계하는 데서 나왔다. 소극적 국가론은 국가의 역할이 확대될 경우 궁극적으로는 국가가 국민을 완벽하게 지배할 것이라고 우려했다. 한편 적극적 국가론은 자유방임 상태는 약육강식을 방치하는 것으로서 강자의 자유에 불과하다고 비판한다. 현실의 시장에서는 보이지 않는 손에 의한 조화가 이루어지지 않는다. 그렇기 때문에 국가의 개입으로 약자를 보호하고 그들의 최소한의 생활을 보장해야 한다는 것이 적극적 국가론이다. 야경국가든 복지국가든 국가권력으로부터 개인의 자유를 확보하고 권익을 지키기 위해 국가의 행위는 법에 근거해야 한다. 법률은 권력자의 자의가 아닌 입법기관이 공개리에 토의를 거쳐 사회적 공감대를 바탕으로 제정되어야 한다. 이것이 입헌주의 정신이다.

정의의 확립

국가의 최고 이상은 정의_{justice}를 실현하는 것이다. 한민족은 현대사의 여러 대목에서 정의가 짓밟히는 굴곡을 겪었다. 우리는 나라를 팔아먹고도 당당하고 잘 사는 사람들을 보았다. 또한 망국의 힘없는 백성들이 잡혀가고 팔려가며 인권을 유린당하는 일을 눈 뜨고 봤다. 바르지 못한 사람들이 출세하고 득세하는 일이 있었다. 통일국가는 잘못된 일들을 철저하게 통제하여 한민족의 민족정기를 바로잡아야 한다.

공자는 다스림이란 세상을 바르게 하는 것이라고 했다. 플라톤의 국가론_{Politeia}도 정의로부터 출발했다. 맹자는 나라_왕는 정의_{仁義}를 실현하는 것이 그 첫 번째 사명임을 주장하면서 그의 강론을 시작하고 있다. 얼마 전 『정의란 무엇인가』라는 책이 선풍적인 인기를 끌었다. 통치의 기본은 정의를 추구하는 데 있다. 이것은 시대가 바뀌어도 변함이 없다.

사람들은 국가공동체가 정의로워야 한다고 생각하며 정의에 목말라 한다. 국가공동체에서 정의가 흐려지거나 무너지면, 인간은 사악해지고 혼란에 빠지게 된다. 정의가 지켜지지 않으면, 모든 사람은 한도를 넘는 이익을 추구하게 된다. 모든 사람이 이익을 무한으로 좇게 되면 사회는 혼탁해지고, 인륜은 무너진다. 이러한 사회에서는 약자가 가장 많은 피해를 입게 되고 나라는 존립할 수가 없다. 나라가 나라다운 것은 정의를 추구하기 때문이다. 나라가 나서서 정의를 바로 세우지 않으면 정의는 설 땅이 없다. 사람들은 이익이 되는 것을 좋아한다. 나라는 이익이 된다 하더라도 옳지 않은 일이면 선택하지 않는다. 그러한 실체가 나라이다.

정의란 무엇인가에 대해 시대와 사람마다 그 기준이 다르다. 옛날부터 권력자는 항상 자기가 정의의 편이라고 생각했다. 그는 불의를 행하고 악행을 저지르면서도 그것을 정의라고 말한다. 실제로 권력자 스스로는 자기가 정의를 실현한다고 믿는 경향이 있다. 동서고금을 통해 대체로 그러한 것 같다. 그래서 힘이 곧 정의라는 말까지 나왔다. 트라시마코스는 강자의 이익이 정의라고 소크라테스에게 대들었다. 힘이 곧 정의라면 국가공동체가 존재할 이유가 없다. 그것은 야만의 상태가 된다. 힘이 정의가 돼서는 안 된다.

정의란 약자를 보호하는 것이다. 강자에 의한 사적 지배와 억압이 심하면 정의는 무너진 것이다. 정의가 바로 서 있을 때는 사람들이 공론을 존중하며, 체면을 알고 교양을 갖춘 생각과 행동을 하게 된다. 강자가 약자에게 함부로 하지 못하며, 예의를 지킨다. 나라는 약육강식이 일어나지 않도록 해야 한다. 약육강식은 동물의 세계이며, 나라가 없던 시기 인간의 세계였다. 나라를 세웠다는 것은 그러한 동물적 본능으로 살지 않겠다는 약속이다. 나라는 사람을 보호하는데 손익을 따지지 않는다. 나라는 결정적인 순간에 약자의 편에서 약자를 보호할 수 있는 실체이다. 나라가 그 역할을 못 하면 약자는 강자에게 무참하게 짓밟히고 억울함이 세상에 떠돌게 될 것이다. 그러한 나라는 정의가 무너진 것이며 나라의 형체도 뒤따라 무너진다.

정의는 인간의 평등을 지향한다. 나라는 모든 사람에게 기회균등을 보장한다. 사람은 생사에 있어서 평등하나, 태어나자마자 불평등한 것이 현실이다. 국가는 이러한 현실을 인정하고 출발선상에서의 불평등을 시정하기 위해서 부단히 노력해야 한다. 사람들에게 기회의 문이 공평하게 열려있고, 노력하면 더 좋아질 수 있도록 해야 한다. 이렇게 하여 나라는 사람들이 나태하거나 좌절하여 포기하지 않도록 하고, 사람들을 격려하고 희망을 확산한다. 이것은 나라의 의무이다. 사람들은 출신지역이나 빈부나 종교·신념, 성별의 차이에 따라 차별받는 일이 없어야 한다. 나라는 차별금지법을 만들어 모든 차별적 언행들을 징치하고 기회 평등을 보장한다. 어떤 제도들은 좋은 취지에서 시작됐으나 결과는 계층차별적인 경우가 있다. 이러한 일은 정의롭지 않기 때문에 시정돼야 한다.

정의는 사물의 공정성을 유지하는 것이다. 사람들은 자기가 한 바에 따라서 보상받는다. 더 우수한 능력을 발휘하고 더 많은 성과와 기여가 있었다면 더 좋은 보상을 받는 것이 평등이다. 노력한 사람이나 게으른 사람이나 똑같이 분배받는다면 이것은 평등도 아니고 정의도 아니다. 결과의 기계적 평등은 사람들의 의욕과 희망을 꺾는다. 결과 평등의 인간사회를 이끌어 가기 위해 전체주의가 등장했다. 이렇게 되면 사회를 진보시킬 수 없다. 사회를 진보시키는 것이 좋은 것이다. 인류사회가 발전해 온 과정은 경쟁의 과정이었으며, 경쟁에는 보상의 형평이 따랐다. 불법과 탈법이나 손쉬운 방법으로 많은 이익을 취했다면 그것은 부정부패이며 불평등이다. 부정부패와 불평등을 극복하는 것이 정의이다.

모든 일에는 기준이 있고, 그 기준은 모든 사람에게 공정하게 적용된다. 그 잣대가 상대에 따라, 때에 따라 달라진다면 그것은 정의롭지 않다. 정의는 이중기준을 배격한다. 정의는 특권층을 허용하지 않는다. 시대마다 알게 모르게 특권층이 있었다. 이들은 대를 이어 가면서 경쟁을 제한하고 좋은 것을 독점하며 책임과 의무를 면하려는 경향이 있었다. 그러한 행태는 사회적 효용을 좀먹고, 타인의 권리를 침해했다. 나라는 특권계급과 노예계급의 형성을 막아야 한다.

나라는 바른 사람을 쓰는 것으로 정의를 시작한다. 유능하고 청렴하고 반듯한 사람이 적정한 과정과 절차를 거쳐 지도층에 올라가야한다. 그러한 사람들이 나라를 이끌어 가도록 해야 한다. 굽은 사람이부정한 방법으로 위에 올라서고 영달하면 나라는 삐뚤어지고 현능한인재는 피하고 국민은 피해를 보게 된다. 돈과 출세를 위해 줄 서고불법과 반칙, 협잡과 사기, 굴종과 아부에 능한 사람이 지도층에 올라간다면 정의는 흐려진다. 이것은 청소년들에게는 아주 좋지 않은 교육이다. 자리를 얻고 축재하기 위해 정치에 기웃거리는 사람은 정의롭다고 할 수 없다. 역사에서 정의롭지 못한 일들이 참으로 많았다. 나라는 바르고 총명한 인재들이 나라의 중요한 조직과 단체의 지도자가되고, 이들이 공익과 국가공동체를 위해 바른 일을 제대로 할 수 있도록 뒷받침하고 보호해야 한다.

나라가 정의를 세우기 위해서는 공직자들이 특별히 더 청렴하고공정하며 유능해야 한다. 국가 사무 앞에서는 아무리 돈이 많은 사람이나 힘이 아무리 좋은 사람도 돈 없고 힘없는 사람과 똑같다. 공직자는 그들을 평등하게 대하고, 억지와 행패, 거대한 힘의 횡포에 맞설 수있어야 한다. 공직자가 청렴하지 않으면 불의에 맞서 정의를 세울 수없다. 공직자는 부귀 앞에서 다중의 위력 앞에서도 당당해야 한다.공직자가 나약하고 부패하면 정당치 못한 힘이 그들을 굴복시키고국가공동체를 황폐하게 만들 것이다. 국가는 부당한 압력을 물리친공직자들이 피해받는 일이 없도록 보호해야 한다.

부패한 공직자는 일반 강도와는 차원이 다른 특급 강도이다. 개별범죄자는 피해 상대자에 대해서만 손상을 주지만, 공직자의 범죄는국가와 사회를 광범위하게 파괴한다. 고전에서 제왕은 수탈하는 신하를 기르지 아니하고 수탈하는 신하를 기를 바에야 차라리 도둑을기르는 게 낫다고 했다大學章句. 공직자는 잘난 사람이나 못난 사람이나,

정상인이나 비정상인이나, 힘 있는 사람이나 힘없는 사람이나 모두에게 차별 없이 열려 있어야 한다. 그들이 만나고 싶어 할 때는 만나주고 그들이 말하고자 할 때는 그 말을 들어주어야 한다. 공직자는 사람을 가리어 차별하지 않는다. 그들에게 모두 객관적이고 엄정하게 해야 한다. 그들의 민원사항에 대해서는 공평무사하게 처리하되 그들의 입장을 중요하게 생각한다.

퇴직 공직자가 공직 경험을 바탕으로 사익을 취하는 것은 옳은 일이 아니다. 그들이 공직 경험을 바탕으로 사익을 추구하는 단체를 위해 일하는 것은 부적절하다. 퇴직자가 현직 공직사회와 접촉하면서 공직사회가 불공정한 결정이나 판결을 하도록 영향을 미치는 것은 불의이다. 공직자가 불공정한 결정을 한다면 반드시 그로 인해 부당하게 피해를 입는 사람이 있다. 최소한 고위공직자는 퇴임 후에 사적 이익과 관련되는 일을 하지 말아야 한다. 장차관 했던 사람들이 어떤 개인의 이익을 위해 일하는 것은 일반 국민의 정서와 기대에 어긋나고 나라의 기강을 해치는 일이다. 그들이 공직 경험을 학술적으로 정리한다든지 후계세대 양성에 종사하는 것이 유익하다. 국민 보호와 공익을 위해 일할 수 있는 호민관 제도를 만드는 것도 좋다. 나라는 고위공직에 취임할 사람한테 퇴임 후 사익을 추구하는 일에 종사하지 않겠다는 서약을 미리 받고 임명한다.

민생의 보호

나라는 사회의 질서와 안전을 지킨다. 고조선에서는 8조 금법이 있었다. 함무라비 법전에는 탈리오의 법칙이 있다. 나라는 공동체의 유지와 평온을 위해 필요한 규제사항을 정해 놓고 사람들에게 지키도록 했다. 그 규칙을 지키지 않으면 반드시 징벌이 따랐다. 그 징벌은 사적인 과잉보복이 되지 않도록 하여 피의 복수가 악순환되는 일이 없도록 했다. 이 과정을 나라가 관리하고 개입했다. 사람들이 국가권력의 정당성을 인정하는 중요한 이유는 공동체의 혼란을 예방하고 질서를 유지하는 데 있다.

나라는 협박이나 폭행, 감금, 납치, 강간, 인신매매, 살인 등 인신을 침해하는 행위를 개인의 인권보호 차원에서 규제한다. 이러한 행위를 금지하는 것은 자연법이다. 나라는 사기와 절도, 도박, 통화 등 경제적 불법행위를 규제한다. 사람들이 인간관계를 신뢰하는 것은 중요한 사회적 자산이며 생활의 안전이다. 파괴와 방화, 소요 등 사회의 평온을 위협하는 행위들도 규제한다. 현대사회에서 공공질서의 중요한 부분은 도로교통에서 나온다. 개인의 주거 밖은 거리로 연결되어 있고 그 중심은 도로이다. 나라는 거리에서 다른 사람들의 자유나 이익을 침해하든가 다른 사람을 위협하든가 거리의 평온을 해치는 행위를 규제한다. 거리에서의 청결과 공공질서가 잘 유지되는지 여부는 그 나라의 수준을 나타낸다. 이는 국가권력이 제대로 작동하고 있음을 알 수 있는 중요한 징표이다.

나라는 생활의 안전기준을 정하고 관리한다. 현대사회에서 사람들은 대부분 주택 등 인공 구조물과 기계와 공업제품 속에서 생활한다. 그 기술적 특성이나 안전성을 개인이 식별하거나 통제하기는 쉽지 않다. 나라는 주택 건물 철도 도로 제방 댐 전력 가스 상하수도 등 국가기반 시설의 안전 기준을 설정하고 관리한다. 차량 철도 선박 항공기 등 수송수단의 운항질서와 기계적 안전 기준을 규제하며 개선한다. 나라는 사람들의 일상에 들어와 있는 모든 화학제품과 의약품 식음료품

생활용품의 생화학적 기계적 안전기준을 정한다. 민간은 자율적으로 그러한 안전기준을 지킨다. 생산공정과 유통과정에서 그러한 기준을 충족하지 못하면 일이 진행되지 않도록 시스템을 구축한다. 나라가 일일이 그것을 규제하지 않더라도 민간이 자동적으로 그 기준을 충족하도록 체제를 만든다.

나라는 사람들이 병마에 시달리지 않도록 한다. 나라는 질병을 예방하고, 환자들이 저렴하게 치료받을 수 있도록 한다. 보건환경을 깨끗이 하고 감염병 전염병 예방과 질병 관리 체계를 철저하게 작동한다. 나라는 자연재난을 방지하고 그 재난을 복구하는 책임이 있다. 자연재난으로 인한 파괴를 복구하는 것은 국가 예산으로 한다. 농작물과 동식물의 병충해를 예방하고 구제하는 것도 중요한 일이다. 나라는 화재와 풍수해 등 인공적 자연적 재난에 대비하고 피해발생시 신속히 구제하고 이재민을 보호한다.

나라는 사람들이 행복하게 살 수 있는 여건을 조성한다. 젊은이들이 결혼하고 출산할 수 있도록 권장하고, 그 과정에서 많은 비용이 들어가지 않도록 문화와 제도와 시설을 만든다. 그리고 가정이 편안하고 행복하도록 국가적 차원에서 보호한다. 나라는 국민들이 의식주衣食住에서 궁핍과 불편이 없도록 한다. 이러한 국민 생활의 과정이 제대로 작동되기 위해서는 경제가 성장해야 한다. 나라는 성장을 촉진하고 그러한 기반 위에서 분배가 적정하게 이루어지도록 관리한다. 생산도 없는데 분배부터 할 수는 없는 것이다.

과학기술이 발전할수록 일자리가 줄어들고 있다. 재화를 생산하는 데서 과학기술의 비중이 커졌다. 자본과 노동의 투입을 통해 국부를 생산하는 전통적인 패러다임이 변했다. 생산과 국부의 총량은 증가하지만, 그에 따르는 고용증대가 일어나지 않는다는 의미다. 고용

증대를 통한 분배의 확대가 이루어지지 않으면 부의 편중이 심해지게 된다. 양극화는 국가공동체를 해체하며 누구에게도 좋은 일이 아니다. 나라는 어떤 형태로든 고용증대를 통한 분배의 확대를 위해 노력한다. 또한 고용이 아닌 다른 방법으로도 증가된 국부를 사람들에게 적정하게 분배하는 체계를 짜야 한다.

나라는 모든 사람이 국부의 생산과 분배와 소비 체계에 들어와 어떤 역할을 하도록 한다. 이렇게 해야 양극화를 예방하고 국가공동체를 유지할 수 있다. 국가공동체는 가진 사람이나 못 가진 사람이나 모두 살아갈 수 있는 생태계이다. 아무리 힘 있고 많이 가진 사람이라도 자기 혼자서 독자적으로 살아갈 수 없다. 사람들은 자기가 잘살아가기 위해서도 국가공동체를 건강하게 만들어야 한다. 더 가진 사람일수록 공동체의 생태계를 유지하는 데 더 기여해야 한다. 어느 사람이 가진 힘과 부富는 자신의 노력만으로 형성된 것이 아니다. 그것은 사회적 작용 속에서 형성되었다. 자기만 살고 다른 사람은 모두 죽으면 생태계가 구성되지 않는다. 그러면 자기도 죽는다.

모든 이들이 배울 수 있는 기회를 공평하게 가져야 한다. 나라는 가난이나 기타 다른 무엇이 사람들의 배움의 의지를 가로막지 않도록 해야 한다. 교육을 통해 사람들의 지력과 지식, 창의력을 높이는 것은 나라의 의무이다. 사람들이 학교과정을 통해 공동체 생활을 하는 것은 그 자체로서 중요하다. 청소년들이 동년배들과 공동생활을 하면서 파토스와 로고스, 에토스를 공유하는 것은 사회적 결속력을 키우는 것이다. 교육을 통해 사람들이 일정 수준 이상의 지력을 갖게 해야 한다. 그리고 교육이 계층이동의 사다리가 될 수 있어야 한다.

나라가 민생을 제쳐둔 채 공리공담에 빠져들거나 고원高遠한 것만을 추구한다면 그것은 나라의 본령을 이탈한 것이다. 나라가 사람들의 민생을 보장하지 않고서 인간의 존엄성을 말할 수도 없다. 사람들의 생활이 어려워지면 정의를 세울 수 없으며, 법질서가 무너진다. 사람들의 민생을 해결하지 못한 나라는 어떤 명분으로든 존립할 가치가 없다. 민생이 우선이다.

3

통일에 대한 생각

통일하겠다는 것의 의미

우리가 통일하겠다고 하는 것은 온전하고 정상적인 한민족의 모습을 회복하자는 것이다. 한민족은 독립운동을 하던 시기에 분단된 조국을 예상했던 사람은 하나도 없었다. 그것은 상상할 수 없는 일이었다. 해방은 우리의 힘으로 이룩되지 못했다. 우리가 맞이한 해방된 조국은 분단된 국토였다. 1945년 한민족의 해방과 국토의 분단, 신탁통치 이러한 것은 한민족의 생사운명을 가르는 사변이었다. 그러한 결정은 열강에 의해 내려졌고, 그들은 그러한 결정을 하면서 한민족의 의사를 단 한 번도 묻지 않았다. 한민족 3천만 중 단 한 사람도 열강들 사이에서 그러한 일이 진행되고 있다는 사실 자체를 알지 못했다. 한반도는 한민족의 의사와는 상관없이 분단되었다. 많은 애국지사가 사력을 다해 분단을 막아보고자 했지만 이미 대세는 기울었고 나라의 길은 정해져 있었다. 한민족은 분단국에서 살게 된 것이다.

분단국은 온전한 나라가 아니다. 국가의 영토가 두 쪽 났고 주권이 제약되어 있으며 국민이 제대로 되어 있지 않은 나라이다. 분단국은 완전한 자주독립국가라고 할 수 없다. 한민족은 분단으로 인해 국권이 본질적으로 침해됐으며, 엄청난 고통과 손해를 보고 있다. 분단으로 인한 전쟁의 위험과 인도적 고통뿐만 아니라 인권과 자유의 제약, 국가 위상의 추락, 반도의 경제적 기회 박탈, 민족의 존엄성과 자주성의 제약, 일상생활의 불편 등 말로 다 할 수 없는 손실과 고통을 겪고 있다. 그러한 나라에 사는 우리는 생각까지도 반쪽이 됐고 자학적일 때도 있다. 우리는 그러한 이상한 현실에 익숙해지면서 안주하고 있다. 어쩌면 그러한 사실 자체를 망각하거나 어쩔 수 없다고 생각하며 자포자기한다. 한민족은 제대로 된 나라를 만들고 개인의 정상적인 자유 발전을 위해 통일을 해야 한다.

통일은 제대로 된 나라를 만드는 일이다. 통일은 나라의 주권을 온전히 하며 영토를 회복하고 국민을 통합하는 일이다. 통일은 온전한 우리의 본 모습을 회복하는 길이다. 통일이란 민족사의 정통을 이어가는 것이다. 우리는 통일된 온전한 나라에서 살게 될 때 비로소 주인의 지위를 완전히 회복할 것이다. 통일은 한민족의 최대 최고의 역사적 과제이다. 남북한은 모두 그 시작부터 통일을 국시國是로 삼았다. 남북한은 통일을 추구할 것임을 헌법이나 당규약에 명시했다. 남북기본합의서에서 남북한은 상대방을 주권국가로 보지 아니하기로 합의했다. 그리고 상호관계를 통일을 지향하는 과정에서 잠정적으로 형성되는 특수관계라고 규정했다. 그런데 지금 많은 사람이 분단에 안주하고 있으며, 이제는 통일을 추구하지 말자는 주장까지 하고 있다. 그 주장은 8천만 한민족이 온전하지 못한 나라에서 그대로 살자는 것으로서 자기 비하의 표현이며 얼빠진 짓이다. 조선말에도 얼빠진

집권층이 주권을 통째로 다른 나라에 넘기고 백성들을 이민족의 노예로 팔아먹었다. 제정신인 사람은 국토를 잘라내고 주권을 반쪽 내며 국민을 버리지 않는다. 그것은 반역이기 때문이다.

통일하겠다고 하는 것은 당연하고도 옳은 것을 잃어가는 우리의 현재 모습에 대한 맞서기이다. 우리의 일상에서 통일하겠다고 하는 언행이 실속 없고 비현실적이라고 평가받는 일이 늘어나고 있다. 통일하자고 하는 주장은 냉소의 대상이 되기도 한다. 분단의 현실에 익숙해지고 안주하는 모습들이다. 일제 식민치하에서도 그러한 일이 있었다. 일본은 한때 만주국을 세우고 중국을 장악하고 동남아를 석권하였으며 인도까지 넘봤다. 바다로는 남서 태평양의 섬들을 점령하고 태평양 전쟁을 일으켜 미국과 승부를 겨루었다. 당시 승승장구하는 일본의 강력한 모습을 보면서 많은 식자는 조선의 광복이 비현실적이라고 주장했다. 그들은 강력한 일제에 맞서 독립운동하는 것을 실없는 짓이라고 냉소했다. 그리고 조선 민중이 일제와 협력하면서 잘살아가는 길을 찾자고 전국을 돌아다니며 선동했다. 그들은 그 길이 현실적이라고 주장했다. 그때는 그러한 주장이 현실적이고 합리적인 것처럼 들렸을지도 모르지만, 그것은 옳지 않은 일이었다.

지금 일부 지식인들이 통일을 추구하지 말고 두 개의 국가로 공존하는 것이 현실적이라고 주장한다. 오늘의 절망적인 상황에서 그러한 주장이 그럴 듯해 보일지도 모른다. 그러나 그것은 옳지 않은 일이다. 선의로서 그러한 주장을 하고 있을지 모르지만, 그것은 반역이며, 결국 나라와 민족을 망친다. 동북아시아에서는 국가주의와 민족주의 기운이 강하게 일어나고 있다. 한민족은 이러한 틈바구니에서 통일하지 않고 민족의 생존보장을 장담할 수 없다. 제대로 된 민족이라면 비록 어렵더라도 가야할 옳은 길을 줄기차게 걸어가야 한다. 그러한

민족이라야 존엄한 것이며 발전할 수 있고 주변국들이 존중할 것이다. 한민족이 현실에 안주하고 적당히 타협한다면, 다른 나라들은 그러한 한민족의 장래를 별 볼 일 없는 것으로 생각하면서 업신여길 것이다. 지도자와 지식인들은 분연히 일어나 한민족의 바른길을 열어나가고 사람들에게 희망을 주어야 한다. 주변 나라들은 모두 한 뼘의 땅이라도 지키고 넓히려고 전쟁까지 불사한다. 그런 나라들이 잘 되고 강국이 된다. 옳은 길을 외면하는 민족에게는 희망이 없다.

통일하겠다고 하는 것은 국토 공간의 폐쇄에 익숙해지는 우리에 대한 맞서기이다. 한반도는 원래 반도 국가이다. 그래서 해양과 대륙을 잇는 나라이다. 주변 열강은 이러한 한반도의 공간적 가치를 높이 보고 이 땅에 많은 관심을 가졌다. 그러나 정작 우리는 통일된 우리 국토의 가치를 망각하고 있다. 한민족은 조상 대대로 걸어서 대륙으로 건너갔었다. 일제 식민치하에서도 한민족은 대륙으로 또는 바다를 건너 사해만방으로 나가 독립운동을 했다. 한민족은 공간의 제약 없이 세계의 문명을 숙지했다.

한반도에는 해방 이후 남북한 두 개의 정권이 수립됐다. 전쟁을 거치면서 휴전선은 지구상에서 가장 철저한 단절의 벽이 됐다. 그 결과 남북한 간 소통이 끊겼고 우리는 걸어서 대륙으로 갈 수 없게 돼 버렸다. 남북한은 섬 아닌 섬나라에 갇혀 있었다. 한민족의 역사에서 국토 공간이 이렇게 폐쇄적이었던 때가 없었다. 공간의 폐쇄는 한민족의 의식과 문화와 생활의 고립과 폐쇄를 가져왔다. 한민족은 폐쇄된 섬나라에 익숙해졌다.

한반도는 공간의 폐쇄로 인해 반도성을 상실했다. 반도가 갖는 문명 융합의 역동성과 해양과 대륙을 잇는 허브 기능의 경제성, 해양과 대륙으로 뻗어나가는 진취성이 제약받고 있다. 한반도의 단절로 동북아 전체가 통합적 세계 문명에서 뒤떨어져 있다. 통일이 되면 한민족은 분단으로 잃었던 이 모든 것을 회복한다. 한반도는 세계의 평화와 협력을 주도하는 위상과 힘을 갖게 될 것이다. 그런데 우리는 알게 모르게 이러한 한반도 우리 국토의 지정학적 지경학적 가치를 잊고 있다. 통일하겠다고 하는 것은 이러한 국토의 본래 가치를 망각하는데 익숙해진 우리에 대한 맞서기이다.

통일하겠다고 하는 것은 자주적이지 못한 것에 대한 맞서기이다. 분단과 남북 대결로 인해 한민족은 자주의식이 많이 약화됐다. 우리는 주인의 입장에서 자신을 관찰하고 우리의 문제를 해결하고자 하는 의지와 노력이 부족하다. 세계화라는 시대 조류가 그러한 경향을 더욱 부추기고 있다. 이러한 때에 통일문제의 자주적 해결을 주장하는 것이 가소롭게 보일 수 있다. 어떤 사람은 자주를 쇄국이라고 왜곡한다. 나아가 시대착오적이고 고리타분하다고까지 경멸하기도 한다. 지난날 외세가 한반도에서 분탕질을 치면서 한민족의 의사를 무시했다. 거슬러 올라가 보면 휴전선이 그랬다. 대국들은 전쟁을 끝내기 위해 한민족의 의사와는 상관없이 경계선을 그었다. 해방 후 38선이 또한 민족의 의사와는 무관하게 그어졌다. 구한말 주권의 상실이 민족의 의사와는 다르게 진행됐다. 러일전쟁, 청일전쟁 때에도 한민족의 의사와는 전혀 상관없이 외세가 이 땅에서 전쟁을 했다. 그들은 그때에도 한민족을 제쳐놓고 한반도의 분할지배를 논했다. 더 올라가면 임진왜란이 그랬다. 이러한 과거사가 우리를 위축시키고 있다. 한반도 통일을 우리가 할 수 있겠느냐 하는 패배감이 은연중에 우리의 마음에 자리 잡고 있다. 그런데 우리가 하지 않으면 누가 하겠는가.

우리는 주변 열강들에 의한 역사의 굴절을 끊어야 한다. 외세는 한반도를 분단시켰지만, 한반도의 통일은 외세가 시켜주지 않을 것이다. 한반도의 통일은 우리가 해야 하며, 우리 손으로 통일했을 때 굴절된 민족사를 바로잡을 수 있다. 그런데 우리는 내심 한반도 통일 상황이 왔을 때 외세가 어떻게 나올 것인지를 염려한다. 국제정세를 잘 관찰하는 것은 중요한 일이다. 하지만 단언컨대 우리가 스스로 통일하지 않으면 한반도의 통일은 없다. 한편 이 땅의 주인인 한민족이 통일하겠다고 하면 누구도 막을 수 없다. 한반도에 한 나라가 있어야 한다고 생각하고 있는 것은 우리 민족뿐이다. 주변국의 현역 정치가, 관료, 전문가, 학자 중에 한반도에 한 나라가 있었던 것을 경험한 사람이 하나도 없다. 그것은 100년도 더 된 옛날의 일이다. 그들은 굳이 한반도에 하나의 나라가 있었던 과거를 기억할 이유가 없다. 그들은 한반도에 하나의 나라를 만들기 위해 노력할 필요도 없다. 그들에게는 통일하겠다고 하는 한민족이 오히려 이상해 보일 수 있다. 주변 나라들은 한반도에 통일된 하나의 나라가 있는 것을 달갑지 않게 생각할 것이다. 그것은 국제정치의 생리상 그렇다.

　한반도 통일이란 한민족의 역사와 한민족의 기억 속에만 있는 하나의 나라를 현실 속에서 만들어 내는 일이다. 한반도 통일은 한민족이 자주적으로 할 수밖에 없다. 민족자결권은 유엔 성립 이후 유엔 헌장에서도 국제법의 원칙으로 인정하고 있는 권리이다. 남북한은 민족자결권을 발동하여 남북기본합의서와 남북정상회담의 남북공동선언을 체결했다. 여기에서 한민족은 자주적으로 통일하기로 합의했다. 이러한 남북한의 통일 의지와 권리를 유엔 총회가 인정하고 지지하였다. 한민족은 자주적으로 통일할 수 있는 권리를 국제사회로부터 인정받고 있다. 이것은 국제사회가 인정하기 이전에 한민족이 하늘로부터 부여받은 자연권이다. 우리가 통일하겠다는 의지를 다지고 노력하는 것은 민족자결권을 스스로 확인하는 것이다. 통일하겠다고 하는 것은 통일의 권리를 내외에 밝히는 일이다. 동시에 비자주적인 것과 분단의 현상 고착을 원하는 것에 대한 맞서기이다.

민주주의 실현과 민족자결권 행사를 통한 통일

한민족은 19세기 서세동점의 시대에 주권 평등의 근대 국제질서에 적응하지 못하고 주권을 잃었다. 우리 조상들은 조선말 천하질서가 무너지던 때에 근대국가로 체제를 전환해야 했다. 한민족은 그러한 충격에 효과적으로 대처하지 못했고, 나라는 망했다. 사대주의로 화석화된 지배층은 신세계 질서에 둔감했고 구태의연했다. 척화비와 위정척사는 그 기개가 서릿발 같고 장엄했으나 시대착오였다. 선각자들은 어지러운 세상에서 백성들의 정신개벽을 추구했다. 그들은 기울어져가는 나라를 구하고자 구국계몽 운동을 전개하고 의병을 일으켰으나 역부족이었다. 지배층은 소중화의 환상에 빠져 꿈을 꾸고 있거나 우리를 버리고 남을 따르고자 했다. 현실정치에서 그들은 부패했고 자강의지가 없었다. 지배층은 안으로는 새로운 세상을 갈망하는 백성들을 폭압하고 가렴주구 하는데 여념이 없었다. 밖으로는 이리저리 외세를 찾아 허둥대다가 나라를 통째로 일제에 넘겼다. 그 대가는 식민과 분단과 전쟁과 대결의 혹독한 100년이었다. 이즈음 해서 다시 한번 나라의 지도자들이 어떠해야 하는가를 생각한다. 국가 엘리트는 세상의 돌아가는 바를 정확히 알아야 한다. 그들은 변화하는 세계에서 나라를 지키고자 하는 자주 정신이 투철해야 한다. 또한 나라의 나아갈 바를 바람직하게 설정하고, 나라를 바꿀 수 있는 능력과 지혜가 있어야 한다. 그들은 청렴해야 한다. 그래야 세상을 정확히 볼 수 있고 제대로 일할 수 있다. 이렇게 해야 나라가 제대로 된다. 지금 우리는 또한 어떠한가를 계속 자문한다.

한민족은 일제 치하에서 세계 어느 피지배 민족보다도 더 치열하게 반제 독립투쟁을 전개했다. 한민족과 같은 독립운동을 한 민족을 다른 어디에서도 찾아볼 수 없다. 그러나 한민족은 스스로의 힘으로 해방을 이루지 못했다. 한민족의 해방은 연합국에 대한 일본의 무조건 항복으로 갑자기 이루어졌다. 연합국은 전시에 합의했던 카이로 선언1943년 12월 등에 따라 한민족을 일제 식민지에서 해방시켰으나, 한민족의 자주권을 즉각 인정하지는 않았다. 연합국 간에는 이미 적절한 절차 in due course를 거쳐 한국을 독립시킨다는 합의가 있었다.

한반도 국토의 분단은 한민족의 의사와는 전혀 상관없이 결정됐다. 소련은 1945년 8월 9일 태평양 전쟁 종전終戰 1주일 전에 대일전對日戰에 참전했다. 이것은 소련군이 제2차 세계대전 이후에 만주와 한반도에 진주할 수 있었던 근거가 됐다. 소련이 일본에 선전포고를 할 때는 일본이 원자폭탄을 맞았고 항전 의지를 상실한 때였다. 소련은 이미 일본의 항복 의사를 알고 있었다. 일본은 1945년 8월 15일 정오에 무조건 항복했다. 연합국의 요구를 다 수용한다는 의미다. 그것은 또한 한민족이 일제로부터 즉각 해방됨을 의미했다. 그러나 한반도의 관할권은 일제로부터 연합국으로 넘어갔다. 미·소 양군은 일본군의 무장해제를 위해 북위 38도 선을 경계로 한반도를 분할 점령했다. 38선을 그을 때 열강은 한민족의 의사를 물어본 적이 없다. 그러나 그 결정으로 한민족은 나라가 두 쪽 났고, 동족상잔에 빠져들어 삼천리 강토를 피로 물들였다. 그러고도 분단은 여전했고 한민족은 70년 동안 고통받고 있다.

한민족은 돌아가는 정세를 제대로 알지도 못했다. 우리 민족은 자기

의 의사와는 상관없이 냉전 대결의 국제질서에 편입됐다. 세계 국제
정치학자들도 전후 세계질서가 냉전체제로 재편될 것이라고 보았던
사람은 드물었다. 미·소 양군의 한반도 분할점령이 곧이어 시작된 국
제냉전질서의 구축과 맞물려 돌아갔다. 사실은 그 당시 냉전이 확장
되면서 거의 모든 나라가 자기의 의사와는 상관없이, 또는 안보를
위해 양극적 냉전질서에 편입됐다. 그것이 국제정치의 냉엄한 현실이
었다. 미·소의 한반도 분할점령은 독립운동 과정에서부터 배태되기
시작했던 한민족의 정치 이념적 분화 현상을 지역적으로 결집시켰다.
민족 내부의 이념 대결은 국제냉전과 결합되어 광란적으로 극렬해졌
다. 그것이 결국은 전쟁으로 나아갔다.

　한반도를 점령한 연합국은 자기들 멋대로 한반도에 대한 신탁
통치를 결정했다. 한민족은 주권이 없었고, 열강은 한민족의 자치능
력을 인정하지 않았다. 당시 한민족은 그러한 능력을 보여주지 못했
다. 세계의 패권 국가들은 언제나 세계 각 지역의 동향을 관찰하고
해당 민족의 의지와 능력을 다루어보고 잰다. 그것이 제국의 속성이다.
조선말에도 그러했고, 지금도 그러한다. 이러한 점에서 광복군의 국내
진공계획이 실현되지 못한 것은 한민족으로서는 불운이었다. 연합
국은 1945년 12월 모스크바에서 미·소·영 3상 회의를 개최하여 한반
도의 신탁통치를 결의했다. 이를 실행할 기구로써 미소공동위원회가
구성됐다.

　한민족은 강대국의 신탁통치 결정을 전해 듣고 분노했다. 민족주의
진영은 일제히 반탁운동을 전개했다. 이로 인해 열강의 한반도 신탁
통치 구상은 좌절됐다. 소련은 반탁운동을 구실로 한민족의 민족주
의 세력을 거세하고자 했다. 신탁통치를 두고 벌어진 일들은 한민족
의 좌우 대립과 내부분열을 결정적으로 악화시킨 요인이었다. 미국은

소련과는 한민족의 독립정부 수립 문제를 더 이상 협의할 수 없다고 판단했다. 미국은 한반도 문제를 유엔총회에 넘겼다. 1947년 12월 유엔총회는 한민족의 조속한 자주독립 정부 수립을 지원하기로 결의했다. 소련은 총선거에 의한 한민족의 자주정부 수립을 거부했다. 유엔소총회에서는 이 문제를 재심의하여 유엔한국임시위원단이 활동할 수 있는 지역에서 총선거를 실시할 것을 결의했다. 이후 남북한에서는 단독정부 수립과정이 제동장치 없이 진행됐다.

미국은 제2차 세계대전이 끝난 후 군대를 축소하고 있었다. 당시 미국의 세계전략에서 주된 관심은 유럽이었고 아시아 정책의 비중이 낮았다. 미국은 향후 아시아 질서를 구축하는데 주요 파트너를 장개석 국민당의 중국으로 삼고 있었다. 한반도는 관심 밖이었다. 미국은 한반도에서 조속히 부담을 덜고 떠나고자 했다. 대한민국 정부 수립 후 미군은 철수했고, 1950년 1월 미국의 방어선에서 한반도와 대만을 제외하는 소위 애치슨 라인을 선포했다. 이때 미국은 인민공화국의 중국과 적대관계를 상정한 것 같지 않았다.

한민족은 냉전질서에 편입됐고 미국과 소련의 후원하에 남북에 각각 정부를 세워 정치적 분단에 들어갔다. 한민족은 분단되었지만, 누구도 분단의 현실을 인정할 수 없었다. 그것은 남북한 간 무력의 대결로 나타났다. 남북한의 대결은 통일에 대한 강렬한 민족주의적 열망과 이데올로기의 열정이 결합됨으로써 매우 격렬했다. 남북한은 상대방을 비난하고 부정하며 파괴하고자 했다. 당시 민족 내부의 분열을 막고 통일 정부를 세우고자 하는 운동이 있었다. 이는 국제냉전의 벽을 넘을 수 없었다. 남북한은 전쟁으로 나아갔고 분단은 고착됐다. 이렇게 한반도에 하나의 자주독립 국가, 민주공화국을 세우고자 했던 한국민족주의 운동이 좌절됐다. 한반도의 해방과 분단과 신탁통치 결정, 그리고 뒷날 휴전선의 획정 과정에서 한민족의 의사가 반영된 것은 영寒이었다.

한민족은 국제질서의 대전환기에 순간의 잘못으로 민족자결권을 상실했다. 주권을 한번 상실한 대가는 이렇게 혹독했고 후유증은 100년을 더 갔다. 제국주의와 냉전시대에는 잃었던 민족자결권을 완전히 회복하는 것이 지난한 일이었다. 탈냉전을 지나 또다시 신냉전의 기류가 일어나는 등 국제질서가 요동치는 듯하다. 새로운 정세에 한민족은 강한 자주정신과 자립능력을 가지고 열강을 상대해야 한다.

통일을 이룩하기 위해서는 확고한 자결의지와 날카로운 지혜가 필요하다. 열강은 한반도의 문제를 국제사회의 대의에 따라 처리하지 않고 자국의 이익을 고려하여 접근한다. 우리로서는 사례 하나하나 따지면 속상한 일이 많다. 열강은 한반도 문제가 자국에 어떤 영향을 미칠 것인지 손익계산을 한다. 한민족은 열강에 끌려다녀서는 안 되며 한민족의 관점에서 방향을 제시하고 협력해야 한다. 한반도의 주인은 한민족이다. 한민족은 국제질서를 어지럽히거나 한반도 혼란을 일으키지 않아야 한다. 그렇게 해야 우리의 자주권을 지킬 수 있다. 한민족이 국제질서를 교란하는 행위를 하는 것은 외세에 초청장을 내미는 것이나 같다. 주변국들이 한민족을 신뢰할 수 없다면, 그들의 중앙에 자리 잡고 있는 한반도를 한민족 마음대로 하는 것을 두고만 보고 있지는 않는다.

한민족은 통일 의지와 능력을 행동으로 드러내고 이를 주변국들이 신뢰하도록 해야 한다. 한민족은 통일할 권리가 있다는 자기 확신을 가져야 한다. 한민족은 민족자결권에 기초한 통일 의지를 강하게 주장하고, 주변국들이 이를 의심의 여지 없이 받아들이도록 해야 한다. 열강 중에서 한반도 통일을 반대하거나 훼방하는 나라가 있을 때는 한민족은 3.1운동이나 반탁운동과 같이 단호하게 민족적 의지를 표명해야 한다. 어떤 때는 무력으로 맞서고자 하는 사생결단의 자세를 가져야 후회할 일이 생기지 않는다. 한민족은 통일국가를 어떠한 나라로 만들어 갈 것인지 비전을 밝힌다. 그것을 통해 통일이 한민족 뿐만 아니라 주변 나라에도 좋은 일이라는 믿음을 갖도록 한다.

한민족은 통일을 자주적으로 이룩해야 한다. 통일문제의 주인은 한민족 남북한이다. 한민족이 통일하지 않으면 한반도의 통일은 없다. 자주적 통일은 한민족이 가진 국제법적 권리이다. 유엔의 헌장과 국제인권규약, 유엔총회결의 등은 일관되게 민족의 자결권을 규정하고 있다. 남북한은 민족자결권에 기초하여 통일하겠다는 의지와 통일에 대한 자주적 해결원칙을 여러 차례 다짐했다. 남북한 특수관계론은 그 표상이다. 통일의 자주적 권리는 쌍방의 정상 차원에서 합의한 바 있다. 2000년 6월 남북정상회담에서 합의한 6.15남북공동선언의 제1항은 남북한이 통일문제를 자주적으로 해결해 나가기로 합의한 것이다. 유엔총회에서는 남북한의 이러한 합의를 환영하고 지지하는 결의를 한 바 있다.

한민족의 민족자결권은 민족구성원 개개인의 자유로운 의사 표현과 자기 결정권의 행사로 구현된다. 근대적 의미의 민족은 자유로운 개인의 탄생에서 비롯됐다. 그 자유로운 개인이 민족국가, 국민국가를 형성하는 주체였다. 독립지사들은 기미독립선언을 통해 조선인이 자유인임과 우리나라가 독립국임을 선언했다. 자유인인 조선인들이 하나의 민족국가, 민주공화국을 건설하자고 결의한 것이 3.1운동이다. 이것이 근대 한국민족주의 운동의 본류이다. 엄혹한 항일운동 과정에서 저항의 효과를 더하기 위해 민족을 집단적 실체로써 추상화하고 낭만주의로 빠지는 경향도 있었다. 이것은 한국민족주의가 지향했던 개인의 자유 발전과 민주 공화정의 정신과는 거리가 멀다.

통일의 가장 바른 방도는 한민족 구성원 개개인이 자유인으로서 자기 결정을 하는 것이다. 통일과정에서 일반 주민이 주권자로서 주권을 행사하고, 그 결정이 권력자를 통제할 수 있어야 한다. 통일과정에서 한민족 구성원 모두가 차별받거나 배제됨이 없이 자유롭고 평등한 시민으로서 동등하게 참여한다. 개인의 의사결정 과정에 어떠한 강압이나 불이익이 없다. 주민 생활의 자율성 확대와 민주주의의 실현, 권력의 민주적 통제가 통일과정에서 권력투쟁의 위험성을 억제할 수 있다.

주변 국가들과 국제사회는 한반도가 원래 하나의 민족국가였으며, 남북한이 통일하기로 합의한 사실을 인정해야 한다. 주변 국가는 한반도 통일이 이루어질 경우 이를 존중하고 협조하는 것이 국제법의 원칙이다. 제3국이 한민족의 통일의 권리를 부인하거나 통일을 반대하기 위해 개입하는 것은 국제법 위반이다. 이러한 사태는 한민족이 바라는 바가 아니다. 한민족은 통일을 반대하려는 외세의 개입에 대하여 강력하게 저항할 것이다. 자주적 통일의 원칙은 배타적 민족주의를 배척한다. 배타주의와 폐쇄주의는 망국의 지름길이다. 한민족은 통일과정에서 주변 국가들의 적극적인 지지와 협력을 희망한다.

한민족 통일의 연원과 근거

통일은 한민족의 원상을 찾는 일이다. 한민족과 한반도는 원래 하나의 나라였다. 분단국가에서는 원천국가 이론이나 지붕국가 이론이 있다. 분단국가가 통일을 주장할 수 있는 중요한 근거는 원래 하나의 나라였다는 역사적 사실이다. 또한 분단국가의 국민이 통일을 원해야 한다. 한민족은 한반도가 하나의 나라여야 한다고 생각하며, 두 개의 나라로 되어 있는 현실을 비정상이라고 본다. 남북한은 모두 헌법에 통일의무를 규정함으로써 분단국임을 선언하고 있다. 남북한은 모두 자기가 정통국가임을 주장하지만, 분단국가로서 정체성을 인정했다. 남북한은 대화를 시작한 이래 계속해서 남북한이 하나의 민족이며, 분단국임과 동시에 통일을 지향하는 관계임을 합의했다. 이것은 7.4남북공동성명에서부터 남북기본합의서, 6.15남북공동선언까지 변함없이 이어지는 정신이다.

한민족의 독립운동은 하나의 민족국가, 국민국가를 만드는 일이었다. 일제 치하에서 한민족은 항일독립운동을 하루도 거르지 않고 가열차게 전개했다. 기미년에는 거족적 독립운동을 전개하여 한민족의 자유와 우리나라의 독립을 선언했고, 이에 기초하여 1919년 4월 대한민국 임시정부를 수립했다. 대한민국 임시정부는 대한민국이 민주공화국임을 선포했다. 대한민국 임시정부는 한민족이 일제 침략에 굴하지 않았으며, 일제의 식민지배를 원천적으로 부정하고 거부하며, 한민족의 자율적 동의가 없는 일제의 점거를 불법으로 규정하며, 한민족의 주권이 의연히 살아 있음을 증명한 것이다. 우리가 힘으로 일제의 불법 점거를 구축驅逐하지는 못했다. 그러나 우리는 망했어도 망하지 않았던 것이다. 그 민족운동의 목표는 한민족이 하나의 완전한 자주독립국가를 건설하는 것이었다. 그때 한민족이 두 개의 국가를 만든다는 것은 꿈에도 생각할 수 없었다. 통일을 추구하는 것은 치열한 독립운동의 연장선상에 있다. 통일은 미완의 한국민족주의 운동이 완성됨을 의미한다.

통일은 온전한 나라를 만드는 일이다. 한민족은 분단국가임을 주장한다. 이것은 앞으로 통일을 이룩하여 우리나라를 온전한 나라로 만들어 놓겠다는 의지의 표현이다. 지금 우리는 비록 분단국가로서 반쪽이 된 작은 나라이지만, 장차 통일을 이룩하여 더 큰 나라, 더 강한 나라, 더 좋은 나라가 될 것임을 예정하고 있다. 이는 한민족이 자기 스스로에게 하는 약속이다. 나아가 국제사회에 이를 인식시켜 나감으로써 주변국가들이 한민족의 통일국가를 고려하면서 계획하고 행동하게 하는 것이다.

남북한은 상호 관계가 민족 내부의 특수관계임을 확인했다. 이로써 남북한은 통일하겠다는 의지를 내외에 밝히고 있다. 남북한의 합의에 따르면 상대방을 주권 국가로 보지 아니하며 국가 간의 외교관계가 성립하지 않는다. 남북한은 상대지역에 연고권을 가지고 있으며 통일할 권리가 있음을 천명했다. 이것은 통일을 이루고자 하는 한민족의 강력한 민족자결권의 발로였다. 한민족은 남북한 관계가 특수관계라는 관점에서 통일에 접근해야 한다. 통일이 국가의 목표임을 확고히 하면서, 남북한이 특수관계임을 행동으로 보여줘야 한다. 그것은 이산가족 간의 교류를 추진한다든지, 인도적 지원을 통해 주민의 생존을 보호한다든지, 무관세 등 특수한 경제교류를 한다든지, 민족문화의 동질성을 유지하기 위해 언어와 역사와 국토보전에 관한 공동 활동을 한다든지, 통일국가의 미래를 준비하는 등의 특별한 행동으로 나타난다. 이러한 특별한 행동은 주변국들에게 남북한이 통일을 추구하는 특수관계임을 인식시킬 것이다. 주변국이 한민족의 특수관계를 기정사실로 인정한다면, 이것은 또한 주변국이 한민족의 통일국가를 자연스럽게 받아들이게 될 것이다.

어떤 사람들은 남북한 특수관계를 반대하고 있다. 특수관계를 주장하는 것이 실익이 없다는 것이다. 또한 현실적으로 남북한은 엄연한 두 개의 주권국가이다, 남북한 관계는 두 국가 간의 외교관계로서 보아야 한다, 남북한이 1991년 유엔에 동시 가입한 것도 이러한 현실을 인정한 것이다, 이미 국제사회에서는 남북한이 두 개의 국가로 인정되고 있다 등의 이유를 들어 남북한이 상호관계를 정상적인 두 개의 국가로서 인정해야 한다는 것이다. 어떤 지식인들은 남북한은 2개의 국가 현실을 인정하고 이러한 상태로 계속 살아가는 것이 현실적이라고 주장한다. 남북한은 동질성이 사라진 두 개의 민족이라고까지 강변하는 사람도 생겨나고 있다.

남북한 특수관계 해체론은 분단고착과 영구분단으로 가는 논리이며, 궁극적으로는 한민족의 장래를 쇠락하게 만든다. 남북한 특수관계가 불편하고 어렵다고 해서 이를 해체하자고 주장하는 것은 본말이 전도된 것이다. 오늘날 한민족의 통일 의지가 약해지고 분단에 안주하고자 하는 경향이 있다. 사정이 이러한데 특수관계론을 폐기해 버린다면 남북한이 하나의 민족으로서 하나의 나라로 되어야 한다는 의식과 의지가 더욱 약화될 것이다. 민족공동체론과 남북한 특수관계론, 자주적 통일론 등이 해체되고 두 개의 국가론이 공식화되면 남북한의 한민족은 그러한 확신에 따라 의식구조와 논리와 제도와 문화와 이해관계를 구조화시킬 것이다. 그 결과 남북 간 민족은 분화되고 통일할 수 있는 동력이 상실됨으로써 영구 분단으로 나아간다. 어떤 사람들은 남북한 관계를 두 국가 관계로 정상화시키는 것이 상호관계를 안정시키고, 그것이 오히려 통일을 촉진할 것이라고 주장한다. 그것은 궤변이다. 남북한이 통일할 생각이 없고 두 국가로 공존하자고 한다면 통일은 없다. 동서독의 예를 들기도 하나 독일은 두 개의 국가론을 거부한 서독에 의해서 통일됐다. 남북한 특수관계나 통일의 목표가 불편하다고 이를 버리거나 잊는 것은 우리 민족이

제 발로 쇠락의 길로 들어가는 것이다.

통일을 추구하지 말자고 하는 것은 일제 식민치하에서 발호했던 반역의 정신을 이어받는 것이다. 통일하지 말자는 것은 우리의 국토를 잘라내고 자기의 주권을 팔아먹고 우리의 국민을 버리자는 것이다. 이는 분명한 반역이다. 통일을 포기하고 두 국가로 사는 것이 현실적이라는 주장의 인식과 논리 구조가, 일제 강점기에 독립을 포기하고 일제와 협력하여 잘 사는 것이 현실적이라고 선동했던 친일 반역자들의 그것과 다를 바 없다. 멀리는 우리의 역사를 축소하고 여진족과 만주를 버렸던 사대주의자들의 현실 안주와 유사하다. 지금은 사정이 식민시대보다는 훨씬 낫다. 그런데도 굳이 나라를 반쪽 내는 길로 가자고 주장하는 것은 더 나쁘다. 지구상에 제대로 된 나라치고 그렇게 자기의 땅과 국민을 내팽개치는 나라는 없다. 큰 것을 포기하면 작은 것에 더 집착하고 악착스럽게 싸운다. 지금 우리의 모습이 그렇지 아니한가. 제정신인 사람은 반역하지 않는다. 우리가 비록 어렵고 힘들더라도 옳은 것, 국가를 온전하게 하는 길을 일관되게 추구할 때 다른 나라들은 우리를 존중할 것이다. 나라의 존립은 정의에 기초한다. 이익을 존립의 기초로 하는 나라는 언제든지 흔들리게 되어 있다. 목숨을 걸고 지켜야 할 이익은 없기 때문이다.

민족정체성 유지

동서독의 통일은 유혈의 투쟁이 없이 질서 있게 진행됐다. 이것은 역사에서 극히 예외적인 일이었지만 가장 평화로운 통일이었다. 독일은 제2차 세계대전 후 불가피하게 두 개의 국가로 분단됐지만, 끝까지

하나의 독일 문화민족으로서의 정체성은 놓치지 않았다. 그것이 평화 통일의 원천이었다.

한민족은 피 흘리지 않는 통일을 추구한다. 남북한은 각각 국가체제를 구축해 왔고, 남북한은 기본적으로 전쟁까지 했던 권력투쟁 관계였다. 한반도 통일은 그러한 권력관계의 중대한 변화를 본질로 하기 때문에 엄청난 불확실성과 위기를 내포하고 있다. 그러나 한민족은 평화적 통일을 이룩할 수 있는 역량이 있다. 한민족은 문화민족으로서 정체성을 가지고 있고, 중앙집권 국가로서 국가의 일체성을 유지해온 역사가 있다. 남북한은 평화적으로 통일하기로 결의했다. 남북한이 합의한 7.4남북공동성명에서는 평화적 방법에 의한 통일 원칙을 확인했다. 여기서 평화적이란 말의 뜻은 말 그대로 전쟁을 통하거나 폭력을 수반하거나 기타 무력행사로 혼란을 야기하지 않는 것을 의미한다. 이와 다른 어떠한 해석도 옳지 않다.

남북한 주민이 자기 결정에 의해 평화적 통일을 달성하기 위해서는 남북한 주민이 하나의 국민으로서 살아가겠다는 의지가 있어야 한다. 남북한이 하나의 민족 정체성을 공유하고 있고 통일 의지를 버리지 않는다면 통일은 언젠가는 이루어진다. 남북한은 하나의 같은 민족이다. 남북한의 주민은 이 점을 의심의 여지 없이 받아들였다. 이에 대한 도전이 많이 있으나 그것이 쉽게 흔들리지는 않는다. 남북한 주민들은 기회가 열리면 금방 하나가 된다. 수십 년 꽉 막혀 있었으나 역시 마찬가지이다. 언제라도 개방되고 교류하면 하나가 된다. 언어와 문화가 같다. 이것이 가장 중요한 통일의 자산이다. 남북한이 평화적으로 통일하고자 한다면 남북한 주민이 최소한 말이 통하고 역사를 공유하며 정서가 통하도록 해야 한다. 이것이 민족 정체성이며, 민족 정체성을 공유하는 것이 통일의 기초이다.

한민족은 남북한을 불문하고 우수한 민족이다. 남한은 제2차 세계대전 이후 출범한 신생국가 중에서 가장 성공한 나라이다. 남한은 정부를 수립할 때 아무것도 없이 아주 열악한 환경에서 출발했다. 그때 이 땅에는 식민통치의 학정에 대한 기억과 군국주의의 폭압의 분위기가 남아 있었다. 그리고 변변한 산업시설이나 자원도 없는 세계 최빈국이었다. 남북한에 분단 정부가 선 직후 전쟁으로 모든 것이 파괴되었고, 상시적인 전쟁위협이 있었다. 모든 것이 척박하고 희망이 보이지 않았다. 어려운 상황에서도 남한은 자유민주주의를 선택했으며, 개방적 경제발전을 시작하여 고도성장을 이룩했다. 그 과정에서 한국은 다른 나라를 수탈하거나 침략하는 일이 없이 오직 국민들의 지식과 피땀과 근면으로 경제성장을 이룩했다. 이러한 경제를 바탕으로 복지국가 체제를 갖추어 성숙한 나라로 발전했다. 한국은 한민족 사에 있어서 한번 개벽을 이룩했다.

남한은 세계와 소통하는 개방체제를 유지했으며, 인류의 보편질서를 실현했다. 또한 사유재산제를 채택하고 비교적 기회균등을 보장하여 경쟁이 활성화됐다. 나라와 개인의 일이 대부분 제도적 틀 속에서 진행되어 투명성과 예측 가능성이 높았다. 중앙집권적 관료체계가 효율적으로 작동하였으며, 나라가 끊임없이 필요한 제도와 인프라를 구축했다. 남한은 식민과 분단과 전쟁, 가난과 냉전과 독재의 시련을 이겨내고 경제적 성공과 민주화를 이룩했다. 이러한 경험은 평화적 통일의 중요한 자산이다. 한국 헌법은 전쟁이나 폭력을 통한 통일을 금지하고 평화적 방법으로 통일할 것을 규정했다. 한국민 중에 전쟁을 통해 통일해야 한다고 생각하는 사람은 없다.

북한 주민들은 남한 주민들과 동족으로서 같은 역사와 문화적 뿌리를 갖고 있다. 북한 주민들도 문맹이 없고 과학기술이 뛰어난 우수한 한민족이다. 일부 분야에서 놀라운 능력을 발휘했다. 조선시대에 북한지역은 남한지역보다 먼저 외래 문물을 받아들였고 더 빨리 개명됐다. 북한 주민들은 원래 개방적이고 진취적이다. 이들은 세계화의 흐름과 문명의 대전환에 적응하는데 친화적이다. 일제하에서 북한주민도 남한주민과 똑같이 평화와 민주주의, 공화정의 이상을 추구했다. 북한 주민들도 개방된 세계, 신문명 사회에서 폭력을 통한 통일이 불가능함을 안다. 남북한은 자주성과 민주주의, 평화애호와 통일을 지향하는 이상을 공유하고 있다. 이러한 근본이 있기 때문에 한민족은 자기 결정권, 자주권을 행사하게 되면 평화통일을 성취할 수 있다.

한민족은 문화민족이고 문명국가이다. 한민족은 역사의 광풍속에서 숱한 고난을 겪으면서도 하나의 민족정체성을 유지했다. 그러나 아직도 근대 민족국가 백년의 꿈을 이루지 못했다. 한민족은 이제 4차 산업혁명의 새로운 문명, 새로운 세상을 맞는다. 우리는 신문명의 대세와 기운에 힘입어 통일을 이룩할 것이다. 분단은 구시대 문명이며 낡은 질서이다. 통일국가는 문화국가이며 신문명국가이다.

제2장

한민족의 통일국가는 이러한 나라

1

한민족의 통일국가

전혀 새로운 나라, 통일국가 상상하기

통일국가는 지역 강국이다. 통일국가는 인구 8천만 명, 국토면적 22만㎢이다. 인구로는 세계 19위가 된다. 통일국가는 단순히 인구가 늘어나고 국토가 두 배로 확장된 나라에 그치지 않는다. 통일국가는 분단으로 인한 장애가 모두 사라진다. 국토가 완전해지고, 인접 육지와 바다와 하늘이 살아나고, FTA로 경제영토가 광활해진다. 분단으로 인해 억눌렸던 한민족의 잠재력이 발현되고, 통일로 인해 새로운 잠재력이 생겨난 엄청 커진 지역 강국이다. 통일국가는 남북한으로 분단된 국민의 눈높이로는 상상이 안 되는 새로운 나라이다. 통일국가는 분단시대의 대한민국이나 조선민주주의인민공화국과는 차원이 다른 전혀 새로운 나라이다.

첫째, 통일국가는 한민족의 정신을 개벽한다. 통일국가는 동족상잔의 전쟁위험이 근원적으로 사라진 나라이다. 남북한은 항상 전쟁

위험 속에서 상대방을 불신하고 적대하며 위협했다. 분단 시기에는 남북한 간 전쟁위기와 전쟁위협이 한민족의 생활을 규정하는 가장 큰 요소였다. 한민족은 한반도에 드리워진 전쟁위험 때문에 위축됐다. 전쟁의 상흔으로 인해 스스로 수준이 낮아지고 심성이 포악해졌으며 언행이 사나웠다. 남북한은 전쟁위험 때문에 군사력을 키워야 했고, 엄청난 자원을 국방에 쏟아부었다. 국방을 위해 동원되었던 200만 명의 가장 활력 있고 창의적이며 생산적인 젊은이들이 연구와 생산과 건설의 현장으로 돌아갈 것이다. 한민족의 젊은이들이 까닭 없이 적개심을 키우고 동족을 멸시하는 일이 없어지게 된다. 나라 전체의 활력과 수준이 높아질 것이다.

통일국가는 민족 내부의 전쟁위험이 없어짐으로써 자주정신이 강화된다. 남북한은 전쟁의 불안감 때문에 주변국가에 의존하지 않을 수 없었다. 결과적으로 남북한은 대국들의 눈치를 보고 때로는 대국에 굴종하면서 사대주의에 빠졌다. 이로 인해 잘못된 식민사관이 이 땅에 살아 있었다. 분단과 전쟁위협은 한민족을 스스로 비열하고 열등하다고 생각하게 만든 악마의 구조였다. 한민족은 거기에 익숙해져 웅혼한 본성을 망각했다. 이러한 것은 한민족의 자존심을 훼손했다. 통일은 이 나쁜 구조를 혁파한다. 통일국가는 바야흐로 자주국가로서 자신의 높은 위상을 확보할 것이다. 한민족은 당당한 문화민족으로서 긍지를 회복한다. 장구한 민족사를 복원하고 바른 민족혼을 되찾게 된다.

둘째, 통일국가는 국세가 엄청 커진 새로운 나라이다. 남북한은 분단으로 인해 원래 국토의 절반만을 갖고 있었다. 한반도의 허리가 잘림으로써 한민족의 나라는 제대로 힘을 쓸 수 없었다. 국토의 활력과 용도가 매우 약해졌다. 그런데 분단된 한민족은 여기에 익숙해져서 그것이 얼마나 작아진 나라인지를 모르고 살았다. 남북한은 그 절반의 국토 중에서도 많은 부분을 분단과 대결로 인해 제대로 쓰지 못했다. 접적 지역이 있고 일망무제의 수역에 강력한 철벽이 세워졌다. 그 상공은 무용했다. 이로 인한 자원의 편재와 산업배치의 비효율이 컸다. 과거에는 38도선과 휴전선 일대가 한반도의 중심이었고 가장 번창했던 지역이었다. 분단으로 인해 한반도의 중심지가 폐허 됐다. 남북한은 각각 한반도 국토의 30%도 쓰지 못했던 것이다. 통일국가는 남북한이 각각 쓰고 있는 것보다 네 배로 넓어진 국토를 쓰게 될 것이다. 국토는 기맥이 통해 더욱 강한 힘을 발휘한다.

한민족이 다 쓰지 못하고 있는 것은 국토만이 아니다. 사람도 마찬가지이다. 남북한의 많은 사람이 분단과 대결로 인해 소모적인 부분에 정력을 낭비하고 있다. 나라가 사람을 쓰는 데에도 정파와 이념으로 나누고 서로 불온시하면서 배타하고 배척했다. 많은 훌륭한 인재가 쓰이지 못했다. 분단에 따른 이념을 앞세워 인재를 무고하고, 악화가 양화를 구축하기도 했다. 남북한은 인재의 절반을 버리고 나머지를 가지고 나라를 이끌었다. 통일국가는 이념으로 사람을 배척하거나 계급을 분류하여 적대계층으로 남겨둘 이유가 없다. 통일국가는 남북한이 쓰고 있는 인재를 합한 것보다 두 배의 인재를 쓰게 된다. 통일국가는 국토와 인재를 각각 두 배로 쓸 것이니 남북한을 산술적으로 합한 것보다 국세가 네 배, 그 승수효과를 감안하면 훨씬 더 큰 국세를 갖게 된다. 통일국가는 분단시대에 비해 엄청 커진 전혀 새로운 나라이다.

셋째, 통일국가는 반도 국가를 복원할 것이다. 한반도는 바다와 육지를 향해서 개방되어 있었다. 우리의 조상들은 해양과 대륙을 넘나들면서 매우 넓고 길며 역동적인 행동공간을 갖고 있었다. 분단은 남북한을 두 개의 섬나라로 만들었다. 남한으로서는 대륙이 단절됐고, 북한으로서는 해양이 막혔다. 한민족은 5천 년 민족사에서 1945년 이후 분단 70년보다도 더 폐쇄적인 공간에서 살아본 적이 없다. 통일국가는 한민족을 폐쇄된 섬에서 해방하고, 한반도를 반도국가로 복귀시킨다. 원래 반도 국가는 허브국가로서 해양문명과 대륙문명이 교차하는 지점이다. 이 지점에서 다양한 문명의 융합과 문물이 교류됨으로써 엄청난 부가가치가 창출된다. 그래서 그리스반도, 이탈리아반도, 이베리아반도는 한때 세계사의 주역이었다. 한반도의 통일로 인해 한반도의 남북부뿐만 아니라, 동북아 지역이 모두 개방되고 기맥이 뚫려 소통하게 된다. 한반도 통일은 이 지역의 엄청난 성장잠재력과 역동성을 일깨울 것이다. 통일국가는 동북아의 소통과 융합을 촉진하고 번영을 이끌어 가는 중심이다. 통일국가는 막힌 남북한과는 완전히 다른 전혀 새로운 나라이다.

넷째, 통일국가는 고도성장하는 경제 강국이 될 것이다. 한반도가 통일되면 한반도 전체가 하나의 국민경제 단위가 된다. 이는 규모의 경제 효과를 낼 수 있다. 현재의 남북한의 경제 규모에서는 고도화되고 있는 현대 과학기술이 경제성을 갖고 작동하기 어렵다. 과학기술이 집약된 SOC도 한반도의 반쪽에서만 가동되면 효율성이 떨어진다. 현대 경제요소들의 능력은 한반도 범위를 넘친다. 그래서 대륙으로 해양으로 연결되어야 그 성능을 제대로 발휘할 수 있고 경제성도 높아진다. 통일국가는 분단 시기보다 경제의 효율성과 생산성을 크게 높일 것이다. 통일국가의 SOC는 모두 남북으로 연결되고, 다시 만들고 새로 만들어야 한다. 철도, 도로, 항만, 치산치수, 하천, 수자원, 전력, 통신, 가스, 자원개발, 도시건설, 주택공급, 산업단지, 공공시설, 국토관리, 관광시설 등 엄청난 새로운 투자 기회가 생겨난다. 침체에 빠진

북한경제, 정체에 빠진 남한경제 그리고 세계의 유휴자본과 신기술이 새로운 투자기회를 만나 시너지 효과를 창출한다.

통일국가의 경제성장은 세계 경제의 호황을 가져올 것이다. 통일국가는 만주와 연해주의 개발과 성장을 촉진하게 된다. 통일국가는 한반도와 만주와 연해주, 서해와 동해를 하나의 경제권으로 묶어 이를 이끌어가는 중심이 된다. 한반도의 통일로 아시아의 대륙경제와 태평양의 해양경제권이 융합하게 될 것이다. 통일국가는 거대한 투자시장, 소비시장, 생산시장, 지식서비스 시장을 갖는다. 서울은 아시아의 수도로서 그 역할이 커진다. 통일국가는 혁신과 효율성 제고와 새로운 투자와 경제의 확장을 통해 30년의 고도성장을 할 것이다. 골드만 삭스가 한반도는 통일 후 영국, 프랑스, 독일, 일본을 뛰어넘는 국가가 될 것이라고 전망한 것은 이러한 의미로 보인다. 통일국가의 고도성장은 세계 경제에 활력을 불어넣을 것이다. 통일국가는 남북한이 상상하지 못했던 경제 위상을 갖는 전혀 새로운 나라이다.

다섯째, 통일국가는 그 국제적 위상과 힘이 완전히 달라진다. 분단된 남북한은 주변국들로부터 제대로 인정받지 못하고 정당하게 대우받지도 못했다. 한반도는 국제정치의 피동체였고, 존재감이 크지 않았다. 통일국가는 인구 8천만이고, 경제력은 아마도 세계 5위인 강국이 될 것이다. 통일 후의 독일의 국력과 유사하다. 통일국가는 매우 역동적이어서 거기에 머무르지 않는다. 새로운 지역 강국 통일국가가 세계 4강이 각축하는 동북아시아의 중앙에 버티고 서 있게 된다. 한민족의 힘이 약할 때는 한반도가 동북아 정세 불안정의 원인이 됐다. 근대 이후 아시아의 몇 차례 전쟁이 한반도에서 발원했다. 통일국가는 그러한 불안정을 제거한다.

통일국가는 동북아 국제질서를 완전히 바꿀 것이다. 통일국가는 매우 안정되고 강한 나라로서 지역 정세를 안정시킨다. 통일국가는 통일 그 자체로 주변국가들의 안보를 확실하게 보장한다. 주변 4강은 통일국가와 좋은 관계를 맺고 협력하는 것이 절실해진다. 통일국가도 주변국과의 좋은 관계를 맺는 것이 필요하다. 한반도는 주변 강국들이 침략하거나 충돌하는 전선이 되지 않는다. 한반도 주변에 확고한 평화상태가 도래할 것이다. 통일국가는 국제정치를 움직일 수 있는 힘을 갖는다. 국제정치에서 통일국가는 전혀 새로운 나라이다.

여섯째, 한민족의 일상이 달라진다. 한민족은 사대주의와 식민사관, 패배의식에서 벗어나 매우 당당하게 될 것이다. 민족적 자신감이 과잉하여 교만하고 방종하지 않을까 우려된다. 통일국가는 한민족이 오만해지지 않도록 국가적으로 관리해야 할 정도이다. 남북 간의 거주이전의 자유가 완전하다. 옛날과 같이 신의주와 청진 사람이 서울에 와서 살면서 공부도 하고, 마산과 여수 사람이 평양이나 함흥에 가서 살면서 사업을 한다. 남북 간의 통혼이 이루어진다. 대구나 대전 사람이 강계나 경성사람과 결혼하고, 남포와 흥남 사람이 충주나 강릉 사람과 혼인하는 일이 많아질 것이다. 서울 사람은 삼수갑산과 삼지연을 거쳐 백두산에 오른다. 압록강 하구에서 놀잇배를 타고 한강 하구 금강 하구 한려수도를 거쳐 동해안을 따라 두만강 하구까지 해상관광을 할 수 있다. 해주 사람은 기차로 완도까지 가서 배를 타고 한라산에 오를 것이다. 목포에서 차를 몰고 심양을 거쳐 북경–상해를 여행할 것이며, 부산에서 KTX를 타고 세 시간 만에 두만강 철교를 건너고 모스크바를 거쳐 파리와 마드리드까지 갈 수 있다. 남한 출신은 만주, 중국, 연해주를 갈 때 비행기로만 가야 했던 불편함을 해소했고, 북한출신은 자유롭지 못했던 해외여행이 풀린다. 많은 중국 사람, 러시아 사람들이 비행기나 배를 타지 않고 자동차나 기차를 타고 와서 한반도에 들어온다. 미국과 유럽인들은 통일국가에서 일 보고 관광한 후 차를 타고 만주와 연해주를 여행할 것이다.

한반도는 하나의 시장으로 통합되고 물자교역이 물 흐르듯 하여 효용을 높일 것이다. 젊은이들은 군에 입대할 때에도 중압감에서 벗어날 것이다. 사람들을 이념적 색채로 분류하여 불온하다고 내치지 않는다. 진실로 사상의 자유가 있게 되고, 진정한 언론의 자유가 보장된다. 힘없는 사람도 그의 말로 인해 핍박받을 걱정 없이 그의 의견을 주장할 수 있게 된다. 좌우 대립은 무용하며 사상범들은 없어진다. 통일국가는 상상을 초월하는 전혀 새로운 나라이다.

통일국가의 방향

통일국가는 새로운 나라이다. 나라는 본디 사람들이 더 좋은 삶을 위해 구성한 공동체이다. 더 좋은 삶이란 시대와 사람마다 다르다. 통일국가는 한민족이 더 좋은 삶을 위해 두 개의 국가를 혁파하고 만든 하나의 민족국가, 국민국가이다. 한민족은 통일을 통해 새로운 국가를 만들게 됐다. 국가형성은 국가 정체성을 정립하고, 국민을 형성하며, 국가체제를 정비하는 일이다. 통일국가의 첫걸음은 국가 정체성을 올바로 정립하여 한민족이 이에 합의하며 국제사회가 수긍하도록 하는 데서 시작한다. 국가 정체성을 구성하는 요소는 전통적으로 국토와 국민과 주권의 3요소가 있다. 통일국가는 이러한 요소를 재정의 하였으며, 이를 선포한다. 한민족은 5천 년의 유구한 역사 동안 지키고 키워온 정신과 전통이 있다. 한민족은 문화민족의 긍지가 있으며, 치열한 자주의식이 있으며, 번듯한 국가의식과 중앙집권적 통일의 전통이 있으며, 뿌리 깊은 인간존중과 민본정신이 있으며, 학문을 숭상하고 사물의 이치를 탐구하는 과학정신이 있다. 한민족은 이렇게 위대한 전통을 가지고 있는 대단한 민족이다. 분단이 이러한 위대한 한민족의 기상을 억눌렀다. 한민족은 통일을 통해 이러한 민족정신을 되살리고 이를 통일국가의 정체성으로 삼는다.

통일국가는 나라가 새롭게 나아갈 바를 밝힌다. 이는 통일의 핵심적인 과제이며 가장 중요한 국가 정체성을 구성한다. 한민족은 20세기 초부터 세계에서 가장 선진적인 사상을 수용하여 현실정치에 적용하고자 했다. 통일국가는 그 뜻을 이어받아 평화를 추구하며, 민주주의를 지향하며, 민족구성원 개개인의 자유와 인권과 복지를 보장하며, 사회의 정의를 실현함을 목표로 한다. 통일국가는 이러한 정신에 따라 나아갈 바를 다음과 같이 밝힌다.

첫째, 통일국가는 자주독립국가이다. 통일국가는 국제정의와 국가이익에 기초해서 자기의 의사를 스스로 결정하고, 나라를 운영한다. 통일국가는 주변국 어느 나라에 의해 그 운명이 좌우되지 않는다. 그러한 가능성까지도 배격한다. 한민족은 자주권을 침해하고자 하는 어떠한 내외적 시도에 대해서도 강력히 대항할 것이다. 나라의 자주는 힘으로 뒷받침되어야 한다. 통일국가의 힘은 경제력과 군사력뿐만 아니라 지정학적 위상에서도 나온다. 경제·군사 면에서 객관적인 국력과 잠재력을 더욱 키우면서 지정학적 위상까지 활용하여 자주외교를 한다. 지정학적 위상을 너무 강조하는 것은 좋은 일이 아니다. 자강력이 우선이다. 통일국가는 자주적인 국가로서 역사의식을 바로 세운다. 한민족은 5천 년의 역사를 가진 아시아 북방민족이다. 통일국가는 고조선과 부여 고구려 백제 신라 가야 발해 고려 조선, 대한제국으로 이어지는 민족사의 정통을 승계한 나라이다.

통일국가는 열린 자주를 지향한다. 통일국가는 개방국가이다. 나라는 외부의 세상과 항상 소통한다. 그리하여 새로운 변화에 능동적으로 대처하고 좋은 것을 받아들이며, 외부세계와 적극적으로 협력한다. 한민족의 자주는 우리 민족 제일주의나 선민의식이나 배타주의 등 독선을 추구하지 않는다. 우리 민족만 생각하거나 다른 나라와 민족을 무시하거나 오만해지는 것은 자폐적이고 퇴행적인 사고이다. 한민족이 그러하면 통일국가는 망한다. 통일국가는 겸손하고 타국과 다른 민족을 존중하고 상생 공영하고자 하는 나라이다.

둘째, 통일국가는 평화를 추구한다. 국제평화주의는 한민족의 대외정책의 원칙이다. 한민족은 제국주의의 침략에 의해 혹독한 희생을 겪었다. 한민족은 국제평화가 국가와 민족의 생존조건임을 알고 있다. 통일국가는 비핵 평화를 지향한다. 통일국가는 침략전쟁을 추구하지 않는다. 인접 국가와는 현존 국경을 존중한다. 통일국가는 외국의 침략을 용납하지 않는다. 한민족 전체가 모두 생명을 내걸고 침략자를 응징할 것이며, 침략자에 부역한 자는 만고의 역적으로 처단할 것이다. 한반도가 다른 나라들의 무력충돌이 일어나는 현장이 되는 것도 허용하지 않는다. 통일국가는 외세의 압박과 개입과 침략에 맞설 수 있는 힘과 의지를 가질 것이다.

통일국가는 강해짐으로써 지역안정을 유지하고 국제평화에 공헌한다. 한반도의 세력이 약하면 그 힘의 공백을 열강이 파고들었다. 동북아에서의 불안정은 대부분 해양세력과 대륙세력의 충돌 또는 충돌의 잠재성에서 시작됐다. 양대 세력이 맞붙는 곳이 한반도였다. 통일국가는 경제력과 군사력에 있어서 지역 강국이고, 매력적인 소프트 파워를 가지고 있다. 통일국가는 안정되고 강력한 나라이다. 주변국가들에게 한반도에 개입할 구실이나 유혹을 주지 않는다. 주변국들은 한반도에 개입할 생각을 하지 못하고, 다른 주변국이 한반도에 개입할 것을 우려하지도 않을 것이다. 이러한 정세변화만으로도 통일국가는 동북아 안정에 크게 기여한다.

통일국가는 동북아 열강들과 안정된 상호협력 체제를 구축한다. 통일국가는 주변국을 위협할 수 없으며, 어떤 주변국도 통일국가를 위협할 수 없다. 통일국가를 위협하는 주변국은 정치 군사적으로 망국에 준하는 매우 불리한 정세를 맞게 될 것이다. 동북아 지역은 통일국가로 인해 구조적으로 평화와 협력을 추구할 것이다. 한반도 통일은 동북아 국가들의 안보환경을 크게 개선하고 국익을 증진시켜 주는 정세의 변화이다.

셋째, 통일국가는 민주주의 국가이다. 본래 민주주의는 자유로운 개인들이 만들어 낸 정치체제이다. 민주주의는 자유를 전제로 한다. 개인의 자유가 없는 민주주의는 사이비다. 통일국가는 인간의 자유와 인권을 철저히 보장하며 정의를 추구한다. 통일국가는 국민주권주의와 입헌주의, 권력분립을 통해 독재를 방지한다. 한민족은 오랫동안 인류보편가치를 실현하고자 했다. 한반도 분단과 남북한의 전쟁, 긴장과 대결 등으로 인해 남북한에서 문명사회의 보편가치가 실현되는데 장애가 있었다. 남북한 간의 긴장을 구실로 민주주의가 억압되고 독재가 있었다. 통일국가는 민주적 가치를 억누를 수 있는 모든 환경이 제거되고 정치적 민주주의가 완벽하게 실현될 것이다. 통일로 인해 피해를 보는 집단이 있을 것이라는 우려와 불안이 있으나 그러한 통일은 없다. 통일국가는 모든 사람의 생명권과 자유권과 재산권을 확고히 보장한다. 통일이 되는 순간 그 구성원들은 남북한의 출신을 불문하고 똑같은 국민이며 평등하다. 과거와 현재의 정치적 입장을 묻는 것도 불필요하다. 통일국가는 누구든지 차별 없이 나라의 발전에 기여할 수 있도록 기회를 주고 민생을 보장한다. 통일국가는 인류사회의 보편가치를 추구함으로써 주변국들에게 우호적이고 신뢰받는 안정된 이웃이 될 것이다.

통일국가는 시장경제 원리와 공화주의 정신에 입각하여 경제의 발전과 국민 생활의 안정을 추구한다. 사람들은 자기 책임 하에 자기의 삶을 영위한다. 나라는 시장경제 체제에 의하여 경제를 성장시킨다. 통일국가는 자유 시장경제 원리와 함께 공공성을 중시한다. 나라는 국부의 적정하고 공정한 배분체계를 마련한다. 분배에서 소외되어 극빈 상태에 이른 사람들에 대해서는 기초생활을 보장한다. 나라는 도움의 손길이 필요한 어린이 노약자를 보호한다. 나라는 모든 사람의 자유가 침해되지 않도록 보호하며, 약자가 강자에 의해서 무시당하거나 핍박받지 않도록 한다. 통일국가는 모든 국민이 평등하게 좋은 교육을 받도록 한다. 국가는 모든 국민이 사용하는 기반시설과 공공시설을 제대로 건설하고 질 높게 유지한다.

넷째, 통일국가는 문화국가를 지향한다. 문화의 힘은 통일국가의 국력을 구성하는 요소이다. 한민족은 독자적인 문화를 가지고 있는 문화민족으로서 자존감이 있다. 통일국가는 개방과 세계화를 문화발전의 전략으로 삼는다. 세계화를 통해 가장 훌륭한 문명의 표준을 받아들이고 이를 한민족의 전통적 장점과 융합시킨다. 세계화를 통해 한반도를 학문과 교육, 투자와 물류와 생산, 지식서비스와 관광의 허브가 되도록 한다. 세계화를 통해 사람들의 지식과 관행과 문화를 선진화하고, 이에 부합하는 각종 물질적·제도적 인프라를 갖춘다. 통일국가는 모든 국가작용과 기업과 개인의 행동이 공정하다. 나라의 제도는 글로벌 스탠다드에 맞는다. 나라는 개방체제로 인해 쇄신이 일상화되고, 부정부패가 불가능할 것이다. 통일국가에서는 특권과 반칙과 차별이 발붙일 수 없다. 통일국가는 중산층이 두텁고 튼튼하며, 이들이 국가의 중심이 된다. 중산층이 사회의 중심이 됨으로써 통일국가는 상하향의 사회적 이동이 끊임없이 계속되어 쇄신이 이루어지고 새로워진다. 통일국가는 신분 사회를 거부한다. 통일국가는 내외적으로 소통하고 포용력을 갖춘 문화국가이다.

다섯째, 통일국가는 신문명 시대에 세계 선두에 서기 위해 총력을 기울인다. 과학기술이 국력이다. 통일국가는 과학기술의 창달과 융합을 통해 신문명 산업국가가 된다. 통일의 어려움 때문에 산업의 구조조정을 소홀히 해서는 안 된다. 기존 산업을 모두 첨단 산업으로 재편성해 나간다. 세계 문명의 표준은 지식정보 시대를 지나 사물인터넷 등 4차 산업혁명으로 전환되고 있다. 통일국가의 산업은 신문명의 표준을 따르며 모든 분야에서 최첨단 융합산업을 지향한다. 융합산업시대에는 기존산업과 신기술의 융합을 비롯하여 산업간 융합, 기술융합, 지식융합, 자연과 산업의 융합, 인간과 자연의 융합이 되는 시대이다. 자동차산업은 기계공업과 전기전자산업이 융합되고, 자동차가 컴퓨터가 되며, 이것은 무선 인터넷으로 연결되어 무인자동차 시대를 열어가고 있다.

통일국가는 기업과 협력하여 전통 기술의 기계공업, 소재공업, 화학공업, 기타 의식주 산업을 모두 신기술과 융합시켜 나간다. 우선 ICT산업과 융합할 것이며 나노산업과 융합할 것이며 생명공학과 융합할 것이며 새로운 에너지산업과 융합할 것이다. IT산업은 이미 우리 호주머니에 들어와 있으며 이것이 진화되면 우리 몸으로 들어올 것이다. 이것은 기계와 인간이 융합되는 단계로 나아갈 것임을 예고하고 있다. 고도정밀 로봇은 사람을 대체할 수도 있다. 전통산업과 신기술의 융합으로 신산업이 열리게 될 것이다. 이를 위한 새로운 인프라가 필요하게 되며 이것은 인간 사회에 새로운 활력을 불어넣는다. 새로운 산업, 새로운 인프라는 문명의 표준을 바꾸고, 새로운 정신문명까지 뒤따르게 될 것이다. 그것은 인간의 육체와 정신과 자연 우주가 융합되는 시대이다. 통일국가는 이러한 방향으로 먼저 나아가 새로운 지식을 내놓고 새로운 기술을 개발하며 새로운 산업을 개척한다. 이로써 인류사회의 새로운 표준을 정립하는 데 앞장선다.

통일국가는 세계일등 국가이다. 세계일등 국가는 세계적인 차원에서 신문명을 확산하고 새로운 인프라를 건설하고 시스템을 보급한다. 세계일등 국가는 새로운 개념의 패권 국가이다. 통일국가는 새로운 문명의 표준을 만들어야 한다. 신문명 시대에 인류사회는 사실상 노동해방과 에너지 해방의 시대로 나아갈 것이다. 우리는 이제까지 경험해 보지 못한 세상을 맞이하게 된다. 인류사회는 새로운 분배질서와 인간 활동을 만들어 가야 한다. 통일국가는 그러한 새로운 시대를 개척하는 데 앞장서야 한다.

여섯째, 통일국가는 해륙국가를 지향한다. 통일국가는 국가위상과 국력이 분단 시기와는 판이하게 달라졌다. 통일국가는 대륙세력과 해양세력의 중간에서 양 세력의 소통과 협력을 촉진한다. 통일국가는 국제정치의 중심이다. 통일국가는 한반도 만주 연해주 일본열도 동남아를 아우르는 거대 경제권의 센터이다. 통일국가는 해양과 대륙을 연결하여 협력을 촉진하는 문명융합의 허브이다. 통일국가는 한반도를 최고로 선진화시켜 이를 중심축으로 만든다. 이것을 해양으로 뻗어나가는 축과 대륙으로 뻗어 나가는 축과 연결하는 발전전략을 구사한다. 통일국가는 한반도 주변에서 모든 분쟁과 분쟁의 요소를 제거한다. 우리나라는 특정 국가의 패권을 배격한다. 통일국가는 동북아 지역주의나 아시아주의를 경계한다. 그러한 지역주의는 오늘날의 globalism에 맞지 않으며 한민족의 국가이익에도 배치된다. 통일국가는 세계로 시야를 넓히고 세계를 활동무대로 삼아야 한다.

통일국가는 세계국가로서 인류사회에 공헌한다. 냉전기에 남북한은 다른 나라의 도움으로 전후 복구사업도 했으며 경제도 발전시켰다. 나라 안에서도 생태계가 필요하지만, 국제사회에서도 생태계가 필요하다. 통일국가는 세계 모든 나라와 공존공영을 위해 협력하고 어려운 나라를 돕는다. 그렇게 해서 국제사회의 정의를 세우고 인류사회의 무지와 가난을 물리치는 데 기여한다.

2

국가의 재분열 방지를 위한
국가제도 수립

통일국가로의 귀속 의식

한반도의 7세기 말 신라통일 직후 상당 기간 백제와 고구려 땅에
서 그 유민들이 부흥 운동을 일으켰던 것은 이해할 수 있는 일이다.
그로부터 250여 년이 지난 후 후백제와 후고구려가 옛날 백제와 고
구려의 땅과 사람들에 근거를 두고 일어났다. 후삼국이 전삼국과 똑
같이 피비린내 나는 쟁투를 벌인 것은 무서운 일이었다. 신라 통일 후
250년이 지났는데 사람들의 상상 속에 전 삼국시대의 기억과 증오
가 그대로 되살아나 작동했던 것이다. 1350년이 지난 오늘날에도 삼
국시대의 기억이 완전히 사라졌다고 장담할 수 없다. 세계사를 보면
통합국가들이 국가의 진정한 통합을 위해 심혈을 기울인 경우는 거의
없다. 그래서 나라 안에서 우열승패감이 남아 있었다. 그것이 내란과
국가 재분열의 원인이 됐다.

통일국가는 국가 통합과 재분열 방지를 국정의 최우선 순위로

삼아야 한다. 나라는 분열될 수 있다. 멀쩡한 나라도 분열될 수 있다. 현재도 세계 도처에서 분리 독립운동이 일어나고 있다. 유럽의 여러 나라에서도 그러한 일이 일어나고 있다. 브렉시트도 비슷한 현상이다. 브렉시트가 현실화됐을 때 미국에서는 캘리포니아나 텍사스 같은 큰 주들이 독립하자는 주장이 나왔었다. 미국도 원래는 13개 식민지 국가가 연합한 형태로 출발했었다. 한반도의 통일국가도 다시 분열될 수 있다. 그 위험요소가 많다. 통일국가는 방심해서는 안 된다.

통일국가는 재분열 방지를 위해 특별한 노력이 필요하다. 남북한은 전쟁을 했고 정권은 그 구성원들에게 상대방에 대한 극도의 증오를 심었다. 통일국가는 분단의 흔적을 지우고 국민들의 머릿속에 있는 대결의 집단 기억을 망각시키도록 노력한다. 통일국가는 남북한의 구분을 떠올릴 수 있는 어떠한 것도 자제하고 금지한다. 남북분단의 과거를 들추고 시비하는 것은 국가분열 행위이다. 통일국가는 분단의 과거를 회상하는 일을 하지 않는다. 통일국가는 국민들을 남북으로 구분하거나 남북의 출신에 따르는 차별을 없애며, 생활 수준의 격차를 해소하기 위해 노력한다.

통일국가는 남북한 주민들이 출신의 구별을 떠나 통일국가에 귀속감을 갖도록 노력한다. 나라가 유지되기 위해서는 그 구성원이 하나의 운명공동체임을 인식해야 한다. 국가는 객관적 실체이기도 하지만 한편으로는 합의의 공동체이다. 그러한 합의가 없음으로써 사라진 나라가 많다. 통일국가의 국민이 그 나라에 귀속의지를 갖고, 새로운 나라가 지향하는 질서와 가치에 동의해야 그러한 합의가 가능하다. 국가작용이라는 것은 많은 부분 이러한 노력이다. 통일국가는 모든 사람을 나라의 주인으로서 대우한다. 사람들이 자신을 국가가 소중하게 생각하고 있다는 인식을 갖도록 한다. 사람들에게 그들이 국가의 도구가 아니라는 점을 일깨운다. 국가가 사람들을 국가의 도구로 삼았던 것은 잘못된 일이었다. 사람들이 선거와 공직 참여 등 통일국가를 구현하기 위한 활동에 동참하도록 한다.

원효대사는 신라 통일 후에 짓밟힌 백제 땅을 찾아가 많은 사찰을 지었다. 원효는 옛 백제 땅에서 원혼을 제도하고 산 사람들에게는 일체의 차별이 없고 만물이 평등하다는 진리를 깨우쳤다. 그는 화쟁和諍 사상을 강론하여 다른 의견의 분별과 대립을 해소하기 위해 노력했다. 원효는 백제 사람들의 억울함과 패배감을 달래고 증오를 씻어 적대하고 살육했던 옛 기억을 망각시키고자 했다. 이것은 사람들의 마음을 평화롭게 하고 통일된 국가공동체를 만드는 노력이었다. 지금도 종교가 통일문제에 대해 많은 관심을 가지고 참여하고자 한다. 이것은 통일국가의 국민형성 과정에서 종교가 할 역할이 있기 때문이다.

현실은 항상 불만스럽고, 불만은 낭만적 일탈을 꿈꾼다. 통일국가는 국가통합과정에서 어려운 문제들을 해결해야 한다. 그러한 과정을 거쳐 어엿한 통일국가를 만들었더라도 이것을 잘 관리해야 재분열되지 않는다. 통일국가에서는 분배와 상대적 박탈감 때문에 남북한 출신이 모두 불만을 가질 수 있다. 불만은 과거의 분단시대에 대한 향수를 자극한다. 그러한 가운데 사람들은 두 개의 국가를 상상할 수 있다. 상상은 현실보다 훨씬 더 매혹적이고 파괴적이다. 정치적 야심가들은 사람들의 불만과 상상을 부추기며 제2의 견훤이나 궁예를 꿈꿀 수 있다. 통일국가는 그러한 상상이나 그러한 사람이 나오지 않도록 해야 한다. 통일국가는 남북한 주민이 단단한 하나의 공동체가 될 수 있도록 의식적인 노력을 기울인다. 국가제도를 설계할 때 국가 재분열의 빌미를 만들지 않도록 해야 한다. 국가제도의 힘은 매우 크다.

단일국가체제unitary system의 확립

통일국가는 단일국가체제를 채택하는 것이 바람직하다. 통일국가는 중앙집권적 단일국가체제unitary system를 선택할 수도 있고, 지방분권적 연방체제federal system를 고려할 수도 있다. 여기서 연방국가라 함은 1체제 1국가이며, 독일이나 미국식의 연방제를 말한다. 개념적으로나 현실적으로 한 나라 안에서 두 개의 체제가 병존할 수 없다. 서로 다른 체제를 갖는 두 개의 정치 실체 간의 결합은 국가연합이다. 국가연합은 통일로 가는 과정에서 잠정적으로 거칠 수는 있다. 남북한은 2국가 2체제 간 잠정적 결합과정을 거치기로 합의 했었다남북연합, 낮은 단계 연방. 그러나 국가연합을 통일된 하나의 나라라고 말할 수는 없다. 국가는 권력적 실체이다. 그 권력이란 체제의 이익을 보호하는 것이기 때문에 국가는 체제의 일체성을 전제로 한다.

통일국가가 단일국가체제를 채택하는 것이 바람직한 이유는 다음과 같다. 첫째는 남북한의 이질적인 체제를 하나로 통합하기 위해서이다. 남북 간의 이질성은 정치적·경제적·사회적·문화적인 여러 형태로 나타난다. 통일국가는 이러한 이질성과 격차를 해소하고 통합해야 한다. 이러한 이질성이 섞이고 통합되는 과정에서 많은 혼란과 불안정이 있을 것이다. 이질적인 것의 통합과 그 과정의 어려움을 억제하고 관리하며 해소해 나가는 데는 연방제보다는 중앙집권적 통치체제, 단일국가체제가 유리하다. 이질적 요소들을 통합하는 것이 어렵다면 그대로 두자는 의견이 있다. 그러한 이질성을 그대로 두는 것은 통일국가의 재분열을 자극할 수 있다.

둘째, 국민들이 남북의 출신 지역을 불문하고 통일국가의 국민으로서 정체성을 강화할 수 있도록 단일국가 체제를 선택한다. 남북의 사람들이 통일국가에 귀속감을 느끼고 결속력을 가져야 실질적인 국가통일이 실현된다. 남북의 주민들이 남북한 분단국가의 연속선상에 있는 어떤 실체에 귀속의식을 갖는다는 것은 통일국가로서는 매우 위험한 일이다. 통일국가는 자기의 존립을 위해 일체의 지역 차별을 금지한다. 통일국가는 분단국가의 지역적 실체를 완전히 소멸시키고 그에 관한 기억을 지우는 노력을 해야 한다. 나라는 남북의 특정 지역 패권이나 배제를 타파하고 대탕평을 실시한다. 이것에 성공하게 되면 수천 년간 한민족의 폐습으로 남아 있던 지역 차별을 해결하는 것이다. 이것은 한민족의 역사발전에 크게 기여하게 된다. 지역 차별은 지역격차로 나타났다. 통일국가는 남북의 격차를 해소하고 전국의 균형발전을 위해서 나라가 중앙집권적으로 자원을 배분해야 한다. 이렇게 해야 경제 사회적 균형과 통합이 이루어진다. 이러한 일을 하기 위해 통일국가는 단일국가체제를 채택한다.

셋째, 통일국가가 국가의 재분열 요소를 제거하기 위해서 단일국가 체제를 채택한다. 이것이 통일국가가 단일국가 체제를 채택해야 하는 가장 큰 이유이다. 사람들에게는 두 개의 국가체제로 존립했던 지난 70년의 분단기억이 당분간은 매우 강하게 남아있을 것이다. 통일되더라도 상당한 기간 동안 사람들은 정치적 소외와 경제적 격차와 사회적 차별과 문화적 이질성을 완전히 해소할 수 없다. 이러한 상황에서 연방체제는 사람들에게 통일전의 상태를 회상하고 회귀하게 만드는 틀이다. 단일국가체제가 국민들에게 분단의 기억을 잊게 하고, 국민적 일체감과 결속력을 다지며, 격차와 이질성을 해소하는 데 더 바람직하다.

우리나라의 객관적 조건들도 단일국가체제에 부합된다. 첫째, 한민족은 단일국가체제의 역사적 전통을 갖고 있다. 한민족은 수천 년

간 중앙집권적 단일국가체제를 유지했다. 우리에게는 봉건제적 지방분권의 역사가 없다. 남북한도 모두 중앙집권적 단일 국가체제를 유지했다. 남북분단의 역사 외에는 통일국가가 연방제를 선택해야 할 이유가 없다. 통일국가가 남북분단의 역사와 유산을 국가체제 선택의 근거로 삼는다는 것은 자체 모순이다. 통일국가가 분단의 기억과 정체성이 사람들의 마음속에 살아남을 수 있도록 국가제도를 채택하는 것은 어리석을 뿐 아니라 위험하기까지 하다. 70년의 분단의 역사가 연방제를 해야 하는 고려요소라고 한다면 그 이전에 그보다 수십 배 많은 단일국가체제의 전통이 존재한다. 한민족의 역사적 경험은 연방국가 체제를 구축하고 있는 다른 나라들과는 확연히 다르다. 통일은 민족사의 정통성을 잇는 일이다. 민족사에서 가장 중요한 것은 국가체제이고, 그것은 단일국가체제였다. 남북한은 단일국가체제의 역사적 뿌리가 있었기 때문에 분단 이후에도 통일을 줄기차게 추구했다. 통일국가는 단일국가체제의 역사적 전통을 나라의 통합과 결속을 도모하는데 활용하는 것이 지혜롭다.

둘째, 현대문명에는 단일국가체제가 더 적절하다. 연방제는 연방정부가 군사권과 외교권, 통화에 관한 권리를 가지고 각 지분국支分國에 대하여 연방헌법 질서를 준수하게 할 수 있다. 그러나 각 지분국의 차이와 그 독자성을 인정한다. 지분국마다 독자적 헌법을 갖고 독자적인 입법 사법권을 갖고 있다. 오늘날의 교통 통신과 과학기술은 국가적 일체화를 촉진하고 있다. 더 나아가서는 전 지구적인 차원에서 기준이 같아지고 통합이 추진되는 것이 많다. 현대 문명은 전국을 일일 생활권으로 묶었고 각 지방의 독자성과 차이를 약화시켰다. 전국적으로 각 지역이 밀접하게 연결되어 있어 지역마다 다른 제도를 적용하기도 힘들다. 사회 경제적으로 연방제를 해야 할 필요성과 여건이 많이 약화됐다. 통일국가는 규모도 크지 않다. 통일국가보다 훨씬 크고 이질적인 나라들도 단일국가 체제를 유지하고 있다. 이미 연방제를 실시하고 있는 나라들도 교통 통신과 과학기술의 발달로 인해 고전적 의미의 연방제의 분권적 요소가 약화되고 있다.

셋째, 통일국가의 대내외적 과제를 해결하는데 단일국가체제가 더 효율적이고 효과적이다. 통일국가는 동북아시아의 열강들 사이에서 세력균형의 격랑을 헤쳐 나가야 한다. 주변국은 모두 제국적 위상을 추구하는 나라들이고 그 지도자들은 강한 힘을 가지고 있다. 중국과 일본은 원래 봉건제적 요소가 강했던 나라들이었다. 그러나 군현제 실시와 폐번치현廢藩置縣으로 단일국가 체제를 만들었고 통일성을 유지하면서 국력을 결집하였다. 엄중한 대외환경에 대처하기 위해서는 국가역량의 결집과 강력한 리더십이 요구된다. 세계화의 추세가 강화됨으로써 대내정책과 대외정책을 구분하기도 어렵다. 단일국가체제는 정부가 중앙집권적으로 국가정책을 수립하고 집행함으로써 효율성이 높고 상황대처 능력이 크다. 근현대 아시아 여러나라들의 흥망성쇠를 그린 역사의 파노라마가 그 교훈이다.

통일국가의 통일을 위해 하나의 법질서와 기준으로 전국을 관리하는 것이 좋다. 또한 그것이 국가통합 과제를 수행하는 데 효과적이다. 정부는 각 지방의 이해관계를 조정해서 분열적 요소를 줄일 수 있는 힘을 가지고 있어야 한다. 정부는 지역 격차를 해소하기 위해 자원을 강제 배분한다. 연방국가가 되면 거의 대부분의 내정의 권한은 지분국으로 넘어간다. 잘 사는 지분국은 더 잘살게 되고, 못사는 지분국은 상대적으로 더 못 살게 되는 일이 발생할 수 있다. 그리고 지분국은 분단시대의 남북한과 연계되는 이미지가 있다. 그러한 제도는 국가통합을 하는 데 좋지 않다. 세계화와 과학기술의 신문명 흐름은 매우 거대하다. 이러한 문명사적 대전환을 맞아 나라를 수호하고 국민을 보호하며 경제를 발전시키기 위해서는 국가적 차원의 대응이 필요하다. 단일국가 체제가 이에 더 효과적으로 대처할 수 있다.

통일국가는 단일국가 체제보다는 연방제를 채택해야 한다는 주장이 있다. 통일국가가 연방제를 실시해야 한다고 주장하는 근거는 다음과 같다. 남북이 장기간 분리되어 독립적인 정치를 해왔다, 남북은 상이한 체제하에서 이질화가 심화되어 삶의 양식이나 가치관, 정치문화 등에서 차이가 크다, 이러한 남북이 하나의 질서 안에서 생활하는 것이 피차 불편할 것이라는 등의 이유이다. 따라서 서로 다른 두 사회에 동일한 제도를 강요하기보다는 각 사회의 차이를 인정하고, 지분국의 자율성과 독립성이 허용되는 연방제를 실시하는 것이 바람직하다는 것이다. 연방제를 해야 할 다른 이유는 없다. 70년간의 분단의 현실과 남북 간의 여러 가지 차이를 감안할 때 피상적으로만 보면 이러한 주장이 합리적으로 보일 수도 있다.

통일국가가 남북연방제를 채택해야 한다는 주장의 근거는 타당성이 낮다. 남북의 이질성은 연방제를 채택해야 할 이유가 아니라 통일국가가 연방제를 해서는 안 되는 이유임을 간파해야 한다. 남북의 격차와 이질성을 이유로 연방제를 실시한다면 남북 간의 격차와 이질성은 해소될 수 없다. 그것이 논리적으로나 현실적으로 당연한 귀결이다. 연방제는 그렇지 않아도 파편화되기 쉬운 남북 간, 동서 간 국민정서를 더 자극할 것이다. 남북의 격차와 이질성을 존속시키는 것은 국가의 재분열 요인이 된다.

남북연방제하에서 지역격차 해소가 쉽지 않다. 연방제는 지분국의 자율성과 독립성을 존중하는 것을 전제하고 있다. 연방체제에서 각 지분국은 재원 분담과 배분에 대해 순순히 동의하지 않는다. 그것

때문에 지분국 간의 관계가 배타적이고 경쟁적이며 때로는 적대적일 수 있다. 그러한 과정은 사람들에게 남북이 서로 다른 실체라는 인식을 강화시킬 것이다. 결과적으로 남북의 지역 차별 의식이 확산된다. 남북 간 차별 의식과 지역격차, 분단의 기억이 결합되면 그것은 나라를 재분열시킬 요소가 된다. 이러한 기운이 상당히 퍼져 있는 가운데 돌발적인 사건을 정치적으로 이용하려는 사람들이 나온다. 지역 차별의식과 정치적 모사가 어우러지면 국가 재분단은 걷잡을 수 없는 상황으로 번질 수 있다. 남북 지분국 간 갈등이나 차별의식이 생기면 그 골은 영호남 지역갈등은 비교도 할 수 없을 정도로 심각할 것이다. 통일국가는 이러한 사태를 미연에 방지해 나가야 한다. 통일국가는 모든 노력을 다해 분단시대의 기억과 지역격차, 차별의식을 제거해 나가야 한다. 이것이 남북의 고유성과 이질성을 존중하는 것보다도 훨씬 더 중요한 과제이다. 남북연방제는 국가 재분열의 씨앗임을 경계해야 한다.

연방제하에서 남북의 두 지분국이 대립할 경우 이를 중화할 완충장치가 없다. 남북의 두 지분국은 분단의 전통을 바탕으로 형성됐고, 독자적 생존능력이 있으며, 독자 통치의 기억을 가지고 있다. 이러한 남북이 여전히 독자적인 통치체제까지 갖추고 있는 것은 국가를 재분열시킬 수 있는 요소이다. 어떤 사람들은 연방제를 실시하더라도 남북을 구성단위로 하지 않고 연방구성의 지분국을 5개 이상으로 그 규모를 더 작게 하자는 주장이 있다. 이 주장은 결국 현재의 도 단위 행정구역을 연방의 지분국으로 전환시키자는 것과 같다. 도 단위 지방자치단체도 부적절한데 그것을 지분국으로 만든다는 것은 더욱 부적절하다. 우리의 지역감정과 지역 차별의 뿌리는 8도 체제이다. 8도 체제를 혁파해야 하는데 그것을 강화시키자고 하는 것은 시대 역행적이다. 통일을 기해 통일국가의 결속과 완전한 국가통합을 위해 지역감정과 지역 차별을 완전히 폐기해야 한다. 통일은 이러한 과제를 성취할 수 있는 좋은 기회이다. 그렇지 않아도 작은 나라를 그렇게 몇 개로 갈라서 관리하는 것이 적절하지 않다.

동유럽 국가들은 인종적·문화적으로 분열된 사회였다. 공산체제에서 연방제를 채택했던 이 나라들이 체제전환과 민주화 과정에서 단일국가 체제를 선호했다. 연방체제에서는 연방 간 차별이 있었고 국민통합이 어려웠다. 일부 연방은 해체과정에서 인종청소와 대량살육, 그로 인한 외세개입의 비극을 겪었다. 이질적인 연방이란 그러한 위험요소를 내포하고 있다. 남북한은 국력 격차가 크고 이질성이 있다. 통일국가가 연방제를 실시하면 남북 간의 격차가 해소되기 어렵다. 이것은 바람직하지 않으며 통일의 본뜻도 아니다. 현재 연방제 국가들도 여건의 변화에 따라 단일체제의 국가처럼 운영되고 있다. 통일국가는 시대의 흐름과 국가적 과제를 감안하여 단일국가체제를 채택하는 것이 타당하다.

통일국가가 해결해야 할 남북 간의 이질적인 요소들은 정치체제, 제도, 질서규범, 표준 등 국가체제에 관한 것과 인프라 시설, 산업기반, 국민소득 등 경제적인 것과 생활습관, 사고방식, 관습 등 문화 및 개인적인 것으로 나누어 볼 수 있다. 통일국가는 국가체제에 관한 것은 각 지역에 동일하게 적용하여야 한다. 통일 후 남북 간의 인구비와 경제력 격차로 인해 북한 출신 인사들이 최고 권력 선출에서 불리하거나 배제될 수 있다. 이것은 법으로 강제 시정한다. 남북 간의 경제적 격차는 나라의 자원배분 정책으로 해결한다. 국가 전체적으로 균질적인 SOC를 건설하고 연결한다. 이것은 통일국가의 경제가 크게 도약하는 과정이다. 분단으로 인해 제한되었던 산업배치를 효율화한다.

한반도 전체적 상황과 해양과 대륙과의 연계성을 감안하여 산업을 재배치한다. 통일국가는 기반시설 건설과 산업의 재배치, 재정정책 등을 통해 전국적으로 개인소득의 균형을 달성해 나간다. 지역공동체와 작은 공동체, 개인 생활에 관한 문화와 관행의 특수성이나 고유성은 강력한 지방자치를 통해 보존하고 발전시킬 수 있다. 지방자치가 통일과정에서의 주민들의 심리적 충격을 완화하는 역할을 하도록 지방자치단체에 강한 자치권한과 기능을 부여한다.

단층 구조의 지방행정체계 형성과 강력한 지방자치

통일국가는 지방행정체계를 전면 개편한다. 지방행정체계 개편은 국가의 통일성과 사람들의 통일국가 귀속성을 강화하는 방향으로 추진한다. 기능적인 면에서는 현대의 달라진 행정환경에 맞게 지방자치단체를 설치하고 지방자치단체와 주민들의 자치를 강화한다.

통일국가는 이러한 목적을 달성하기 위한 지방행정체계를 다음과 같은 원칙을 가지고 개편한다. 첫째, 국가의 재분열 요소를 제거한다. 어느 지방자치단체가 국가의 일체성에 영향을 줄 수 있는 지역감정을 유발하거나, 지방자치단체가 고유의 특수한 지방행정으로 국가 전체에 충격을 주거나, 극단적인 경우 분리 독립할 수 있다는 생각을 가질 수 없도록 해야 한다. 둘째, 지방자치단체는 강력한 자치행정을 실시하도록 한다. 이를 통해 주민들의 자치 욕구를 충족시키며, 사람들의 정치참여 기회를 확대한다. 주민들이 지방자치에 적극 참여함으로써 통일과정에서 나올 수 있는 정치적 소외감이나 허무감을 해소할 수 있다. 셋째, 지방자치단체는 그 주민생활을 실질적으로 보장하는 행정을 할 수 있어야 한다. 지방자치단체의 규모는 그 권역내에서 주민들의 생활 수요를 자족적으로 처리할 수 있는 크기로 한다. 지방자치단체가 지방산업을 육성하고, 도시건설과 상하수도, 유통구조, 폐기물 처리, 각급 학교, 문화시설 등을 자족적으로 유지하고 가동할 수 있는 정도의 인구와 관할 구역을 가지고 있어야 한다. 지방자치단체는 주민들의 의식주와 기초생활을 보장하고, 치안과 생활안전을 책임진다. 주민들은 지방행정에 직간접적으로 참여하여 지방행정이 투명하게 이루어지도록 감시할 수 있어야 한다. 지방자치단체는 주민생활을 보장하고 개선하는데 광범위한 자치권을 행사한다. 지방의 강력한 자치가 지역할거주의가 되거나 나라를 조각내는 일은 없어야 한다.

통일국가는 이러한 기준에 따라 도道 등 광역 자치단체를 폐지한다. 지방자치체계가 2단계일 필요는 없다. 통일국가는 지방자치 체계를 단층구조로 개편한다. 조선 8도 체제는 조선시대의 행정환경과 과학기술 교통통신을 감안하여 만들어진 것이다. 도는 기본적으로 왕조시대에 지방의 수령들을 규찰하고 감독하기 위한 국가기구로서의 위상을 갖고 있었다. 조선시대에는 인마人馬가 한 군郡을 관통하는 데에 하루 정도 걸렸다. 중앙의 소식이 전국에 전해지는 데는 15일 이상의 시간이 필요했다. 그때는 국가가 지방을 통치하고 통솔하는데 도라는 국가지방 행정조직이 필요했다.

통일국가가 도를 폐지하는 것은 달라진 행정환경에 부응하는 것이다. 국가의 소식이 1초 만에 전국으로 전파되고, 육로를 통해서도 한반도 3천 리를 수 시간이면 관통할 수 있다. 현대는 민주주의와 주민자치 시대이다. 사람들은 지배의 대상이 아니다. 행정기능 면에서는 기초자치단체가 거의 대부분의 자치행정을 수행하고 있다. 도는 국가와 시군 사이에서 사무중복이 있다. 도는 시군과 차별화된 지방자치 기능을 수행하기 어려워지고 있다. 도지사와 군수도 모두 주민 직선이기 때문에 차별화된 권위가 있는 것도 아니다. 어떤 때는 광역단체장과 기초단체장이 대결하기도 한다. 도와 군 간의 기능과 역할이 모호하고 도군 간의 지휘체제도 약화됐다. 도가 수행했던 국가와 지방자치단체 간의 중계 기능도 행정환경의 변화에 따라 퇴색되고 있다. 도라는 지방자치단체가 존립해야 필요성이 줄어들었다. 한때 도를 폐지하고 지방자치를 단층구조로 전환하려는 시도가 있었으나 정치적 이해관계가 얽혀 실현되지 못했다.

통일국가가 통일을 기해 도를 폐지하는 것은 국가통합을 위한 제도개혁이다. 도를 폐지하여 국민들의 도에 대한 귀속의식을 없앤다. 조선 8도 체제가 성립된 이후 수백 년 동안 도는 사람들의 문화와 의식을 형성하는 중요한 기반이 됐다. 지금도 사람들은 도를 기반으로 자신의 지역적 정체성을 인식한다. 사회도 사람들의 지역적 정체성을 그렇게 규정한다. 의도한 바는 아니었지만 8도 체제는 뒷날 지역감정과 지역 차별의 바탕이 됐다. 지역감정과 지역 차별을 없애는 것은 남북통일 후 국가통합을 위해 매우 중요한 과제이다. 도를 폐지함으로써 도라는 지역적 정체성과 귀속감을 해체하고, 이것과 연결되는 남북의 집단적 지역의식과 정체성을 없앤다. 통일국가는 사람들의 남북한 정체성이나 그에 대한 귀속의식을 통일국가로 전환해야 한다.

통일국가는 기초자치단체의 규모를 키운다. 지방자치단체는 대부분 새롭게 설치될 것이다. 도가 수행했던 지방자치행정 기능을 시·군으로 통합한다. 사람들은 자기의 지역적 정체성을 자기가 속한 지방자치단체로 재규정할 것이며 이것은 도가 아닌 통일국가로 직접 연결된다. 새롭게 설치되는 지방자치단체는 국가의 통합과 강력한 지방자치의 본령을 구현한다. 지방자치단체의 크기는 지역적 통합성과 자치 행정의 효율성을 감안하여 정한다. 서울이나 10대 대도시의 인구 밀집 지역에서는 150만~200만 명 내외로, 도시 및 그 인근 지역을 포함하는 경우에는 100만~50만 명, 농어촌 등 인구 과소지역은 20만~50만 명 규모로 해서 전국적으로 100개 이내의 지방자치단체를 설치한다. 정부는 지방자치단체들과 협의하여 경제사회문화발전계획을 수립한다. 국토개발계획이나 산업배치, 재원 배분은 국가의 균형발전을 감안한다. 통일국가는 30년 장기계획을 세워 권역별 GNP가 균형이 이루어지도록 재원을 배분한다.

서울특별시는 통일국가의 수도이다. 서울특별시는 국가 행정단위로 설치하고 그 지역 범위를 확대한다. 통일국가는 국가 행정의 중심가를 새롭게 건설하여 중앙행정부처와 그 부속기관들을 집결시킨다. 국가핵심 기관들이 근접하여 상호 적극적으로 소통하고 협의해야 국가역량을 결집하는 데 유리하다. 국가행정의 중심가에는 통일과 민족사를 기념하는 기념관을 각각 짓는다. 거리의 중심축에 한민족과 통일국가가 지향하는 중심가치인 자주, 자유, 정의, 민본, 승리 등을 상징하는 기념물을 설치한다. 뉴욕의 자유의 여신상이나 베를린의 승리의 여신상처럼. 조선시대에 한양은 경복궁이나 근정전, 광화문, 인의예지의 사대문, 종묘와 사직단 등 조선이 추구하는 가치를 표상하는 건축물을 품고 있었다. 통일 국가는 국가의 정신과 가치를 의식적으로 강조한다. 공공기관과 공공 시설물은 규모 있게 제대로 지어야 한다. 공공시설이 예산 절감을 위해 중저가의 빈한한 모습이 되는 것은 적절치 않다. 공공시설은 국민이 모두 사용하는 것이며, 당대 한 나라의 문화를 대표한다. 공공 시설물은 국민들의 눈높이를 결정하는 표준이 된다.

서울은 국제도시로서 동아시아의 수도 역할을 할 수 있도록 한다. 서울은 국제적 기능과 그 기능에 부합하는 산업, 즉 지식서비스산업을 발전시킨다. 통일국가는 해륙국가이며 동서양을 아우르는 나라이다. 서울이 동아시아의 수도 역할을 하려면 베이징, 도쿄, 상하이, 홍콩, 싱가포르 등 다른 도시들과의 경쟁에서 우위를 차지해야 한다. 이를 위해 서울의 지역을 확장한 것이다. 서울의 지역 범위를 고양 파주 개성까지 확대한다. 서울특별시 내에 6~9개 지방자치단체구를 설치한다. 이 자치구들은 서울특별시의 통일적 도시계획을 따르도록 한다. 기왕의 행정도시들은 첨단과학기술 산업도시로 전환하여 실리콘 밸리를 능가하는 세계적인 과학기술 혁신도시로 육성한다.

대통령 직선제와 대통령직의 지역순환

통일국가는 대통령 직선제와 대통령 중심제를 채택하는 것이 바람직하다. 대통령 직선제는 원래 국민이 원하는 제도였고, 국민이 투쟁을 통해 이를 쟁취했다. 권위주의 시대에 권력층은 장기집권을 위해 의원내각제나 대통령 간선제를 추진했다. 국민은 이를 거부하고 대통령 직선제를 요구했다. 대통령은 내 손으로 뽑겠다는 것과 장기집권은 안 된다는 것이 국민들의 확고한 의지였다. 권력자는 국민의 힘에 굴복하여 이를 수용했다. 대통령 직선제가 실현됨으로써 국민주권주의가 강화됐다. 분단시대 북한은 권력자에 의해 수령의 유일 영도체계가 구축됐다. 북한의 수령은 최고의 존엄이었으며, 인민들의 권한 밖이었다. 통일국가는 국가의 원수를 국민이 직접 선거한다. 대통령 직선제는 8천만 국민이 나라의 진정한 주인임을 확인하는 제도이다.

이것은 국가통합에 기여한다. 나라의 지도자는 국민과 직접 교감하는 과정을 거쳐서 선출되는 것이 민주주의의 본뜻에 더 부합한다. 이는 국민주권을 실현하는 가장 강력한 제도이며 선진적인 제도이다.

통일국가의 국가적 과제를 해결하기 위해서도 대통령제가 바람직하다. 국가통합 과제는 매우 어렵고, 이를 해결하기 위해서는 강한 리더십이 필요하다. 국가의 통일과 통합 과정에서 신속하게 많은 결단을 하고 이를 추진해야 한다. 그렇지 않으면 큰 혼란이 발생할 수 있다. 통일국가는 분극화되기 쉬운 국민감정을 구심적으로 통합하여 국가공동체를 유지해야 한다. 오늘날은 경제적 사회적으로 거대한 집단이 힘을 가지고 개인의 인권을 침해하고 국민 생활에 큰 영향을 미치고 있다. 이를 민주적으로 통제하여 서민들을 보호해야 한다. 현실적으로 그러한 큰 힘을 통제할 수 있는 것은 직선 대통령을 중심으로 하는 국가 제도밖에 없다. 국제적으로는 4대 강국의 제국적 속성에 맞서 통일국가의 몫을 제대로 지켜내야 한다.

대통령은 국민의 직선으로 선출되어 통치의 정당성을 위임받는다. 국가적 과제들을 해결하는 데에는 힘이 있어야 한다. 지도자가 힘없고 무능하고 우유부단하여 결단을 하지 못하면 나라는 침체된다. 조선시대에도 왕권이 강할 때 국태민안國泰民安했다. 왕의 장악력이 떨어지면 신하들은 무능하고 부패해지고 백성은 도탄에 빠졌다. 결국은 나라가 망했다. 사람들은 국가지도자의 지위를 확고하게 세워주고 힘을 부여해서 제대로 일할 수 있도록 해야 한다. 그래야 대통령은 임기 동안 강력한 리더십을 가지고 국정을 이끌어 갈 수 있다. 대통령이 국가의 방향을 잡고 관료제가 그를 보좌한다. 효율적이고 청렴한 관료제는 국가의 통합과 발전을 위한 중요한 자산이다. 관료제가 제대로 기능하지 않으면 국가형성이 안 되고, 국민들은 많은 고통을 겪게 된다. 아프리카 어떤 나라들이 엉망인 이유는 관료제가 제대로 안 돼 있기 때문이다. 국민들은 대통령을 직접 선출하여 그가 책임정 치를 할 수 있도록 보장해야 한다. 대통령은 국가공동체를 유지 발 전시킬 의지와 힘을 가지고 있어야 한다. 힘없는 대통령으로 나라가 잘되기를 바랄 수 없다. 대통령은 국민 직선으로 뒷받침되는 힘을 바 탕으로 국가의 방향을 제대로 잡고 나라의 문제를 효과적으로 해결 해야 한다. 대통령이 자기 멋대로 권력을 행사하는 것은 권력 남용 이다.

대통령의 강한 권한을 문제시하는 사람들이 있다. 문제의 본질은 대통령의 강한 권한이 아니라 권력의 남용에 있다. 민주주의 국가에 서는 권력 남용을 견제하기 위해 권력분립을 비롯하여 견제와 감시 기구들이 마련되어 있다. 대통령의 임기 제한도 강력한 견제장치이다. 이러한 견제장치가 제대로 작동하면 권력 남용을 충분히 막을 수 있 다. 견제기관들이 제 기능을 제대로 하지 못하고 나서 권력 남용을 비난하는 것은 책임회피이다. 그동안 견제기능이 제대로 작동하지 못 한 배경에는 부패가 있었다. 정치부패가 청산되지 못하면 어떤 제도를 채택해도 문제는 해결되지 않는다. 국가기관과 권력을 정위치 시키고 제대로 작동하도록 하기 위해서는 정치부패를 발본색원해야 한다.

통일국가는 대통령 권력행사의 절차와 견제기능이 제대로 작동하 도록 한다. 국무회의를 비롯한 각종 심의기구가 들러리로 전락하지 않고 맡은 바 역할을 다해야 한다. 대통령은 50%의 반대자를 항상 배려하면서 권한을 행사한다. 야당 지도자들도 참여하는 국정자문최 고회의를 법률기구로 만들고 대통령은 그들의 의견을 정책에 반영하 는 국량을 발휘한다. 감사원을 독립기관으로 만들고 대통령뿐만 아 니라 입법 행정 사법의 모든 기관을 감시하도록 한다. 국회와 법원 등

국가기관이 제 기능을 다 함으로써 대통령을 견제한다.

　대통령이 국정을 수행하는 것은 법 집행 작용이다. 몇몇 사항을 제외하고는 대부분 입법사항으로 돼 있어 대통령은 국회의 동의가 있어야 제대로 일할 수 있다. 대통령의 권한이 강하다는 생각은 권위주의 시대가 남긴 허구이다. 대통령의 권한이 강하게 보이는 것은 인사권 때문이다. 현실적으로 인사권 외에는 대통령이 마음대로 할 수 있는 것이 별로 없다. 통일국가는 대통령의 인사권 행사를 존중한다. 대통령은 가장 훌륭한 인재를 모아서 국정을 수행할 의무가 있다. 적재적소의 인사를 하면 대통령의 권한이 강하다는 오해가 나오지 않는다. 대통령이 취임하면 많은 중요한 기관에 자격이 안 되는 사람들이 선거과정에서 맺어진 정치적 인연으로 채워진다. 이러한 관행은 정당을 취약하게 만들고 사회 각 분야를 정치화시킨다. 일반의 기대에 미치지 못한 인사들이 중요한 직책을 맡기 때문에 대통령의 권한이 사실과는 다르게 막강하다고 오해받는 것이다. 이것은 나라로서도 대통령으로서도 좋을 것이 없다.

　통일국가는 공공기관 인사의 정치화를 방지한다. 엽관주의가 성하게 되면 온 나라가 정치판이 되고 정쟁이 일상화된다. 정치는 이권을 차지하기 위해 무한대립하고 국론이 분열된다. 어떤 나라들은 집권을 축재의 기회로 삼는 관행이 암묵적으로 인정되고 있다. 이러한 나라들은 발전이 안 되고 국민 생활도 어렵다. 통일국가는 정치가 인사나 축재의 통로가 되지 않도록 제도화한다. 정치활동은 공공의 결정과 사회의 공공성을 지키는 것을 사명으로 한다. 통일국가는 그러한 사람들이 국정과 지방자치에 기여할 수 있는 길을 다양하게 만든다. 국회와 지방의회, 정당 및 정당의 연구기관, 공공기관의 감시와 의견수렴기관 등이 그러한 역할을 할 수 있다. 각종 공공기관이나 정부의 영향이 미치는 기관의 인사에 대해 임기를 보장한다. 검찰총장 경찰청장 등 임기제 공무원은 그 임기를 보장한다. 정보기관은 순수 정보기관으로서 역할을 한다. 정보기관은 정책과 정치에 절대 관여하지 않는다. 정보기관이 정책과 정치에 관여하는 순간 그것은 정보기관이 아니다. 또한 다른 기관도 무능하게 만든다. 나라 전체적으로 손해다. 정보기관장은 임기를 정하고 군인 검찰 경찰처럼 직업 정보맨을 임명한다.

남한에서는 한때 대통령 중심제의 권력구조를 개편하자는 개헌론이 있었다. 대통령 직선제는 주권자인 국민의 뜻이다. 권력자들이 주권자인 국민의 뜻에 어긋나게 대통령 직선제를 없애겠다고 하는 것은 이상한 일이었다. 권력자들은 대통령 직선제가 불편할 수 있다. 대통령 직선제는 대체로 권력자들이 그 결과를 어찌해볼 수 없는 제도이다. 권력자들은 대통령제를 폐지하자고 주장하면서 내세웠던 가장 큰 이유가 제왕적 대통령제였다. 즉 대통령의 권한이 너무 강하다는 것이었다. 대통령이 탄핵이라는 헌법적 절차에 의해 그 직을 상실한 일이 있었다. 따라서 제왕적 대통령제라는 비난도 근거가 없어졌다. 국민들은 탄핵이라는 혼란의 와중에서도 대통령 직선제를 폐지하자고 주장한 적이 없었다. 국민들은 일반적으로 대통령 중심제와 직선제를 선호한다.

대통령 중심제를 폐기하고 취할 수 있는 통치구조는 내각책임제와 이원집정부제이다. 내각책임제도 선진국들이 취하고 있는 제도이고 장점이 있다. 그러나 우리는 실패했던 제도였다. 우리의 정치문화에 부합하지 않았다. 내각제가 제대로 작동하려면 정당이 발달되어 있어야 하나 우리는 거기에서 미달이다. 통일국가가 직면하게 될 엄청난 과제와 혼란을 헤쳐 나가는 데에도 내각제는 부적합하다. 남북한은 강력한 대통령제적 전통이 있고 내각제의 경험이 없다. 통일의 혼란기에 생소한 내각제를 실험할 이유가 없다.

내각제는 실질적인 국가최고지도자를 국회가 선출한다. 권력자인 국회가 주권자인 국민이 가지고 있는 최고지도자 선출권을 가져가는 것이다. 국회의 권한이 매우 강해지는 것을 의미한다. 국민은 자기가 가지고 있는 최고지도자 선출권을 국회에 이양하는 것을 원치 않는다. 사람들은 국회의 권한이 강하다고 생각한다. 국회가 더 강해지기를 바라지도 않는다. 내각제에서는 보스중심의 정치가 이루어진다. 정치권의 보스는 많은 국회의원을 움직일 수 있어야 하는데 여기에 금권정치가 끼어들 가능성이 농후하다. 금권정치는 정치질서뿐만 아니라 많은 국가의 제도를 기득권 중심으로 고착시킬 위험성이 있다. 금권지배의 내각제에서는 국가기관이 국민에게 직접 책임지지 못하고 정치권의 하이어라키에 종속된다. 이것은 국민주권을 취약하게 한다. 국민들로서는 끔찍한 일이다. 해방 후 헌법에서 처음 구상했던 권력구조도 내각제였다. 그때 내각제 추진의 배후에는 지주 중심의 기득권 정치세력이 있었다. 이원집정제 정부구조도 내각제와 똑같은 문제를 가지고 있다. 국정을 외정과 내정을 구분하기도 힘들다.

통일국가의 대통령 임기는 5년으로 하며 중임을 금지한다. 장기집권은 보편적으로 좋은 제도가 아니다. 권력은 공공의 것이기 때문에 일인 장기집권은 그 원리에 배치된다. 장기집권을 해도 문제가 없을 정도로 훌륭한 사람은 없다. 민주정치의 제도란 권력자의 선의를 기대하지 않는다. 대통령 5년 단임제는 문제가 많다. 그러나 중임제는 더 많은 문제가 있다. 중임제에서는 현직 대통령은 취임하는 순간부터 재선을 위해 모든 역량을 쏟아 부을 것이다. 그는 잠재적 경쟁자를 권력을 써서 제거하고 국민의 환심을 사기 위해 포퓰리즘으로 빠질 가능성이 크다. 반대파도 역시 포퓰리즘을 동원하여 현직 대통령이 실패하도록 총력을 기울일 것이다. 두 방향의 포퓰리즘은 나라를 거덜 내고 만다. 정치의 세계에서는 양보가 쉽지 않다. 날마다 대통령 선거의 전초전이며 나라는 난장판이 될 것이다. 단임제가 문제는 있으나 나라를 이끌어 가는데 중임제 보다는 더 안전한 제도이다. 국민은 단임제를 선택했고, 장기 집권을 반대한다. 권력자들이 자의적으로 이것을 바꿔서는 안 된다.

통일국가는 대통령 선출제도를 국가재분열을 방지하고 국가의 결속을 강화하는 장치로 설계한다. 그 방법으로서 나라의 권역별 출신 인사들이 균형 있게 대통령으로 선출될 수 있는 제도를 만든다. 헌법 대통령 조항에 대통령은 각 지역 간 기회 형평을 기하여 선출한다고 규정한다. 공직선거법에 전국을 5개 권역경기, 동, 서, 남, 북으로 나누고 통일 후 첫 대통령 선거일을 기점으로 정하고, 그때부터 50년을 한 단위로 설정한다. 그 기간 동안 권역별 출신인사출생기준가 대통령에 재직할 수 있는 기간은 단순 산술평균으로만 따지면 10년2임기이다. 현실 정치에서는 권역별 출신 인사가 대통령에 재직할 수 있는 기간을 최소한 자기 몫의 절반1임기, 5년 이상으로 하고, 최대한은 자기 몫의 두 배4임기, 20년로 한다.

이렇게 되면 전국에서 대체로 골고루 대통령이 나올 수 있다. 통일 후 50년 이내에 전국의 경기동서남북 어느 지역에서도 최소한 한 번5년은 대통령을 배출할 수 있다. 통일 후 50년 안에 현재 살아있는 2500만 북한사람 중에 누군가는 두 사람 이상 대통령이 될 것이다. 당초 정했던 50년 단위가 끝나면 또다시 50년 단위를 설정하여 적용한다. 이 제도는 한 권역 출신인사들이 계속 대통령이 됨으로써 지역 편중이 일어나거나, 100년이 가도 한 번도 대통령이 되지 못함으로써 권력의 소외가 일어나는 지역이 없도록 하기 위한 것이다. 남한에서는 1998년 2월 25일, 50년 만에 처음으로 호남 출신 대통령이 나와서 지역 차별 의식을 많이 약화시켰다. 통일국가에서는 서북배제나 호남 차별과 같은 일이 원천적으로 일어날 수 없도록 한다.

통일국가는 대통령을 보완하기 위하여 부통령을 둔다. 부통령은 대통령과 런닝 메이트로 같이 선출하고, 대통령 궐위 시에 그 승계권을 갖는다. 행정부는 대통령이 의장인 국무회의를 두되 국무회의에는 2인의 국회의원을 국무위원으로 겸임시킬 수 있다. 2인 중 1인은 제1야당 추천을 의무화한다. 국회의원은 행정 각부의 장관이 될 수 없다. 권력분립과 견제 균형의 원칙에 충실하기 위해서이다. 대중민주주의의 선거에서 선전선동과 거짓이나 포퓰리즘으로 능력이 검증되지 않은 사람이 대통령이 될 수 있다. 통일국가는 대통령이 되고자 하는 사람들을 위해 국사에 임하는 그의 안목과 통치능력을 검증할 수 있는 직무나 토론의 장을 몇 가지로 만들어 놓을 필요가 있다. 대통령제 하에서 이상하고 무능한 사람이 대통령이 되면 국민들이 어려워지고 국가가 가라앉을 수 있다. 대통령이 무능하면 당파 세력과 기득권층이 발호한다.

단원제 통일국회 구성과 중선거구제

통일국가의 국회는 단원제로 구성하는 것이 바람직하다. 국회는 국민대표기관으로서 국민주권주의를 제도화한 기구이다. 국민주권주의가 국회의 구성 원리로 되어야 한다. 국회가 주권자의 의사를 하나로 결집하여 대표해야 한다는 차원에서 보면 단원제 국회가 일관성이 있다. 통일국가에서 국회를 단원제로 해야 하는 이유는 국민주권의 원리뿐만 아니라 국회의 구성을 통해 국가의 통합에 기여하고 국가의 재분열 방지하기 위해서이다.

어떤 사람들은 통일국가는 양원제 국회를 채택하는 것이 좋다고 주장한다. 주민 대표성을 기준으로 단원제 국회를 구성하면 인구가 많은 남한 출신 의원들이 국정을 주도하고 북한은 소외되리라는 것을 이유로 제시한다. 주민 대표성의 국회를 견제하기 위해 지역 대표성을 갖는 국회를 구성하여 양원으로 하자는 것이다. 원래 양원제는 신분에 따라 국민을 양분한 데서 비롯됐다. 연방제 국가들도 지분국의 입장을 반영하기 위하여 양원제를 채택했다. 주민 대표성 이외에 국회 구성 기준으로 고려할 수 있는 또 다른 기준은 직능이지만 그것은 국민 대표성과는 거리가 있다. 이를 기준으로 양원을 구성한 나라도 있다. 양원제를 채택한 나라들도 대부분 하원 중심으로 국정이 운영된다. 통일국가에서 일부러 양원제 국회를 구성한다면 그것은 남북한 분단 역사의 특수성을 반영하기 위한 것이다. 이는 남북 간의 분리와 이질성을 전제로 한다. 이 주장은 자연스럽게 남북연방제와 연결된다. 통일국가에서 남북을 구분하는 것은 무의미하며 유해하다.

남북을 구분하는 것을 전제로 국회제도를 만드는 것은 부적절하다. 그것은 남북한 주민 간의 마음의 벽을 만들고 암묵적인 차별을 존속시키는 것이다. 이것은 국가 재분단의 원인이 될 수 있다. 통일국가는 남북의 구분이 없어진 하나의 통일체이다. 남북을 구분하여 그 지역 대표성을 고려해야 할 근거가 없어졌다. 통일국가는 하나의 국가이며 남북의 주민들은 평등하다. 이를 대표하는 의원들은 모두 국민대표기관이고 동등한 권한을 가진다. 통일국가는 의식적으로 남북의 지역 구분 의식을 제거해 나가야 한다. 나라는 남북 간의 균형적 발전과 동질화를 적극적으로 도모해야 하며 분단의 흔적을 지우기 위해 노력한다. 남한 출신 인사에 의하여 또는 북한 출신 인사에 의하여 국정이 편파적으로 운영될 것이라고 예단하는 것도 낡은 생각이다. 그러한 생각은 통일국가의 시각에서 보면 매우 불온하다. 남북의 차별이 있고 어느 일방으로 편파되는 통일이라면 그러한 통일은 할 필요가 없고, 그러한 통일은 유지될 수도 없다. 사람들은 시대와 상황이 변해도 그 생각과 행동은 과거에 매달려 있는 경우가 있다. 이것은 좋은 것이 아니며 고리타분하다.

통일국가는 북한과 남한이라는 관념 자체를 제거해 나가야 한다. 통일국가가 굳이 지역 대표성을 갖는 양원제를 채택하면 원리적으로는 이것이 남북 간 지역 균열과 갈등을 구조화하고 확대 재생산할 소지가 있다. 그것이 지역대표 양원제의 존립근거이기 때문이다. 사람들의 통일국가에 대한 귀속감을 키우고 결속을 강화하기 위해서 도 단위 행정구역을 폐지하고 대통령의 지역순환 선출제를 도입한다. 국회도 남북의 구분을 상정하는 어떠한 제도를 배격한다. 그러한 노력을 치열하게 상당기간 해야 사람들의 남북한 정체성을 없앨 수 있다. 그 정체성을 살려두는 제도를 설치하는 것은 어리석은 일이다.

통일국가는 국론 분열을 방지하고 신속한 의사결정을 위해 단원제를 채택한다. 일반적으로 양원제를 채택한 나라들은 의사결정이 느리다. 통일국가가 양원제를 채택하면 통합과정에서 분출되는 역동적이고 복잡하고 다양한 정치적 요구를 효과적으로 처리하기 힘들다. 상하원의 지배정당이 다르거나 양원 간의 갈등이 생길 경우 국회는 결정불능이 될 수 있다. 통합과정의 갈등 해결이 지연되면 정치적 위기가 발생할 수 있다.

통일국가의 국회의원 수는 360명으로 상정한다. 제헌의원 선거

때는 300명남 200명, 북 100명을 고려했었다. 국회의원의 선거구는 (확대된) 지방자치단체별로 한 선거구를 설치한다. 한 지방자치단체에서 선출할 수 있는 국회의원 숫자는 국민 대표성과 국토 대표성을 통합하는 대표성을 고려하여 산정한다. 이러한 배분 방법은 선거권의 등가성과 형평성이나 농어촌 지역의 배려와 지역균형을 동시에 충족시킬 수 있다. 360명의 2/3는 인구비를 기준으로, 1/3은 면적비를 기준으로 배분한다. 각 지방자치단체가 선출할 수 있는 국회의원 수는 (240×해당 지방자치단체의 인구)/8천만 + (120×해당 지방자치단체의 면적)/22만㎢으로 한다. 인구비와 국토비를 같은 비중으로 고려할 수도 있다. 그러나 정치는 과거와 미래보다는 현재의 중요성이 크기 때문에 현재 인구를 강조하여 인구대 면적을 2대 1로 배분하는 것이 적당할 것이다. 지방자치단체에 대한 예산 배분도 이러한 기준을 적용하면 지역의 균형발전에 유리할 것이다.

통일국가의 국회의원 선거구는 중선거구제를 채택한다. 지방자치단체의 규모를 확대하면 보통 한 지방자치단체에서 선출할 수 있는 국회의원은 대개 2명 이상이 될 것이며 인구 150만 명 이상의 도시지역 지방자치단체는 5명 이상이 될 것이다. 각 지방자치 단체에서 선출할 수 있는 인원이 정수에서 편차가 0.3이하1.7=2, 2.3=2로 한다. 편차가 그 이상이면 인근 지방자치단체와 결합하여 정수에서 편차가 0.3이하가 되도록 하여 하나의 선거구를 구성하거나 또는 인근 지자체와 교대로 국회의원 선출 숫자를 조정하면 될 것이다. 정수 편차를 조정하기 위해 복수의 지자체가 결합하면 그것을 한 선거구로 하여 의원을 선출한다. 선거구 획정과 선거구의 의원 수는 중앙선거관리위원회가 제안하면 국회는 토론없이 수용하여 법제화하도록 한다. 이것은 국회의 권익에 관한 사항으로서 자기후생의 자기결정, 자기심판 금지원칙을 적용한다.

국회의원의 임기는 5년으로 하고, 3연임을 금지한다2연임한 경우 직후 한 임기는 선거에 나갈 수 없고, 그다음 임기에는 입후보 가능. 연임 제한은 특정인의 장기 집권과 권력독점을 방지하기 위한 것이다. 장기집권은 그 자체가 여러 문제를 안고 있다. 연임제한 제도는 정치신인들의 국회 진출을 촉진할 것이다. 권력의 순환을 제도화하여 국가 전체적으로 새로운 바람이 상시적으로 일어나 쇄신을 촉진하고 정치부패를 차단한다. 대통령과 국회의원의 임기를 일치시켜 책임정치를 할 수 있도록 한다.

공직의 지역균형 선발과 계층이동의 사다리 설치

그동안 지역 차별이 있었다. 조선 후기에는 서북출신 중에 당상관 이상이 된 문관이 없었고 선전관이 된 무관도 없었다고 한다. 홍경래의 난은 서북차별에서 비롯됐다. 남한의 군사정부 이후에 호남차별이 심했다. 그때 새로운 공화국을 상상할 정도로 불만이 컸다. 국가적인 차원이든 개인적인 차원이든 차별은 범죄행위이고 공동체를 파괴하는 반역이다.

통일국가는 모든 차별을 타파한다. 남북한이 70년 동안 서로 다른 국가체제를 유지해 왔고 대결했으며 이질성이 있다. 통일 후에도 그 기억이 표출될 수 있는 가능성이 잠재되어 있다. 이러한 사정 때문에 통일 후 특정지역의 차별이 있다면 위험하다. 지역 차별은 나라를 재분열시킬 것이다. 나라가 재분열된다면 그 과정은 결코 순탄치 않을 것이다. 통일국가는 지역 차별의 제도와 언어와 행동을 법으로 금지하고 이것을 어겼을 때는 금전벌에 처한다. 경범죄 이상의 벌칙이 가해져야 한다. 개인의 감정은 자유이나 그것을 외부로 표현해서 공동체를 파괴할 수 있다면 그러한 자유는 제한된다. 그러한 언행을 법으로 억제하는 것이 타당하다.

통일국가는 권력과 공직에서 차별과 배제가 없다. 권력은 순수하게 공공의 것이고, 정의와 직결되는 것이기 때문이다. 한민족은 모두 이 땅의 주인이다. 정복과 피정복이 없으며 모두가 역사를 공유하는 하나의 민족이다. 통일국가의 국민은 출신의 구분 없이 평등한 자격과 권리를 가진다. 통일국가에서는 모든 국민이 권력자가 되고 고위 공직자가 될 수 있어야 한다. 통일 후 동서남북 각 지역에서 골고루 대통령이 나올 수 있도록 한다.

통일국가 공공기관의 인력충원은 50% 규칙을 적용한다. 국가기관 공무원, 국립대학 교수, 사관학교생도 등 모든 국가공무원과 정부산하기관 및 공공기관 직원을 선발하는 데에는 선발인원의 50%는 지방자치단체별 출신출생 기준 인구비로 뽑는다. 나머지 50%는 무제한 전국 경쟁으로 채용한다. 지방자치단체도 그 소속 공무원과 학교 교사와 직원, 공공 기관 직원의 절반은 그 지방자치단체 출신 인사로 나머지 절반은 전국경쟁으로 선발한다. 특정 지방자치단체의 공무원을 그 지방 출신 인사로만 충원하는 것을 금지한다. 이러한 제도는 차별 배제와 다양성 유지를 위한 조치이다.

통일국가는 국가기관의 중간 관리자를 시험으로 선발하는 제도인 행정고시, 사법고시, 외무고시, 기술고시 등을 유지한다. 이 시험은 모든 사람에게 열려있다. 젊은 엘리트들이 객관적인 시험만으로 공직의 중간 관리자로 진입할 수 있도록 한다. 민간특채를 통해 중간관리자를 채용하는 것은 모양은 좋고 이론으로도 좋은 제도이나 그 결과는 계층 차별적이었다. 이 제도는 계층차별이 발생하지 않도록 학력보다는 경력을 더 비중있는 기준으로 하여 선발한다. 국가의 엘리트 공무원의 선발제도가 가족 배경이 좋은 사람들에게 유리하다면 이것은 일종의 음서제도이다.

통일국가는 공직에서 계층 이동의 사다리를 만든다. 정부 인사관리에서 고시 출신들만 고위직을 차지하는 것도 공직사회를 경직되게 한다. 하위직 공무원들도 일정 기간 근무하면 공정한 시험을 거쳐서 빨리 승진하는 통로를 만든다. 법원·검찰의 서기 등 사법기관의 하위 공직 진입자들도 일정한 경력 후 시험을 거쳐 판사 검사의 직위에 오를 수 있는 제도를 만든다. 그렇게 해서 유능한 하위직 공무원이 고위 공직에까지 이르게 한다. 선거에서 일체의 돈이 들어가지 않도록 하여 누구라도 지방자치단체 의원, 시장 군수, 국회의원, 대통령 등 선출직 공직에 나아갈 수 있도록 한다. 나라의 건강한 발전을 위해 부귀빈천에 관계없이 누구에게나 고위공직의 기회가 실질적으로 열려 있어야 한다. 소위 개천에서 용이 나는 통로가 제도적으로 보장되어야 한다. 실제로 그러한 사례가 다수 있어야 공직이 건강하고 사회가 건강하고 국가가 건강해진다.

통일국가는 가난한 젊은이들이 도전하고자 하는 의지와 꿈과 희망을 갖도록 한다. 공직뿐만 아니라 사경제 부문을 포함해서 모든 직업에 진입장벽을 낮춘다. 어떤 직업을 갖기 위해 또는 어떤 자격증을 따기 위해 너무 많은 시간과 비용이 드는 것은 좋은 일이 아니다. 전문대학원제도는 좋은 의도를 갖고 도입했으나 실질적인 진입장벽이 있고, 계층 차별의 결과가 있다. 젊은이들이 지역과 학벌과 계층과 신분과 경제력에 의하여 차별받지 않아야 한다. 그리고 자기의 능력과 노력에 따라 원하는 직업에 접근할 수 있도록 한다. 통일국가는 젊은이들을 위축시키고 꿈을 좌절시킬 수 있는 모든 제도와 관행을

혁파한다. 나라가 전체적으로 성과주의와 실적주의를 지향하고 연고
주의와 음서제가 발붙일 수 없도록 해야 한다.

제3장

자주독립국가의 위상 확립

1
한민족사의 복원

자주적 민족사관 정립

단재丹齋 신채호 선생은 1926년 조선상고사朝鮮上古史를 썼다. 그때는 일제 식민 시대였고 그는 망명객이었다. 해외를 떠돌아다니는 신산함과 일제의 날카로운 감시와 끼니를 잇지 못하는 혹독한 가난 속에서도 그는 제대로 된 민족사를 찾고자 했다. 그에게 민족사 연구는 민족혼을 찾아 지키는 일이었고, 나라를 찾는 독립운동이었다. 선생은 역사연구에 있어 사실을 중시했다. 그가 강조했던 사실은 실증사학에서 말하는 사실이 아니라 진짜로 존재했던 사실이다. 실제 있었던 사실도 말살되거나 기록되지 못했을 수 있고, 있는 자료도 증거가 부족하거나 훼손되고 왜곡됐을 수 있다. 어떤 자료는 날조된 허구이거나 과장됐을 수 있다. 한민족사의 기록과 유물은 여러 가지 이유로 없어진 것이 남겨진 것보다 더 많다. 선생은 허구를 가려내고 사실을 찾아 한민족사를 쓰고자 했다.

단재 선생은 접근할 수 있는 사료만을 역사연구의 대상으로 삼지 않았다. 그렇게 하는 것이 역사의 왜곡이었기 때문이다. 파괴되고 감춰지고 망각되고 빼앗기고 없어진 한민족사의 사료를 찾고자 했다. 전해지는 사료에 대해서도 왜곡되고 조작된 것을 날카롭게 파헤쳐 드러내고 그 이면에 감춰져 있는 사실을 찾았다. 그는 만주벌판을 발로 뛰며 그곳이 우리 조상들의 활동 무대였음을 눈으로 확인했다. 또한 북경대학 도서관에서 방대한 중국의 역사서를 읽었다. 그가 한민족의 관점에서 본 그 역사 기록들은 왜곡과 감춤, 과장과 축소가 많았다. 선생은 그 기록들을 씨줄 날줄로 분석하여 거기에 숨겨진 한민족의 진짜 역사를 찾아냈다. 땅에 새겨진 기록과 중국사서에 감춰진 진실을 발견했다. 단재 선생은 웅혼하고 강렬했던 진짜 한민족사를 보았다.

한민족은 반만년의 유구한 역사를 가졌다. 박은식 선생은 국형사신國形史神이라 했다. 하나의 민족이 나라를 이루고 살아가는데 역사를 제대로 알고 제대로 된 역사관을 가지고 있어야 한다. 역사는 과거 사실을 기록한다. 역사책은 과거 사실을 모두 기록할 수 없다. 사가史家들은 과거의 사실을 취사선택하고, 그것을 편집해서 기록한다. 사람들은 사가들에 의해 편집된 역사책을 보게 된다. 사가는 과거 사실을 관찰하고 취사선택하고 배열하고 기술하는 작업을 할 때 특정 사관史觀에 따른다. 사람들은 어떤 사가와 시대의 사관에 의해 채색되고 편집된 기록, 역사책을 읽는 것이다. 사람들은 과거의 사실을 원래 있었던 그대로 보지 못한다. 한민족의 역사도 또한 마찬가지이다.

한민족사의 기록은 이상한 정도가 좀 심하다. 상고 한민족의 역사 기록이 매우 부실하다. 그것은 기마민족의 숙명이기도 하다. 상고시대에 근접한 시기에 한민족의 손으로 쓴 것을 찾아볼 수 없다. 고조선사를 기록했다던 신지비사, 해동비록이 이름으로만 남아 있다. 대야발의 단기고사도 단편적이고 간단하다. 혹자는 이것을 위서偽書라고 한다. 고구려 때 기록된 우리의 상고사 유기백집, 백제 때 쓴 신집, 신라 때의 고사, 고려 초기에 쓰여 진 삼한고기 해동고기 삼국사 등과 기타의 많은 사서가 흔적도 없다. 전란 중에 불타거나 외적에 약탈당하고, 자연재난으로 멸실되고, 권력자에 의해 분서焚書되고, 우매한 백성들에 의해 파괴됐다. 그래도 그 많은 사서가 하나도 남아 있지 않은 것은 이상한 정도가 좀 심하다.

　민족사학자들은 우리 민족사를 기록했다는 사서들에서 많은 왜곡과 축소가 있었음을 발견했다. 백암 선생은 몽배금태조夢拜金太祖를 썼다. 대부분의 민족사학자들은 우리 민족의 역사를 한반도로 경계를 정하지 않았다. 우리에게 역사책으로 남겨진 김부식의 삼국사기와 일연의 삼국유사는 고려 중기에 쓰여 졌다. 이 책들은 한민족의 고대사를 한민족의 손으로 쓴 것으로서 남아있는 것 중 가장 오래된 것이다. 그때 그들이 3천 년 전, 2천 년 전의 민족사를 기록하기에는 시간적으로 너무 멀었다. 그들은 그 오래전의 역사를 기록해야 한다는 사명감 자체가 없었을 수도 있다. 이 책들은 우리의 역사를 넓게 펼쳐서 보지 못했다. 삼국사기는 고려의 눈으로 전대前代를 기록했다. 고려의 눈이란 신라 중심의 사관이었다. 그때 신라 중심의 역사 서술로 인해 백제와 고구려의 역사가 파괴되고 버려지고 왜곡됐다. 발해의 역사는 철저하게 배척됐다. 아주 뒷날 조선시대 실학자에 의해서 쓰여진 발해고가 우리에게 전해지고 있을 뿐이다. 삼국사기가 편찬된 때는 이미 학자들이 사대주의에 물들기 시작했다. 그때 지식인들은 화이관華夷觀으로 사물을 보았으며, 그러한 관점에서 우리의 민족사를 기록했다. 그 기록이 사실에서 멀어질 수밖에 없었다. 또한 그들은 당시에 쓰는 말과 글과 생각이 옛날의 그것과 판이하게 달라져 고대사를 제대로 이해하기도 힘들었다. 단재는 그들의 기록을 이두와 한역을 구분하지 못하고 붓으로 마구 빼고, 마구 넣고, 마구 섞고, 마구 갈아놓았다고 혹평했다. 그 기록들이 과거의 사실에 접근하기 힘들었다는 것은 분명하다. 그런데 지금 남아있는 우리의 고대사 기록이 사대주의로 채색되고 왜곡된 것은 한민족에게는 아주 좋지 않은 일이다.

사대주의에 따라 과거의 역사를 쓰다 보면 한민족사를 재해석할 수밖에 없다. 그 기록은 감출 것은 감추고, 낮춰야 할 것은 낮추고, 깎아야 할 것은 깎아야 했을 것이다. 그들은 한민족의 역사를 취사선택하여 강하고 자랑스러운 것은 버리고, 한민족의 옛 강역이었던 만주와 요하를 버리고, 만주에서 한 나라를 이루고 살았던 같은 민족이었던 여진족을 버리고, 그리고 스스로는 작아졌다. 뒷날 한민족은 쪼그라들고 일그러져 구차스러운 한민족사를 읽게 된다. 그것을 한민족의 진짜 역사라고 말하는 것도 이상하다. 분단시대에 살고 있는 오늘날에도 우리의 땅과 사람을 버리고 나라를 작게 만들자는 주장이 우리 내부에서 준동하고 있다. 이것은 사대주의의 망령이 다시 발현된 것으로서 통탄스러운 일이다. 이러한 역사의 패러다임을 바로 잡아야 한다.

한민족이 사대주의 역사관의 굴레를 둘러쓰고 있으면 그 생각과 행동이 거기에서 벗어나기 힘들다. 사대주의로 물든 지식인과 지배층은 스스로 비굴해지고 남의 눈치를 살피며 우리의 역사를 축소했다. 그들은 압록강 이남에 우리의 역사와 한민족을 가두는데 골몰했다. 그들은 그렇게 하는 것이 현실적이고 편하다고 생각했다. 백성들은 그들이 가르치는 대로 생각했다. 자손 대대로 그렇게 생각하도록 만들고, 우리의 아버지들이 우리에게까지 그렇게 가르쳤다. 사대주의가 조정과 지배층을 휩쓸자 요동 회복을 꿈꾸는 사람들은 역신逆臣이 되고 요동을 일깨울 수 있는 과거 기록들은 불온시 되어 사라졌다. 권력자들은 그들의 사관에 맞지 않는 우리의 기록을 찾아내어 불태우는 데 급급했다. 침략자들도 우리의 옛 기록을 일일이 찾아내 약탈하고 없앴다. 오늘날 우리는 옛 기록은 찾아보기 힘들게 됐고, 땅에 남겨진 조상들의 흔적을 찾는 답사 길도 막히고 있다. 한반도에 살고 있는 한민족은 조상의 광활했던 활동 무대와 기상과 기개를 잊어가고 있다.

과거를 기록하는 것이 객관적일 수 없다는 것은 불가피하다. 기록하는 사람의 관점이 개입되기 때문이다. 당장 오늘의 사실을 기록한다는 신문도 신문사마다 그 내용이 다르다. 한민족 상고사의 작은 조각들이 중국 사서에 나타난다. 사기, 한서, 후한서, 삼국지위지동이전, 구당서, 신당서 등이 그것이다. 중국의 사서는 한족漢族 중심이다. 그들은 춘추필법, 정론직필이라는 말은 하면서도 한족 중심의 명분론에 입각하여 역사를 썼다. 그래서 그들의 춘추필법이란 자신들은 높이고, 이민족은 야만시하면서 낮춘다. 그것은 자신들의 패배와 부끄러운 일은 감추고, 이민족의 실패와 잘못은 과장하여 기술하는 것이 됐다. 자기중심적인 중국의 사서에서도 만리장성 지역에서 조선과 전투했던 연나라 진개장군의 기록이 있고, 만리장성을 산해관에서 쌓기 시작한 진나라 몽염의 기록이 있으며, 한무제의 조선 침략의 기록이 있다. 수양제의 100만 대군이 고구려를 침략했다 패퇴했던 기록도 있으며, 당태종이 안시성 전투에서조차 지고 돌아가 곧바로 병들어 죽었다고 기록하고 있다. 중국의 그러한 기록에는 그들이 처참하게 패하고 부끄러웠던 일을 자세히 기록하지 않았다. 상고시대에 한민족은 한족과 자웅을 겨뤘던 가장 강력한 민족이었다. 중국의 사서는 한민족이 상은시대 이후부터 한족에 밀리는 형국에서도 만리장성 인근부터 요서 요동 만주를 지배하였음을 기록하고 있다. 현대 중국의 최고지도자들도 요동지방이 원래 한민족의 강역이었음을 인정한 기록이 있다.

일제는 우리의 역사를 식민사관으로 왜곡했다. 일제는 식민정책의 첫 단계로서 한민족의 역사를 정리했다. 일본이 국가적인 차원에서 이민족인 한민족의 역사를 정리하는 것도 우스운 일이었지만 그들은 승자였다. 일제는 우선 대한大韓이라는 국호를 쓰지 못하게 했다. 그들은 자신들의 조선 침략을 정당화하고 조선 지배를 영구화하기 위한 분명한 목적을 갖고 조선사를 썼다. 그들이 한민족사를 왜곡하고 날조한 기준은 다음과 같다. 조선 사람들, 특히 청소년들이 자신의 역사와 전통을 제대로 알지 못하도록 한다, 조선인들이 조선 민족의 혼과 문화를 상실하도록 한다, 조상들의 무능과 악행을 들추어내고 과장하여 후대들에게 가르친다, 조선 사람들이 그들의 부모와 조상을 경시하고 멸시하는 감정을 일으키게 만든다, 조선인들이 조선의 모든 인물과 사적에 대하여 부정적인 지식을 가지게 한다, 그렇게 해서 조선 사람들이 실의와 허무감에 빠지도록 한다.

일제는 이렇게 역사를 재구성하여 조선 사람들의 생각을 바꾸고자 했다. 그들은 조선인들이 일제의 지배를 당연한 것으로 받아들이고, 일본의 신민이 되는 것을 오히려 고맙게 생각하도록 만들고자 했다. 조선 사람들은 기가 꺾이고, 실제로 일제가 원하는 바대로 생각하는 사람들이 많아졌다. 일제가 조선 땅을 지배한 것보다도 조선의 역사와 정신을 지배했던 것이 훨씬 해악이 크다. 지금도 그 주술에서 풀려나지 못한 사람들이 있다. 우리의 지난날을 하찮게 보는 일이나, 별것도 아닌 지난 일에 집착하는 쩨쩨함과 고리타분함이나, 무슨 일이든 잘못되면 그 책임을 남에게 뒤집어 씌우고 흠잡는데 급급한 비겁함이나, 내편이 아니면 무조건 비난하고 헐뜯는 옹졸함은 사대주의와 식민사관이 남긴 폐해이다. 조선총독부가 만들어 조선 사람들의 머릿속에 박아 넣었던 생각이 지금도 우리들 머릿속에 살아 있음은 놀라운 일이다. 한민족은 스스로 침략주의 세력이 만든 저주에서 벗어나야 한다.

식민사관의 핵심적 방법은 한민족의 역사를 시간적으로나 공간적으로 축소하는 것이었다. 그들은 단군조선을 신화로 격하하여 한민족의 고대사를 날려 버렸다. 어느 나라 어느 민족이나 상고사는 제대로 기록된 것이 없다. 오랜 세월이 지나 유물도 제대로 남아 있지 않다. 구전이 많고 그래서 신화적인 요소가 있다. 상고사는 그러한 조각들을 하나하나 모아서 만들어진다. 사료와 유물이 없거나 불완전하다고 해서 그 시대의 사회가 없는 것이 아니고 그 역사를 없다고 할 수 없다. 기록과 유물과 유적이 없다고 해서 그 역사를 없다고 기술하는 것은 역사왜곡이다. 식민사학은 굳이 실증사학이라는 방법론을 끌고 와 한민족의 상고사를 없는 것으로 왜곡하여 기술했다.

일제는 한반도의 역사는 북쪽에는 한사군, 남쪽에는 임나일본부라는 이민족異民族의 식민지로부터 시작되었다고 날조했다. 식민사학은 한민족의 강역을 한반도로 축소했다. 이것은 완전히 조작이며 사리에도 맞지 않다. 그들은 바위돌에 새겨져 있는 광개토대왕비의 글자까지도 위조했다. 일제는 한민족이 시작부터 주체성과 자주성이 없으며 외침을 숙명처럼 받았고, 외세 의존적인 민족이라고 기록하고 싶었던 것이다. 그렇게 해서 조선인들이 일제 식민지배에 익숙하게 만들고 조선인들의 저항의지를 제거하고자 했다. 그러한 역사를 한민족이 쓴 것이 아니라 일본 정부가 조선사라는 이름을 붙여 쓴 것이다.

그들은 과학의 이름을 내걸고 한민족사를 말살하고 그들의 탐욕을 썼으며 미신을 조작한 것이다. 지금도 우리들 사이에서는 그렇게 믿고 있는 사람들이 있다. 황당한 일이다.

한민족은 본래 기마민족이었다. 한민족은 아시아 북방민족으로서 아시아 대륙의 북동부를 관장하였다. 한민족은 여기에서 문명을 전파하고 창달하였으며, 강력한 기상을 떨쳤다. 한민족의 역사는 5천 년이다. 5천 년의 역사를 가진 민족은 세계적으로 드물다. 역사기록 이전 수천 년의 역사도 실재했을 것이다. 장구한 시간동안 민족적 정체성과 정치적 독립을 지켜온 것은 그 자체만으로도 자랑스러운 일이다.

우리는 한민족사의 진실을 밝혀야 한다. 기록되지 못하고, 기록된 것도 없어지고, 이웃의 다른 민족이 그들의 입장에서 유리하게 기록하고 왜곡해 놓은 한민족의 잘못된 상고사를 극복해야 한다. 우리 민족의 입장에서 한민족사의 사실을 발견하고 기록해야 한다. 이러한 역사의 발견 작업에서 우리는 사대주의와 식민사관에 의한 역사왜곡을 철저히 배격한다. 중화주의나 침략주의 사관이 말살하고 조작하고 왜곡하고 폄하하고 축소한 한민족에 관한 기록을 우리는 역사로 인정할 수 없다. 한민족의 옛 역사를 한반도에 가두어서는 진실을 알 수 없다.

과학이란 사실을 규명하는 것이다. 그 사실이란 보이는 것뿐만 아니라 보이지 않고 묻혀있는 것까지 포함된다. 분명히 실재했던 사실을 보이지 않는다고 배제해버리면 그것은 학문의 자세가 아니고 과학이 아니다. 그것은 일종의 천동설天動說인 것이다. 우리는 명분론으로 역사를 분장했던 음모와 과학의 이름으로 역사를 왜곡시켜 놓은 미신을 타파해야 한다. 주변 나라들이 그들을 위해 우리에게 심어놓은 사대주의와 식민사관를 청산해야 한다. 역사는 정신이다. 역사를 바로 세우는 것은 우리의 혼을 제대로 찾는 것이다. 우리의 관점에서 우리의 눈으로 우리의 역사를 보고 구성하며 정확히 써야 한다. 통일국가는 한민족의 크고 자랑스러운 역사를 찾아내고 자주적인 민족사관을 정립해야 한다. 통일국가는 역사교육을 중시한다.

통일국가의 역사복원과 승계

분단 시기에 남북한이 근현대사를 서로 다르게 서술한 것은 있을 수 있는 일이다. 그건 그렇다 치더라도 고대사에 대한 인식과 서술까지도 달라진 것은 이해할 수 없다. 남북한은 고조선과 3국 쟁패, 발해와 통일신라에 대한 평가를 달리했다. 권력의 필요에 따라 단군 조선의 도읍지의 비정이 여기저기로 바뀌는 등 역사의 왜곡도 있었다. 우리는 분단 때문에 삐뚤어진 역사를 읽었다. 한민족은 통일을 이룩함으로써 민족사를 바로잡을 기회를 맞았다.

통일국가는 자주독립국가로서 한민족사를 써야 한다. 통일되면 가장 먼저 할 일이 정확하고 정당한 민족사를 복원하는 것이다. 역사 연구에서 사대주의와 식민사관을 철저히 배격하고 한민족의 입장에서 한민족의 역사를 찾아야 한다. 그동안 없어지고 잊혀 지고 감춰지고 파괴된 역사를 찾아내고, 훼손되고 축소되고 왜곡되고 날조된 한민족사를 바로잡아야 한다. 땅바닥에서 유물과 유적에서 구전에서 언어에서 한민족사의 흔적을 찾아낸다. 다른 나라의 역사책에 기록된 사건의 의미를 살펴 한민족사를 찾아낸다. 한민족의 상고 시대로 돌아가 그때의 사회경제적 사정과 정세를 감안하여 사실에 접근한다.

한민족의 눈과 가슴으로 과거의 사실을 발견하고 해석하며 기록해야 할 것이다. 그 당시의 역사기록은 어느 것도 정확하다고 할 수 없으며, 정확하게 해석하는 것도 어렵다. 우리는 이러한 점을 인정하고 역사를 쓸 수밖에 없다. 그렇다고 남의 역사를 은폐하고 인멸하고 폄훼하고 조작하고 탈취하지도 않을 것이다. 그 당시는 오늘의 중국, 오늘의 일본, 미국은 없었다. 오늘날과 같은 교통통신이나 생산력도 없었다. 국경이나 국가의식도 오늘날과 같지 않았다. 오늘날의 눈높이와 국가형세로 과거사를 들여다보지 말아야 한다.

통일국가는 한민족의 나라가 국조 단군께서 BC 2333년 개국한 이래 5천 년간 이어져온 법통을 밝힌다. 우리 역사의 법통은 전설시대를 거쳐 고조선과 부여 고구려 백제 신라와 통일신라 발해와 고려 조선과 대한민국 임시정부와 남북분단 시대, 그리고 통일국가로 이어졌다. 통일국가는 그 사이에 한반도와 만주 일대에 존재했던 작은 나라들의 흥망성쇠의 일도 역사로 기록한다. 한민족 나라들의 강역과 백성과 제도를 기록한다. 통일국가는 과거사의 영광과 치욕에 얽매이거나 매달리지 않는다. 현재를 중시하며 미래를 열어 가는데 진력할 것이다. 그러나 과거의 역사가 없어지지 않도록 기록해야 할 것이다.

한민족은 북아시아 대륙을 호령했던 상고사를 기록한다. 그때 한민족은 동아시아 최고 선진 민족이었으며, 문명의 흐름을 장악한 최강자였다. 진시황 이후 한족의 통일과 국력 신장으로 인해 그때부터 우리 민족과 한족은 만리장성을 경계로 패권을 겨루었다. 요하와 만주 연해주는 우리 민족의 강역이었다. 우리 민족은 100만 침략군이 동원돼 근대 이전 역사상 최대의 전쟁이었던 수나라와의 싸움에서 대승하여 수나라를 멸망시켰다. 우리나라를 침략하였던 중원의 영걸 당태종을 안시성에서 물리쳤다. 고조선 고구려 발해의 역사가 이어졌고,

동이족의 유민들이 그 땅에서 금金나라와 대금大金과 후금後金을 일으켜 역사를 만들어 갔다. 강성했던 한민족의 나라들은 외침은 물리쳤으나, 내부 분열로 무너졌다. 고조선이 한무제와의 싸움에서 그랬고, 고구려와 발해가 그랬다. 이것도 중요한 역사로서 사실을 기록하여 교훈으로 삼고 경계한다. 조상들이 현실에 안주하고 사대주의에 빠져들자 진취성과 개방성이 약화됐다. 그러한 나라는 내분이 많았고 국력은 약화됐다. 결국 얼이 빠지고 허둥대다 나라가 완전히 망하는 지경까지 갔다. 나라가 망하자 다른 나라가 우리의 정신을 지배하고자 역사를 날조하는 만행을 저질렀다. 우리는 날조된 역사를 독약인지도 모르고 벌컥 들이마셨고 지금까지도 깨어나지 못했다. 통일국가는 역사의 왜곡과 조작을 드러내고 바른 민족사를 쓸 수 있게 됐다.

통일국가는 과거사를 기록하되 과거사를 끌어다 현재를 재단하지 않을 것이다. 아울러 현재를 가지고 과거사를 꾸미거나 없애거나 재구성하지도 않을 것이다. 통일국가는 이웃나라들이 오늘의 현실을 연장해서 과거의 역사와 국경까지 바꾸는 시도에 대해서는 경계하며 거부한다. 현재의 강역과 과거사를 분리한다. 역사의 속지屬地주의는 옳은 것이 아니다. 과거의 것은 과거의 것으로 놓아두어야 한다.

통일국가는 분단 70년 남북한 관계의 모든 부분을 한민족사로 포용한다. 일제 강점기에 민족 독립운동이 여러 갈래로 진행되었으나 그것은 가혹한 정세 때문에 불가피한 일이었다. 통일국가는 모든 독립운동이 오직 민족의 자주독립과 자유발전을 추구하는 것이었다고 규정한다. 일제 식민치하의 반제 독립운동 모두를 민족사의 정통으로 기록할 것이다. 통일국가는 분단 시기의 어떤 역사도 차별하고 조롱하지 않는다. 그 역사를 정확히 기록하여 거울로 삼고 앞날을 경계한다. 그 일들에 대한 평가는 통일 후 100년의 시간이 흐른 다음 학술

연구로서 정리하면 될 것이다. 분단시대의 일은 지난 일이며 역사가 되었다. 위세 등등했던 황제도 죽고 나면 살아있는 필부만도 힘이 없다. 지난 일에 매달리고 그것을 오늘에 끌어와 싸우며 갈등하는 것은 바보짓이다. 통일국가는 유구한 민족사의 전개 과정에서 있었던 분열과 통합, 영광과 치욕, 지배와 피지배의 모든 것을 한민족사로 기록할 것이다. 이로써 과거의 역사를 하나도 빠짐없이 귀감과 타산지석으로 삼아 한민족사를 튼튼히 발전시켜 나갈 것이다. 올바른 역사의식은 영토를 보전하고 국가의 주권을 수호하며 민족의 자결권을 지키는 지주가 될 것이다.

통일국가의 역사정신

통일국가는 민족정기를 바로 세운다. 국민들은 주인으로서 깨어 있고 자주독립정신이 강하다. 국민들이 국권과 역사를 지키며, 이에 대한 도전에는 단호하게 저항하며 물리친다. 온 국민이 국권을 지키는 데 단결하고 헌신한다. 이웃나라가 우리의 주권을 침해하거나 제약한다면 그러한 나라는 선린이 아니다. 지도자들은 이러한 점을 명철하게 가려내어 주권이 제약되는 일이 없도록 해야 한다. 나라는 독립을 지키고 국민들을 보호하며 국가의 가치를 지키기 위해 목숨을 바친 사람들을 현창하며 그 후손들을 보호한다. 나라를 팔아먹었거나, 나라를 어려움에 처하게 만들고 영달을 누렸거나, 나라가 위태로울 때 도망갔거나, 약한 백성들을 멸시하고 천대했거나, 부정부패로 나라와 백성을 축나게 한 사람들은 이를 민족과 국가에 대한 반역자로 기록하고 교육한다. 멀쩡한 사람이 국방의 의무를 면탈했거나,

탈세했거나, 공익과 국가공동체를 유지하기 위해 정한 국법을 지키지 않았거나 등등 국민의 의무를 다하지 않았다면 그것은 공동체를 해치는 일이다. 그러한 사람들이 나라의 지도적 위치에 올라서는 것은 옳지 않다. 그들은 벌을 받아 마땅하되, 그 벌이 그들의 후손까지 미치지 않도록 한다. 통일국가는 연좌제를 배격한다.

통일국가는 5천 년 역사 동안 면면히 이어져 온 민족정신을 승계한다. 우리는 우수한 문화민족이었으며, 아시아 질서를 주도했던 강력한 나라였다. 한민족의 나라는 대대로 민본의 나라였다. 한민족은 사람을 위해서 나라를 만들었다. 백성이 가장 귀하고 임금은 가볍다. 나라를 위해 사람이 존재하는 것은 아니다. 우리나라는 우리만 잘 사는 것이 아니라 세상의 모든 사람이 잘 살아야 한다는 이상을 가지고 출발했다. 한민족은 장구한 역사 속에서 홍익인간弘益人間과 이화세계理化世界의 건국정신을 지켜왔다. 대대로 이어지는 한민족의 나라들은 백성을 하늘과 같이 섬기는 인간존중을 정치의 최고 이념으로 삼았다. 백성의 뜻이 하늘의 뜻이며 나라는 백성을 하늘로 삼았다. 통일국가는 이러한 정신을 계승한다.

한민족은 동서양의 차별을 두지 않고 소통하고 교류했던 개방정신을 갖고 있다. 우리나라는 평화를 사랑하되, 침략자에 대해서는 단호하게 맞서는 호국정신이 있다. 한민족은 세계에서 유일하게 그 만든 사람과 만든 이유와 만든 원리를 밝히고 있는 문자인 한글을 가지고 있다. 한글은 독창성에서나 과학적인 면에서 세계 최고이다. 한민족은 한글 하나만으로도 최고의 문화민족이 될 자격이 있다. 실제로 한민족은 문맹이 없다. 한민족은 세계 최고의 문화정신이 있는 것이다. 이것은 우주와 인간의 본질을 치열하게 탐구고 사회현상을 창조하고 해석했던 학문 정신으로 나타났으며, 실생활과 자연의 변화에 깃든 연유와 곡절을 밝혀 미혹에 빠지지 않는 과학정신으로 발현됐다. 한민족은 국가와 공동체를 위해 힘을 모으고 결속력을 발휘하는 공공정신이 있다. 통일국가는 이러한 한민족의 정신들을 민족사의 정통성으로 규정하며, 이를 계승한다.

통일국가는 현대의 올바른 정치사상을 실현하여 한민족사를 발전시켜 나갈 것이다. 통일국가는 인간의 자유와 평등, 사회의 정의를 국가 존립의 기본 원리로 한다. 사람의 인권을 보장하고 창의를 존중한다. 각인의 기회균등을 보장하고, 모든 차별과 사회적 폐습과 불의를 타파한다. 사람들이 신분과 직업과 부의 세습으로 계층화되거나 신분 사회가 형성되는 것을 방지한다. 그리하여 국가공동체가 경직되지 않고 항상 쇄신하고 새로운 기운이 일어나도록 한다. 사람들이 모두 국가의 주인으로서 책임과 권한을 갖고 자기주장을 당당히 펼 수 있도록 한다. 통일국가는 민주공화정의 이상을 실천한다. 권력자는 국민들의 선거에 의해서 선출되며 주기적으로 교체된다. 나라는 민생을 철저히 보장한다.

통일국가는 앞으로 세계 최고의 일등국가를 만들어 인류 사회 발전에 기여할 것이다. 사람들의 과학정신과 지력을 높이고, 생각의 프레임을 바르게 하며, 직관과 판단력을 기를 것이다. 나아가 그러한 지적 활동이 실질로 나타나 세계 최고의 경제력을 키우고 생활의 수준을 높일 것이다. 통일국가는 안으로는 사람들의 본성에 기초하여 사회발전을 추구하며, 이러한 공동체의 가치와 규범과 제도를 만들 것이다. 밖으로는 국제정세에 효과적으로 대응해서 국가의 존립과 안전을 지키고 세계 평화정착에 공헌할 것이다. 통일국가는 이러한 정신을 실현하여 새로운 역사의 정통성을 만들어 나간다.

통일국가는 민족사와 민족문화를 체계적으로 연구하고 발전시켜 나가기 위해 국학을 진흥한다. 국학이라고 하여 폐쇄적이거나 비루해서는 아니 될 것이다. 국학은 개방적이며 선진적이어야 한다. 한민족의 눈을 가지고 가장 높은 수준으로 한민족의 사람과 역사와 문화와 제도를 연구하고 교육할 수 있는 학술기관을 만든다.

통일국가는 장구한 시간 동안 나라를 유지하고 지켜냈던 국가원수 명현 명장 호국전사들을 현창한다. 통일국가는 이 땅을 말없이 일구고 지켜냈던 이름 없는 백성들을 나라의 진짜 주인으로서 자리매김하고 이들을 고마움으로 추모한다. 통일국가는 제대로 먹지도 입지도 못하며 팍팍하게 살았던 사람들, 세상 사람들로부터 괄시당하고 천대받았던 비천한 사람들까지도 이 나라의 귀중한 백성으로 존귀하게 생각하며, 그들을 위로하고 진혼한다. 통일국가는 지난날 우리 땅에서 원한 맺히고 억울하게 희생됐으며 무참하게 스러져갔던 모든 원혼들을 신원하고 해원하며 진혼한다. 이렇게 하고 통일국가는 새로운 시대를 열어 나간다.

2

자주와 자강의 길

국가 장래에 닥치는 도전에 대한 대응

통일국가는 한민족이 도약할 수 있는 토대이다. 통일은 한민족이 오늘날 전개되고 있는 문명사적 도전을 헤쳐 나갈 수 있는 체제정비이기도 하다. 우리가 직면하고 있는 도전은 여러 가지이다.

첫째, 세계질서에 큰 변화 조짐이 있다. 오늘날은 global society이다. 통일국가는 개방적 협력 체제를 채택하는 것이 타당하다. 에너지 자원의 대외 의존도가 100%인 나라는 지구상에 거의 없다. 경제의 무역의존도는 70%로서 세계의 최고 수준이다. 우리의 의식주 모든 것이 다른 나라와 연결되어 있다. 세계 곳곳의 정치 경제 동향이 직접적으로 우리의 삶에 영향을 미친다. 세계경제와 국제정치는 밀접한 관계를 갖고 움직인다. 옛날부터 식량과 에너지의 수요 공급이 국제정치를 움직이는 동인이었다. 과거에 민족의 이동이란 결국 식량을 확보하기 위한 몸부림이었다. 민족의 이동이 세계사의 흐름을 바꾸기도 했다.

제국주의는 자원과 시장을 확보하고자 하는 열강들의 세계질서였다. 내연기관의 시대에는 석유가 국제정치의 중요한 변수였다. 냉전질서는 이념과 핵무기가 만든 양극 질서였다. 양극 질서도 그 내막은 국익을 위한 지구적 차원의 동맹체제였다고 할 것이며, 그 경쟁에서 소련이 패배함으로써 냉전질서가 붕괴됐다.

냉전 종식 이후 미국 중심의 일극체제 세계가 됐다. 미국은 민주주의와 인권 등 보편가치를 앞세우는 이념적 힘과 현대문명의 원천 기술, 전 세계 절반의 군사력, 그리고 달러 지배체제를 통해 세계 경찰역할을 하고 있다. 역사상 이렇게 압도적으로 강했던 나라는 없었다. 미국은 민주주의를 확산하고, 개방체제와 자유무역 질서를 이끌며, 세계 여러 나라와 동맹을 맺고, 국제문제에 대해 적극 개입함으로써 미국 주도의 세계질서를 유지하고 있다.

미국은 그러한 과정에서 국력을 많이 썼다. 미국의 무역적자와 재정적자가 이를 웅변해 주고 있다. 일 년 무역적자가 5천억 달러에 달하고, 중국에게만 3천억 달러 이상의 적자를 본다. 재정적자도 일 년에 5천억 달러에 달한다. 이러한 적자가 매년 누적되고 있다. 미국이 적자를 버티는 힘은 세계 기축통화인 달러의 발권력에 있다. 1971년 브리튼 우즈체제 붕괴 이후 미국은 지금地金의 확보 없이 달러를 발행했다. 미국이 불태환不兌換 지폐인 달러를 공급함으로써 세계 무역은 활발하게 돌아갔고, 신흥국들은 값싼 물건을 만들어 미국에 팔았다. 그 결과 미국의 제조업은 쇠퇴했고 실업자는 늘어났다. 2001년 뉴욕의 세계무역센터 테러 이후 미국이 연이어 치른 알카에다, 탈레반, IS 등 소위 테러와의 전쟁과 이라크 전쟁, 아프간 전쟁 등에서 많은 전쟁비용이 들었다. 이로 인해 미국의 재정적자는 기하급수적으로 늘어났다.

미국 시민들의 삶이 어려워지면서 미국에서는 세계화와 개입주의에 대한 거부감이 현실정치에서 표출됐다. 트럼프 대통령은 미국 우선주의 즉, 고립주의를 선언하고 있다. 이것은 미국 일반 국민들의 불만을 대변하는 것이다. 미국이 주도해서 개방적 자유무역 질서를 형성해 왔다. 미국은 자신의 힘과 동맹체제의 힘으로 오늘날의 국제질서를 유지하고 있다. 미국이 그러한 정책을 바꾼다면 국제질서가 뒤바뀌고 무질서가 도래할 것이다. 그것은 결과적으로 미국의 국력과 국제적 위상을 약화시킬 것이다. 미국이 현실적으로 자신을 약화시킬 선택을 할 가능성은 낮다. 미국은 제국으로서의 본능을 스스로 버리지 못한다. 미국은 세계 제일의 국가로서 선택적 개입을 통해 세계질서를 주도할 것이다. 다만 미국이 자국의 이익을 먼저 고려함으로써 세계가 좀 팍팍하게 됐다.

중국은 레닌주의를 공식 이데올로기로 채택하고 있다. 중국은 경제적으로는 사회주의 체제가 아닌 자본주의에 가깝다. 정치적으로는 사회주의 원리에 따라 공산당이 일당독재를 하는 나라이다. 패권국가인 미국과는 다른 가치를 추구한다. 그러한 중국이 2008년 세계 경제 위기를 해결하는데 중요한 역할을 했다. 2010년에는 일본을 제치고 세계 2위의 경제대국의 지위에 올라섰다. 중국은 이에 상응한 대국으로서의 역할을 원하고 있다. 중국은 내부적으로 여러 문제를 안고 있지만 경제는 규모 면에서 세계의 모든 나라에 영향을 미치고 있다. 중국은 일대일로 사업과 아시아인프라투자은행을 통해 주변 국가들에게 영향력을 확대하고자 한다.

중국은 20~30년 후 세계 패권국가를 지향한다. 중화민족의 위대한 부흥이나 중국의 꿈 등은 그것을 표현하고 있다. 역사상 세계 패권국가들이 모두 세계의 꿈을 말하는 등 보편가치를 내세워 세계로 나아갔다. 이에 반해 중국은 중국의 이익과 민족주의를 강조하고 있는 것이 특징이다. 어쨌든 중국이 세계의 대국으로서 역할을 하겠다는 것이고, 이에 대해 미국이 양해해 줄 것을 요구한다. 중국은 장래 중국적 가치를 확산하고 중국 중심의 국제질서를 형성하려고 할 것이다. 세계 패권국가인 미국은 자기의 패권에 도전하며 부상하는 중국을 견제할 것이다. 한반도와 동중국해, 남사군도가 포함된 남중국해, 동남아시아, 인도양에서까지 미국과 중국은 갈등하고 있다. 이를 일러 신냉전이라고 한다. 강대국 간 패권 경쟁은 국제질서의 원리이며 국제정치의 본성이다. 인도와 중국의 국경 대결은 이러한 세계정세의 한 편린이다. 앞으로 미국의 세계 패권은 상당 기간 계속될 것 같다. 수십 년 후 미국이 우월한 패권 지위를 상실한다고 그와 같은 압도적인 나라가 나올 것 같지 않다. 패권질서가 변하더라도 일극적 패권 unipolar 보다는 다극화시대가 될 가능성이 크다.

통일국가는 유동적인 국제사회에서 세계 정의와 세력균형, 민족의 존엄과 번영을 위해 힘을 갖고 국제정치를 해 나간다. 강권과 불평등, 내정간섭은 이를 철저하게 배격한다. 냉전시기 한반도는 미소 갈등의 첨단지역이 됐다. 한민족은 못난 민족이 아닌데 분단되어 상호 갈등함으로써 내부로부터 역량을 소모하고 지질해졌다. 분단된 한민족은 국제정치에서 힘을 쓸 수 없었다. 한반도는 국제정치의 갈등 요소이며 피동체가 됐다. 통일국가는 국제정치에서 엄청난 힘을 발휘할 수 있는 나라이다. 통일국가는 힘을 바탕으로 우리나라를 보호하고 국제사회에서 정의와 선한 가치를 추구하는 좋은 나라가 된다.

둘째, 과학기술이 진보하고 있다. 인류의 역사는 기술의 진보에 따라 수렵채취 사회로부터 농업사회, 산업사회, 정보화 사회 등 문명이 변했다. 석기 청동기 철기 화약 자동차 비행기 항공모함 핵무기 디지털

등 과학기술의 발달에 따라 전쟁의 양상이 바뀌고 승패가 갈리었으며 국제정치가 변했다. 과학기술은 인간 세상의 물질문명을 바꿨을 뿐만 아니라 사람들의 모든 것을 송두리째 바꿔 놓고 있다. 현재 과학기술을 바탕으로 제4차 산업혁명이 진행되고 있다. 이미 사람들은 불과 한 세대 전에는 상상할 수 없었던 신문명 세계에서 살고 있다. 로봇, 휴머노이드, 사이보그의 발전뿐만 아니라 인공지능은 사람들을 전율하게 하고 있다. 줄기세포 등 바이오산업과 신약 신물질, 가상현실과 증강현실 등 인간의 영역을 뛰어넘는 일이라고 생각했던 것들이 현실로 나타나고 있다. 이제 신의 영역이라고 믿었던 생명까지도 과학으로 접근하고 있다. 이러한 과학기술의 추세는 새로운 인류의 탄생을 예고하고 있다.

셰일가스가 실용화되면서 국제정치가 변하고 있다. 에너지의 운반수단도 엄청나게 규모가 커졌다. 전통적 에너지 공급 국가들의 영향력이 약화됐다. 어떤 자원부국은 심각한 재정난에 빠졌다. 이제까지 탄소에너지와 원자력이 주요 에너지원이었다. 많은 나라들이 이를 대체하고자 신재생 에너지산업을 발전시키고 있다. 신재생 에너지의 발전효율과 안정성이 높아진다면 사람들은 에너지에서 해방된다. 이제까지 사람들은 에너지를 얻기 위해 숱한 고생을 했고, 나라는 전쟁까지 했다. 태양광 발전의 효율이 높아지고 수소를 에너지로 쓴다면 에너지의 무한 공급과 에너지 한계비용 제로의 시대가 열린다. 모든 산업표준과 사회의 제도가 변해야 한다. 국제질서도 변하게 될 것이다.

통일국가는 신문명 시대를 관리할 가치와 시스템을 갖춰 나간다. 인류사에서 많은 혁명가들이 세상을 바꾸자고 주장하면서 사람들을 격동시켰다. 이제 혁명가가 아니라 과학기술이 진실로 세상을 바꾸고 있다. 그것도 완벽하게 조용히 바꾸고 있다. 앞으로 사람들은 노동에서 해방되고, 에너지에서 해방되고, 병마에서 해방되어 수명도 엄청 늘어날 수 있다. 이러한 신문명 사회에서 기존의 분배체계를 계속 한다면 그 결과는 양극화이다. 사회 전체적으로는 풍요로워지는데 상대적 빈곤은 심화될 것이다.

수천 년간 인류사회에 통용되어온 문명의 패러다임이 바뀐다. 사람들은 전통적 개념의 노동할 기회를 상실하게 된다. 이는 본질적으로 중대한 위기 상황이다. 사람은 생각Sapiens하고 노동Laborans하며 사회적 활동Politikon을 하는 것을 본성으로 갖고 있다. 나라는 신문명 시대에 인간의 본성을 발현시킬 새로운 방법을 찾아야 한다. 재화를 분배할 새로운 제도를 찾아야 한다. 사람이 오래 살 수는 있는데 그 삶의 가치를 새롭게 찾아야 한다. 통일국가는 이러한 문명사적 대변혁기에 인간다움이란 무엇이며 인간의 존엄을 어떻게 지켜 낼 것인지 궁리하며 제도를 만들어 나간다.

셋째, 지구환경 변화도 심상치 않다. 그동안 인류의 삶은 지구환경의 변화에 따라 많은 영향을 받았다. 사막화나 간빙기가 민족이동을 유발하고 전쟁을 일으키는 원인이었다. 우리가 현재 맞고 있는 지구 온난화가 사람들에 의한 것인지 태양의 변화에 의한 것인지 아니면 지구 자체의 작동에 의한 것인지 정확히 알 수는 없다. 빈발하고 있는 지진과 가뭄과 홍수와 태풍은 그 강도가 점점 세지고 있으며 사람들이 통제하기 힘든 상황으로 가고 있다. 지구 기후환경 변화는 그 방향을 알 수 없다. 그리고 지구 변화에 대한 대응은 인류 사회 전체가 힘을 합해도 버거운 일이다. 파리기후협약은 그래서 나왔다. 통일국가는 대형 자연재해로부터 국토를 잘 보전하고 사람들의 생활환경을 보호하는 조치들을 꾸준히 해 나간다. 산림과 하천을 관리하고 인공구조물을 만드는 안전기준을 강화하고, 이를 철저하게 지키도록 한다.

넷째, 사람들의 변화도 중요한 요소이다. 나라의 운명을 결정하는 것은 결국은 사람이다. 사람들이 건강하고 지력이 높고 능력 있으며 좋은 방향감을 갖고 진취적으로 나아가고자 한다면 좋은 일이다. 국민 개개인이 자활 자립의지가 있고, 나라와 공동체에 봉사하고자 하는 자세를 갖춘다면 더욱 좋다. 사람들이 공짜를 좋아하고 남 탓하기를 좋아하며 게으르고 편하기를 좋아하며 먹고 마시고 즐기는 것만 일삼는다면, 그 개인이 파괴되는 것은 물론 나라가 무너진다. 국민들이 엄청난 도전을 앞에 두고도 이를 외면하면서 안주하거나, 과거에 얽매여 앞을 보지 못한다면 나라의 장래는 어둡다. 기득권층이 신분사회를 형성하며 알게 모르게 사회적 이동을 제약한다면 나라의 장래는 위험하다. 그것은 나라를 경직되게 만들고, 사회의 요소요소에 독소를 만들고, 소외된 사람들은 분노와 파괴의 심성을 축적한다. 나라가 경직되고 양극화가 심하면 국민들은 좌절하고 절망하며 무기력해진다. 그것들이 나라를 쇠퇴하게 만들 것이다. 내부의 적이 외부의 도전보다도 훨씬 무서운 것이다. 한민족의 역사도 그랬다. 통일은 위기이기도 하지만 나라에 쌓인 독소를 털어내고 나라를 재건하는 혁신의 바람을 불러일으킬 것이다. 통일국가는 국민들의 지력을 높이고 한민족이 자긍심을 갖도록 노력한다. 통일국가는 건강한 시민들이 상생의 공동체로 만들어 나갈 수 있도록 한다. 지도층의 역할이 중요하다.

다섯째, 나라의 인구구조 변화도 중요하다. 나라의 합계출산율이 1.1대에 머무르는 추세가 계속된다면 현재 인구 8천만 명도 산술적으로 300년 후에는 10만 명 이하가 되어 한민족은 소멸한다. 신생아 감소는 국가 활력의 위축을 의미한다. 사람들의 생애 주기에서 가장 활력이 있는 시기는 자식을 낳고 기르는 시기이다. 신생아가 줄어든다는 것은 이러한 활력이 국가 전체적으로 줄어든다는 것을 의미한다.

반면에 사람들의 수명이 100세, 120세로 늘어나고 있다. 그러나 사람들의 삶의 계획과 국가 시스템은 60세 정년과 70세 수명에 맞춰져 있다. 경제에서도 활력이 줄어들고 결국 우리나라가 고령사회 초고령사회로 가는 것이다. 이러한 급속한 인구구조 변화에 우리는 준비가 부족하다. 통일은 젊은이들에게 희망을 주어 사회의 정체를 해소할 것이다. 그리고 장수시대에 맞추어 인적 자원을 관리하는 시스템을 만든다. 모든 사람이 국가 능력을 키우는데 기여할 수 있도록 한다.

문명사적 큰 변화와 기술진보, 그 밖에도 식별되지 않은 위기에 대처하는 것은 국가가 나서는 수밖에 없다. 사람들은 다가오는 위기를 뻔히 보면서도 그냥 지나치는 경우가 있다. 작은 위기도 적기에 대처하지 못하면 큰 위기로 나타나고, 나라는 재앙을 당하게 된다. 통일국가는 나라에 닥친 큰 변화와 어떤 위기에 대해서도 위축되거나 물러남이 없이, 이를 선용하거나 맞서고 이겨내야 한다. 나라의 엘리트들은 사물의 흐름을 명징하게 파악하면서 위기를 가려내고 순발력 있게 대처해야 한다. 나라의 엘리트는 그러한 일을 할 의무와 책임을 지고 있다. 정치적 소외나 사회적 차별이나 경제적 낙후는 국가를 분열시키고 공동체를 해체시키는 원인이다. 엘리트는 이러한 요소를 예방하여 국가공동체를 지키며 나라를 결속시키고 나라를 발전시키기 위해서 진력해야 한다. 통일은 문명의 큰 변화를 점검하고 나라의 방향을 일신하는 계기가 된다.

세계1등, 세계5강의 통일국가 목표 설정

통일국가는 세계 1등 국가, 세계 5강 국가를 목표로 한다. 통일국가는 지력과 정치, 경제, 과학기술, 문화, 교육, 시스템 등 모든 면에서, 그리고 개인소득에서 세계 1등을 할 수 있다. 한민족은 식민지의 경험과 극빈과 분단과 전쟁을 겪었다. 이러한 한민족이 모든 면에서 모범적인 세계 일등 국가를 만들어가는 것은 경이로운 일이다. 그로 인해 세계의 많은 나라들이 통일국가를 존경하고 배우고자 할 것이다. 통일국가를 배워간 나라들이 그 나라를 발전시키고 그 국민들이 더 좋게 된다면 그것으로 한민족은 인류 발전에 기여한다.

통일국가는 신문명의 전환기에 세계 1등의 기회를 찾는다. 경제적으로 글로벌 경쟁이 치열하다. 기술전파의 속도가 매우 빨라서 선후진국 간 별로 차이도 없이 경쟁한다. 이 경쟁에서 살아남는 길은 1등이 되는 것이다. 우선 나라와 국민들이 1등이 되겠다는 목표를 세운다. 각 기업이 1등이 되기 위해 총력을 기울이고, 나라는 각 산업과 기업이 1등이 될 수 있도록 지원한다. 통일국가가 세계 일등 국가가 되기 위해서는 정치, 경제, 군사적으로 일등이어야 하며 특히 문화적으로도 품격 높은 일등국가여야 한다. 통일국가는 국가적인 차원에서 고도화되는 물질문명에 인간이 지배되지 않고, 인간이 한 차원 높아지는 방향으로 신문명을 활용한다.

통일국가는 끊임없이 쇄신함으로써 세계 1등을 추구한다. 1등은 참고할 모델이 없다. 1등은 2등보다 실수할 가능성이 많고, 그 실수를 피하고자 안주한다. 그것은 정체와 쇠퇴의 길이다. 통일국가는 끊임없이 쇄신하고 도전하고 새로워짐으로써 1등이 되고 그 자리를 유지한다. 쇄신의 첫걸음은 기득권의 형성을 방지하는 것이다. 기득권이 형성되면 안주하게 되고 새로운 것을 막으며, 나라의 효율성과 재화의 효용성을 떨어뜨린다. 통일국가는 힘 있는 사람들이 패거리를 만들어 끼리끼리 어울리고 끌어주고 밀어주며 그들만의 이익공동체를 만들지 못하게 해야 한다. 모든 개인과 기업들이 나라의 안과 밖 경계 없이 투명하고 개방적인 상황에서 경쟁한다. 거기서 우열승패가 공정하게 결정돼서 사회의 건강성이 유지된다. 나라는 또한 새로운 생각, 창의적인 활동을 고무하고 지원해서 성공할 수 있도록 해야 한다. 나라는 개방과 투명과 경쟁을 통한 진보를 추구한다. 또한 기득권의 독점과 결탁을 견제하여 사회의 침체를 방지한다. 나라의 요소요소에 지방의 방방곡곡에 그 내막을 들여다보면 쇄신할 것이 많다.

통일국가는 세계 5강, 지역 강국을 지향한다. 지역 강국은 세계 강국들이 집결해 있는 동북아에서 한민족의 자주권과 독립을 지키기 위한 전략이다. 통일국가는 국력이 세계 5위에 이를 수 있다. 국력이란 기본적으로 국민의 정신력과 경제력과 군사력과 문화적 힘으로 구성된다. 통일국가는 충분히 세계 5강이 될 수 있는 역사와 규모와 문화를 갖고 있다. 통일국가는 통일독일과 인구가 비슷하다. 통일국가는 유럽의 강국들보다 지경학적으로 더 유리한 환경이고 더 역동적이며 투자기회가 많다. 통일국가는 지역 강국이 될 수 있는 국토와 인구를 갖고 있다. 과거에는 넓은 영토와 많은 인구가 강국의 조건이었으나, 현대에는 과학기술이 강국의 필수적인 요소이다. 통일국가는 나라의 크기와 밀도가 새로운 과학기술을 시험하고 산업화하는데 유리한 조건이다.

국제사회란 힘을 기초로 한 냉엄한 세계이다. 국제질서는 패권국가들이 만들어 나간다. 우리는 숙명적으로 그러한 나라들 사이에 위치하고 있다. 우리는 이들과 호혜평등의 관계를 맺되, 때로는 이들과 맞설 수 있는 국력을 가져야 한다. 국력이 있고 결기가 있어야 주변 나라들이 우리를 존중할 것이다. 통일국가는 세계 5강 정도의 힘을 가지고 있을 때 민감한 한반도와 주변을 평화적으로 관리할 수 있으며, 열강의 각축을 막을 수 있다. 이것이 주변 국가들에게도 좋은 것이다. 그렇다고 우리가 힘으로 주변 나라들을 위협하지는 않을 것이다. 우리가 주변 나라들을 통제할 국력이 안 되는데 섣불리 중립이나 균형자를 하겠다고 나서는 것은 매우 위험하다.

세계 1등 국가, 세계 5대 강국의 국가목표는 통일 후 나라의 통합과 결속을 강화하기 위해 매우 중요한 수단이다. 통일 초기에 나라는 혼란스럽고 사람들은 불안하다. 통일국가가 세계 1등 목표를 국가전략으로 제시함으로써 혼란기의 어수선한 국민들의 마음을 결집하고, 나라의 에너지를 이 방향으로 모아 갈 수 있다. 이러한 국가목표는 사람들의 마음을 긍정적으로 바꿀 것이다. 국가 전체적으로 성장하고 희망이 있으면 개인들이 좌절과 퇴폐에 빠지지 않고 상호 갈등을 줄일 수 있다.

통일국가의 핵심적 생존전략은 사람들을 일등 국민으로 만드는 것이다. 통일국가의 가장 중요한 자원은 사람이다. 사람들이 지적으로나 정신적으로나 문화적으로 일등 국민이 되어야 한다. 학교는 목표한 대로 학생들을 잘 교육시킨다. 나라는 평생교육 체제를 갖추어 국민들이 계속 공부할 수 있는 환경을 만든다. 사회 환경이 전반적으로 선진적이어서 사람들은 일상생활을 통해서도 지력이 향상되도록 한다. 나라는 과학기술을 진흥하고 과학기술자를 우대한다. 사회는 연고주의를 배격하고 실적주의를 지향한다. 사람들이 크고 작은 공동체를 형성하여 토론하고 상호 학습함으로써 국민들의 집단지성을 높인다. 사람들이 개인의 가치와 공동체의 가치를 모두 중요하게 생각하면서 이러한 가치의 공존과 조화를 늘 생각하도록 한다. 국민은 각자가 자기 삶의 주인으로서 책임감을 갖는다.

나라가 잘되기 위해서는 국가 엘리트들이 제 역할을 하는 것이 중요하다. 정치가 국가의 방향을 정한다. 국민은 그 틀 속에서 산다. 정치적 결정이 잘못되면 많은 사람들은 그 굴레속에서 고통스럽다. 망국이나 분단, 체제 선택, 전쟁 등이 모두 정치적 결정이었다. 그 결과는 엄중했다. 통일국가는 안목이 높고 유능하고 청렴하며 공공정신이 투철한 사람들이 국가 엘리트로 선발되도록 한다. 엘리트 선발과 선출은 철저하게 객관적인 기준에 따라야 한다. 겉으로는 정의를 말하나 뒤로는 개인의 이익을 위해 부정하고 협잡하는 사람들은 국가 지도층의 지위에 오르지 못하도록 한다. 이를 위해 선출직이든 임명직이든 고위공직에 오르는 사람들은 그의 정보를 철저하게 공개한다. 누구든지 객관적 기준에 걸리면 편을 가르거나 온정주의에 기울어지지 말고 엄정하게 처리한다. 인재를 널리 구하면 객관적 기준을 지킨 사람들이 차고 넘친다. 편을 가르고 내 편만 쓰면 인재는 부족하다. 지도층의 말과 행동이 다르면 국민들은 실망하고, 사회는 왜곡된다. 사람이 지위와 부와 명예를 다 가지는 것은 별로 바람직하지 않다. 국가 지도자는 내정에서 정의롭고 외정에서는 국가의 주권을 자기의 생명보다도 더 중요하게 생각해야 한다. 나라의 지도자들이 세상 돌아가는 것을 도외시하면서 내부에서 편을 갈라 권력 싸움이나 하고 남 탓이나 하는 것은 망국의 지름길이다. 우리의 역사가 그것을 증명했다.

통일국가는 세계의 모범국가가 된다. 나라가 일관되게 5년 내지 10년을 노력하면 반드시 중요한 변화가 일어난다. 통일국가가 일관되게 일등을 지향하면 반드시 일등이 될 것이다. 이 목표는 허황된 꿈이 아니라 실현될 수 있는 목표이다. 한민족에게는 그러한 저력이 있다. 통일국가는 나라의 크기와 역사전통, 문화적 잠재력, 지식수준과 제도적 물적 인프라 측면에서 세계 일등국가가 될 수 있는 좋은 조건을 갖추고 있다. 통일국가는 세계 최고의 경제를 건설하고, 선진문화를 창출하고, 공정하고 효율적인 사회시스템을 구축한다. 이것이 세계만방에 모범을 보이는 일이다. 통일국가의 이러한 모습은 약소국가와 세계의 모든 사람에게 희망이 될 것이다.

국가의 안전보장을 위한 자강

통일국가는 자주독립국가이다. 통일국가는 동북아시아의 지역 강국이다. 어느 나라도 통일국가를 넘볼 수 없다. 통일국가는 어느 국가의 들러리를 서거나 강대국 권력정치의 흥정거리가 된다거나 병탄併呑의 대상이 되지 않는다. 통일국가는 주변국가를 먼저 침략하지는 않는다. 또한 다른 나라의 침략을 허용하지도 않는다. 주변의 어느 나라가 통일국가를 침략하거나 힘으로 누르려 한다면 그 나라는 망국의 길로 들어서는 것이다. 통일국가는 주변국가들이 대립을 피하고 친해지기를 원하는 힘 있는 나라여야 한다. 통일국가는 그러한 힘이 있고 자주독립의 의지가 강하다. 통일국가는 자강自强 국가이다.

통일국가의 자강력은 강한 국방력으로 뒷받침된다. 국가의 안전과 민족의 존엄을 지키는 데는 군사력이 매우 중요하다. 군대는 자주독립국가의 상징이다. 통일국가는 분단으로부터 발생하는 안보위기는 사라졌지만, 적정규모의 상비군40만 명 정도을 유지한다. 동원병력은 하루 만에 동원 소집할 수 있으며, 동원 즉시 정예 강군으로 무장을 완료하고, 단시간 내에 전투에 돌입할 수 있도록 조직하고 훈련한다.

만약 국가가 위기에 빠지면 청장년은 모두 나라를 지키는 전사가 된다.

통일국가는 징병제를 실시한다. 국민경제 총량 면에서 또는 전투의 효율성 면에서 징병제보다는 모병제가 더 유리할 수도 있다. 국가를 수호하는 것은 돈으로 따질 수 없다. 국가는 국권을 수호하기 위하여 젊은이들에게 생명을 요구한다. 국가를 지키다 희생된 생명은 경제적 보상의 대상이 아니다. 그 희생을 경제적으로 계산하기 시작하면 국방을 할 수 없다. 그래서 국방의 의무가 특별한 것이고, 국민 최고의 의무이며, 애국의 최고 형태이다. 국방에 봉사하는 것은 나라의 자주독립과 국민의 자유를 지키기 위한 국민의 의무이다.

통일국가의 국민은 모두 나라를 지키기 위해 희생할 각오가 돼 있다. 외세가 주권을 제약하거나 국민의 생명과 자유를 침해하거나 영토를 점거하고자 할 경우 우리는 사생결단의 자세로 싸워야 한다. 이러한 경우에 우유부단하거나 타협하는 것은 굴종의 길이다. 한반도 주변 강국들은 과거 다른 나라들의 주권을 제약하고 국토를 빼앗았던 전과가 있다. 이 나라들은 제국주의 유전자로 인해 근대 국제질서의 주권 평등 의식이 약하다. 주변국은 우리의 안보를 위협할 수 있는 저력이 있다. 통일국가는 이를 특별하게 경계해야 한다. 잠시의 안일과 몇 푼의 돈 때문에 양보하고 웅크리면 자주독립을 지킬 수 없다. 국가지도자는 우리의 자유와 나라를 지키는 데 항상 앞장에 서 있어야 한다. 이러한 국민정신이 확실해야 주변 열강이 감히 한반도를 넘볼 수 없다.

징병제와 국민개병제國民皆兵制는 나라를 수호하는 국민결의를 보여주는 것이다. 통일국가는 국민개병제를 통해 국가안보에 대한 국민의지를 결집한다. 오늘날 첨단과학무기로 인해 군대의 규모가 과거

보다는 중요성이 줄어들었다. 한민족은 과거에 국방력을 소홀히 해서 국난을 겪었다. 통일국가는 국민개병제와 징병제를 실시하여 강군과 상무의 기상을 진작하고, 국난을 당하지 않도록 한다. 군대는 물리력으로 나라를 지키는 동시에, 정신적으로 국권과 역사를 수호한다. 군대는 나라와 민족사를 수호는 구심점이다. 통일국가의 군대는 나라의 정신무장조직이고 국민정신 교육의 학교이다. 군대는 젊은이들의 심신을 강건하게 하고, 민족정체성과 민족사를 교육하며, 국토에 대한 사랑을 심어 국민형성을 하는 국가기관이다. 군대는 옛날 화랑花郞이나 수사修士, 조의선인皂衣先人과 같은 민족전래 호국의 조직체로서 역할을 한다. 군대는 청년들의 군 복무 기간 동안 그들에게 역사와 민주시민 교육뿐만 아니라 언어 기능 기술 정보화 교육을 시켜서 역량 있는 국민을 양성하는 데 기여한다.

통일국가는 국방의무 이행에 있어 만인의 차별이 없다. 나라는 징집 연령에 도달한 젊은이들에 대해서는 당해 연도에 징집한다. 징집 정원을 초과하는 일부 젊은이들은 의무복무 기간 동안 공공봉사를 하도록 한다. 그렇게 하면 공공시설이나 공공의 사회보장 체계를 효율적으로 운영하는 데 크게 도움이 될 것이다. 여성들도 징집을 원하는 자는 징병 대상에 포함시키고 이들도 군 복무 또는 공공봉사를 하도록 한다. 공공봉사를 한 사람들에 대해서는 모두 군 복무를 한 것으로 인정하고 군 복무기간에 해당하는 혜택을 주도록 한다. 청년들이 국가와 공동체를 위해 희생 봉사하는 것을 당연한 의무로 생각하는 문화는 국가와 사회와 국민을 건강하게 할 것이다.

통일국가는 장기 군 복무자에 대해서 국가의 수호자로서 책임감과 자긍심을 갖도록 한다. 직업군인들은 군대를 잘 관리하고 전투력을 강화한다. 나라는 이들에 대해 인력관리와 전략전술과 과학기술의 전문가로 교육시킨다. 이들은 젊은 의무 복무자에 대하여 교사 역할을 한다. 나라는 장기 군 복무자에 대하여 지속적이고 체계적인 교육을 통해 군사 능력을 높이고 지식과 교양, 리더십을 갖추도록 한다. 통일국가는 국가안보에 봉사하는 사람들이 자긍심을 느끼고 기개가 살아 있도록 처우하고 사회적 분위기를 조성한다. 군은 철저하게 정치적 중립을 지킨다. 4성 장군급의 군 최고 지휘관들에 대해서는 퇴역 후 정치활동을 금지한다.

한민족에게는 광개토호태왕, 을지문덕, 강이식, 연개소문, 양만춘, 강감찬, 최영, 이성계, 이순신 등 명장들의 전략이 있다. 군인은 군인답고, 장군은 장군다워야 한다. 장군은 전략가이다. 장군이 없는 군대는 무력하고, 그러한 나라는 위태롭다. 장군의 몸과 마음은 항상 전쟁과 전장에 있어야 한다. 그들에게는 자신과 부하들의 생명, 나아가 국가의 운명이 걸려 있다. 장군들은 우리의 환경에 맞는 전략전술을 발전시키고 연습을 게을리하지 않는다.

통일국가의 군대는 국제정세의 변화와 과학기술의 진보를 감안하여 새로운 전략전술을 개발하고 무기체계를 발전시킨다. 전쟁은 항상 새로운 형태로 나타난다. 이것은 1, 2차 세계대전이나 한국전쟁, 베트남 전쟁이나 테러전쟁 등에서 확인된 바 있다. 군대는 새로운 미래전쟁의 양상을 정확히 예측하기 위하여 노력한다. 군대는 미래전에서 승리할 수 있도록 끊임없이 과학기술을 연구하고 전략전술을 개발한다. 이를 현실에 적용하며 실동연습을 통해 강력하고 유능한 군대를 만든다. 군대는 나라의 중요한 과학자 집단이고 연구기관이다. 군 간부들이 인문사회과학, 자연과학, 공학 등 제 분야에서 뛰어난 지식과 통찰력을 갖도록 군 내부 연구 및 학습활동을 조직한다. 통일국가는 전략 전술 전비 과학기술 면에서 주변국들이 감히 침공을 생각할 수 없을 정도로 예리한 국방력을 유지한다. 최근에는 사이버 안보와 과학기술의 절취를 막아내는 것도 국가안보의 중요한 영역이 되었다.

통일국가는 국가안보를 선진화한다. 나라는 국방을 위한 제도와 물적 토대를 건설하는데 비용을 줄이고 효과를 높인다. 산업에서의 과학기술을 국방과학기술로 받아들이고, 국방과학기술이 산업발전에 기여토록 한다. 나라는 국방을 과학화하고 상대적 우위를 유지하도록 지속 투자한다. 군대는 경영마인드를 도입한다. 비용에 대한 고려 없이 군비의 첨단화만 추구하게 되면 우리의 전략 환경에 맞지 않을 수도 있고 우리의 대응 능력을 떨어뜨릴 수 있다. 군대는 주변국들의 공격력을 무력화시킬 수 있는 신개념 국방과학기술을 개발한다. 국방력을 키우기 위해서는 경제력이 필요하다. 경제력과 국가를 지키고자 하는 국민의 결의가 국방력의 뿌리이다. 주변국들의 움직임을 정확히 알고 위기로 치닫지 않도록 사전에 대처해 나가야 한다. 정세 흐름에 대한 정확한 이해와 정보가 중요하다.

통일국가는 무력을 함부로 쓰지 않는다. 무력으로 다른 나라를 누르고 무력으로 천하를 얻고자 한다면 이는 어리석은 일이다. 기본은 평화적 방법을 추구해야 한다. 통일국가가 세계의 유수한 부강국이 되더라도 분에 넘치는 막강한 군사력을 유지함으로써 국력의 쇠퇴를 가져오는 일을 경계해야 한다. 통일국가의 군사력은 주변국가들이 우리나라를 침략할 생각을 갖지 못하도록 하는 정도면 족하다. 주변국가들이 우리나라를 적대시하지 못하도록 하는 것이 제일 중요한 국방전략이다.

3

해륙국가 海陸國家의
위상과 외교

해륙국가의 정체성 확립

통일국가는 해륙국가이다. 한민족은 분단으로 인해 해륙국가의 위상을 잃었다. 한민족은 통일을 이룩함으로써 해륙국가의 위상을 회복하고 그러한 질서를 구현할 수 있게 됐다. 장구한 역사에서 한민족의 주 활동무대는 대륙이었다. 그동안 한민족은 한족에게 계속 밀리고 밀려서 한반도에 들어와 있다. 그래도 한민족의 마음속에는 우리가 대륙국가라는 정체성을 가지고 있다. 우리의 옛 강역을 마음속에 담아두는 것은 당연한 일이다. 그러나 대륙만을 활동의 터전으로 생각하는 것은 세계의 교류가 제한되었던 구시대의 관념이다. 오늘날 어떤 나라도 대륙에 자신을 가두지 않는다. 과거에는 대륙 중심으로 국제질서가 형성됐고, 폐쇄적인 위계질서가 작동했다. 이것은 근대 이후 국제질서에 부합하지 않은 구질서이다. 통일국가는 동서양이 통합되고 교류가 일상화된 세계화 시대에 맞게 국가의 위상을 정립한다.

한반도는 대륙의 시작이자 끝이며, 해양의 끝이자 시작이다. 한민족의 마음속에는 한반도가 대륙의 변방이라는 의식이 있다. 이것은 옛날얘기다. 세계는 해양문명의 세계와 대륙문명의 세계가 병존한다. 현대는 국제교역의 발달로 인해 해양경제의 비중이 훨씬 크다. 과거 한민족은 기마민족으로서 유라시아 대륙의 흐름을 장악했었다. 한민족은 해양의 부활을 통해 다시 세계문명의 중심에 설 수 있고, 문물의 흐름을 주도할 수 있다. 한민족은 해양으로 진출하여 6대주 5대양을 누비며 교역을 하고, FTA를 통해 경제영토를 넓혔다. 해양은 우리의 신경제 영토에 접근하는데 제한이 없고 개방적이며 다양하다. 통일국가는 해양에 더 가까운 해륙국가이다.

통일국가의 경제는 대부분 해양을 통해 세계와 연결된다. 시장의 유효성을 감안하면 세계 경제 판도는 10억의 일본, 동남아, 태평양경제, 10억의 중국경제, 10억의 인도경제, 10억의 미주경제, 6억의 유럽경제, 3억의 중동경제, 떠오르는 10억의 아프리카 경제가 있다. 통일국가는 중국을 제외하고는 이들 경제권에 모두 해양을 통해서만 접근해야 한다. 통일국가가 해양을 중시해야 하는 이유가 여기에 있다. 각 경제권은 정치 군사적으로도 경제력만큼 힘이 있다. 이것은 앞으로 국제질서를 예측할 수 있는 중요한 지표이다.

통일국가는 세계의 중심에 있는 세계국가이다. 통일국가는 해양과 대륙의 중간에 있으며, 북위도緯度 문명사회의 중간에 있으며, 동양문화와 서양문화의 중간에 있다. 그것은 곧 우리가 세계의 중심임을 의미한다. 통일국가는 대륙세력과 해양세력을 아우를 수 있다. 통일국가는 스스로를 동양국가나 아시아 국가로 그 위상을 규정해서는 안 된다. 통일국가는 해양과 대륙을 연결하면서 그 중심에 서서 독자성을 유지한다. 통일국가는 개방국가로서 대륙국가의 성격과 해양국가의 성격을 조화하는 독창성과 특수성이 있는 세계국가이다. 통일국가는 옛 로마제국의 개방성, 관용과 창의, 역동성을 참고한다.

통일국가는 패권질서를 거부한다. 어느 나라가 지역패권을 추구하게 되면 그 나라는 주변국가들을 정치·군사적으로나 경제적, 문화적으로 종속시키고자 한다. 때로는 영토를 팽창하기 위해서 주변지역을 병탄한다. 그 과정에서 평화를 파괴하고, 야만적인 살육을 자행하며, 역사를 왜곡한다. 통일국가는 이러한 사태를 거부한다. 통일국가는 지역 강국으로서 주변나라들과 실질적인 주권 평등을 실현한다. 통일국가는 주권의 수호와 패권질서를 거부하기 위해 세력균형 정책을 추구한다.

통일국가는 국력을 키우고 그 위상을 지키기 위하여 해양을 중시한다. 한민족이 바다를 멀리했을 때 개방성과 진취성이 떨어지고 국력이 약했다. 바다는 국부를 창출하는데 훨씬 더 기회가 많다. 해양산업은 규모도 크고 분야도 다양하다. 통일국가는 해양국가로서 조선산업, 해양플랜트산업, 해운산업, 수산업, 해양생물산업, 해양자원산업, 해양 관광산업의 개발과 육성을 위해 노력한다. 통일국가는 친환경 고부가 고품질의 조선공업을 발전시킨다. 조선공업은 모든 해양산업의 뿌리이다. 조선산업이 사양산업이라고 분류하고 이를 경시하는 것은 해양국가로서 바람직한 것은 아니다. 기술력과 경쟁력을 키워 조선산업을 일등으로 유지 발전시켜 나가야 한다. 조선산업을 선진적으로 발전시켜야 다른 해양산업을 잘 해 나갈 수 있다. 해양국가로서의 진면목은 해운산업을 발전시키는 것이다. 이는 첨단 물류산업이고 네트워크산업이다. 통일국가는 대외협력을 통해 경제를 발전시킨다. 해운은 이러한 국가전략을 실현하는 중요한 인프라이다. 나라는 해운산업을 국가 기간산업으로 육성한다. 바다는 자체로서 부를 창출하는 공간이다. 통일국가는 첨단 양식기술을 적용하여 연근해 어업을 육성하고, 국가 간 협력을 통해 원양어업을 발전시켜 나간다.

통일국가는 해양국가성을 유지하기 위해 각별하게 노력한다. 나라가 해양 친화적 문화를 진작시키며, 관련 산업을 진흥한다. 해양부를 중앙행정기관으로 설치하는 것은 해륙국가의 정체성을 유지하기 위해 중요하다. 해군과 해양경찰도 강화하여 바다를 육상의 영토와 똑같이 생각하고 수호해야 한다. 통일국가는 도시건설과 산업배치를 해안으로 유도한다. 해안도시가 각 지방자치단체의 거점이 되도록 유도하고, 해안도시에는 항만과 철도와 도로가 효율적으로 연결돼도록 한다. 이는 나라의 분위기를 개방적으로 유도하고 산업의 경제성을 높인다. 나라는 해양 레저산업과 해양관광을 진흥한다. 다도해를 비롯하여 4천 개가 넘는 크고 작은 섬들은 중요한 관광자원이다. 특히 외국인들에게 섬을 즐길 수 있는 관광 상품을 제공한다. 학생들의 수련 활동에는 바다와 섬 기행을 반드시 포함시켜 학생들이 바다에 친숙하도록 한다.

지역 강국의 자주외교와 동맹

통일국가는 지역 강국으로서 세계의 평화와 안정을 유지하고 나라의 국익을 추구하는 외교를 한다. 분단 시기 외교의 기본은 남북대결 외교였다. 통일국가의 외교 프레임은 완전히 달라진다. 통일국가는 외교를 통해 국가의 안전과 민족의 존엄을 수호하고, 국제통상과 국부를 증진하고, 국제평화와 지역의 안전을 확고히 하는 데 기여하고, 세계적인 차원에서 개방적인 경제 협력과 문화 교류를 증진한다.

통일국가 외교의 우선적인 과제는 국가의 안전보장이다. 나라의 안전을 확보하는 데 우리의 힘이 바탕이 되어야 한다. 오늘날 자기 나라의 힘에만 의존하여 국가안보를 지키는 나라는 없다. 대부분 다른 나라와 협력을 통해 안보를 한다. 통일국가는 외교적 노력을 통해서 국가의 안전과 국익을 도모한다. 그것은 군사력 강화만큼 중요한 일이다. 통일국가 외교의 기본 축은 미·중·일·러 4강을 대상으로 한 안보외교이다. 그중에서도 미국과의 외교가 가장 중요하다. 미국과 좋은 관계를 유지하는 것은 비단 우리나라뿐만 아니라 세계 2등인 국가를 포함하여 세계 모든 나라에게 공통적인 외교의 과제이다. 분단시대 미국과 적대관계에 있던 북한까지도 미국과의 친선관계를 맺는 것을 가장 중요한 외교과제로 생각했다.

통일국가는 한반도가 완충지대가 되는 것을 거부한다. 한반도가 완충지대로 될 경우 주변 강국의 무력개입을 자극할 수 있다. 이것은 과거의 우리 경험이나 중동 유럽 등 다른 지역의 역사가 증명한다. 주변 강국이 군대를 보내 완충국가를 점령해 버리면 피침국가는 물론 다른 강국들도 어찌해볼 수 없다. 조선말 갑오년의 청나라와 일본의 조선 출병이 그랬다. 2014년 갑오년 러시아의 크림반도 점령이 또한 그렇다. 한반도가 완충지대로 되는 것은 매우 위험한 일이다. 주변 국가들에게도 한반도의 완충지대화는 위험하다. 통일국가는 힘이 뒷받침되지 않을 경우 중립도 위험하다.

통일국가는 안보를 지키기 위해 동맹전략을 택할 수 있다. 통일국가는 국제 현실주의 관점에서 동맹을 맺는 것이 타당하다. 동맹을 맺는 것은 자주권 행사의 일환이다. 통일국가의 동맹전략은 지역의 유동적인 정세를 안정시키는데 필요한 세력균형 전략이다. 어떤 나라가 한반도에 영토적 야심을 가지고 있거나 강압적 내정간섭의 소지가 있다면 그 나라는 통일국가의 동맹 파트너가 될 수 없다. 과거에 그러한 전과가 있었다면 그러한 나라도 통일국가의 동맹 파트너에서 배척된다. 그 나라들은 동맹을 빌미로 군대를 몰고 들어와 우리의 영토를 점거하거나 주권을 제약할 가능성이 있다.

통일국가는 동맹을 맺더라도 자강력을 갖춰야 한다. 우리나라를 지키는 것은 최종적으로 우리의 책임이다. 그것은 생명을 바쳐야 하는 일이기 때문이다. 우리의 국토와 국민의 생명 자유와 국권을 수호하기 위해서는 스스로가 피를 흘릴 것을 각오해야 한다. 우리의 국권을 남의 나라 군대가 생명을 내놓고 지켜주기를 기대할 수는 없다. 그것은 옳은 일이 아니며 가능하지도 않다. 국민들이 손가락 하나 상하지 않고 편안하게 앉아서 나라를 지키려고 하는 것은 잘못된 생각이다. 동맹국은 우리나라를 지키는 데에는 우리의 보조적 역할이어야 한다. 동맹국도 자국의 국익이 우선이다. 우리 스스로가 우리의 안보를 책임질 수 없다면 동맹도 무의미하다. 스스로를 지킬 의지와 힘이 없는 나라는 누가 도와주고 싶어도 도와줄 수 없다. 우리는 그것을 보았다. 자주국방은 나라를 스스로 지키고자 하는 지도자와 국민들이 있고, 스스로 지킬만한 군사적 능력이 확보되어야 하며, 스스로를 지킬 수 있는 정치 군사적 운영능력과 결정체제가 있어야 한다. 그러한 국력이 있어야 동맹의 파트너로서도 가치가 있다. 통일국가는 동맹전략이 불확실할 경우 무장중립을 택할 수도 있다. 이러한 안보전략은 주변국의 세력 관계에서 중대한 변화가 발생하면 불가피할 수도 있다.

통일국가가 안보를 지키기 위해 지역안보체제를 구축하는 것은 실효적이지 않다. 동북아 지역에서는 지역안보협력이란 허구이거나 기만이다. 동북아를 엮었던 역사의 기억은 별로 유쾌하지 않다. 그 기억은 중화질서의 조공체제이거나 대동아공영권이나 아시아 인종주의 등으로서 모두 지역패권과 침략주의였다. 근대적 의미에서 동북아시아 여러 국가는 지역이라는 것 외에는 공통적인 것이 없다. 이러한 동북아에서 지역안보협력 체제를 추구할 경우 폐쇄주의와 인종주의를 조작하거나 자극할 개연성이 높다. 이것은 외부 세력에 대한 배타를 의미한다. 배타주의는 지역패권을 추구하는 이념적 무기가 된다. 2015년 아시아 지역에서 이러한 조짐이 있었다. 조선말 나라가 망하려 할때 우리나라의 일부 지식인들은 아시아주의를 주장했다. 그들이 아시아 지역주의의 함의를 통찰하고 있었는지 지금으로서는 알 수 없다. 그때의 아시아주의는 아시아 인종주의를 상정했다. 그것은 일본의 지역패권을 실현하는 이념적 도구로 변질될 운명을 가지고 있었다. 뒷날 대동아공영권이 그것을 증명했다. 아시아 지역주의는 한민족의 국익에 반한다. 통일국가의 지도자와 지식인들은 아시아, 동아시아, 동북아시아 지역주의를 경계해야 한다. 그것은 우리를 함정에 빠뜨릴 수 있음을 간파해야 한다. 지역주의는 이미 한물간 시대착오적인 관념이다. 지금은 신문명과 글로벌 시대이다.

통일국가는 전 지구적 관점을 갖고 각 국가와 그에 맞는 양자 차원의 협력을 추구한다. 통일국가는 미·중·일·러 4강 외교와 더불어 인도, 동남아시아, 태평양, 중앙아시아, 중동, 유럽 등 큰 나라들을 외교안보의 중요한 파트너로서 협력한다.

통일국가는 인근 어느 나라에도 적대적인 나라가 되지 않을 것이다. 통일국가는 한반도에서의 불안정을 원천적으로 해결함으로써 주변 국가들의 불안을 해소한다. 이로써 동북아의 전략균형을 안정시킬 수 있게 되었다. 한반도가 어느 나라에 적대적인 세력이 되는 것은 지역안정을 위해서나 한민족을 위해서나 상대국을 위해서나 좋지 않다. 한반도가 안정됨으로써 한반도와 북태평양 지역에서 관련 국가 간의 긴장을 완화시켰다. 주변국가들이 군사적으로 충돌하거나 경쟁 하는 일이 현저히 줄어들 것이다. 통일국가는 주변국가들과 상호 평등 과 내정불간섭 불가침의 원칙을 철저하게 지킨다. 해양경계선은 철저 하게 국제법의 일반원칙에 따라 평등하게 획정한다.

통일국가는 경제 문화외교를 중요한 축으로 삼는다. 통일국가의 외교는 우리 기업들이 외국에 진출할 수 있도록 돕고, 세계가 개방적 무역질서를 유지할 수 있도록 노력한다. 외교관들은 주재국에서 우리 기업들이 불공정 대우를 받거나 불의의 피해를 당하지 않도록 한다. 통일국가는 대외의존도가 높다. 통일국가는 특정 국가에 대한 의존 도가 지나치게 높아지지 않도록 관리한다. 이것은 위험분산의 포트폴 리오이다. 통일국가는 어느 특정 국가에 대한 무역의 비중을 20% 이 내로 관리한다. 특히 식량과 에너지 등 주요 전략자원은 어느 한 국가 에 편중되지 않도록 한다.

개방적 민족국가 체제

오늘날은 세계화의 시대이다. 고도로 발달한 과학기술을 기반으로 경제가 확장됐다. 세계의 여러 나라는 상호의존관계가 심화됐다. 어느 나라든 그 영역내의 활동만으로는 개명된 자기 국민의 욕구를 모두 충족시킬 수 없다. 주권국가의 지위가 많이 하락했다. 서구사회에서 오랫동안 유지되어 왔던 민족국가 체제가 제2차 세계대전 후 냉전체 제로 인해 많이 흔들렸다. 나라들이 안보와 경제문제를 진영내의 협 력으로 해결했다. 탈냉전 이후 개방과 상호의존관계가 전 세계적으로 확산되었다. 세계화 시대가 열린 것이다. 그것을 뒷받침한 것이 과학기술의 발달과 정보화이다. 이제 모든 나라는 세계적인 의존관계 속에서 생존을 추구한다. 현대 국제사회에서는 독자 생존을 추구하는 나라는 없다. 이러한 초국가 협력시대에도 사람들에게 가장 중요한 정치 단위는 민족국가이다. 세계경제위기는 세계화의 역설이었다. 이때 개별국가의 역할이 중요함을 다시 한번 상기시켰다. 미국 우선주의나 브렉시트는 이러한 세계사의 흐름으로 해석할 수 있다. 한민족은 통일하여 하나의 민족국가체제를 이룩함으로써 세계화의 물결에 제대로 대응할 수 있게 되었다. 통일국가는 세계화 전략과 민족국가 전략을 병행한다.

통일국가는 개방을 국가발전 전략으로 삼는다. 통일국가는 외부세계에 우리를 개방하고 외부의 사조를 적극적으로 수용함으로써 발전을 추구한다. 우리 조상들은 쇄국함으로써 나라를 약하게 만들었다. 쇄국은 사고의 경직을 가져왔다. 우리가 강국이 되고 존엄을 지키기 위해서라면 방어의 성곽을 쌓지 말아야 한다. 도전과 도발은 상수로서 존재한다. 어떠한 성곽도 그러한 도전을 방어해 주지 못한다. 우리를 지키는 것은 성곽이 아니라 도전을 이겨낼 수 있는 능력과 대비를 갖추는 데에 있다.

통일국가는 개방을 통해 나라의 지식을 높인다. 지식은 과학이고 과학은 경험이다. 외부세계와의 소통을 통해 견문을 넓힘으로써 지식의 수준을 높인다. 다른 나라의 학문과 지식을 받아들여 우리가 가지고 있는 지식을 검증하고 보충한다. 사람들의 인식은 제한적이고 허구적일 수 있다. 플라톤의 동굴의 비유는 그것을 일깨운다. 폐쇄사회에서는 미신이 한 번 자리 잡으면 사람들이 거기서 벗어나기 힘들다. 과거에 우리 조상들은 질병을 귀신의 작용으로 알고 무당에게 치료를 맡겼다. 우리는 외부 지식을 통해 잘못된 지식의 굴레에서 벗어날 수 있다. 신의 영역이라고 믿었던 생과 사의 문제도 이제 과학으로 해석되기 시작했다. 우리는 모든 문을 열어놓고 과학을 탐구해야 한다. 외국의 학문과 사상을 받아들이고, 외국의 새로운 문화를 받아들인다. 우수한 인재를 골라 유학을 보내서 수준 높은 과학과 문화를 수입한다.

통일국가는 경제의 개방과 교환을 통해 생산성을 높인다. 폐쇄는 사람들을 경직되게 만들고 시야를 좁게 만든다. 그것은 경쟁을 제한하여 생산성을 떨어뜨린다. 폐쇄는 소수의 특권층을 형성하게 하고 그들의 기득권을 유지하며, 부조리를 온존시킨다. 쇄국정책은 인간의 존엄을 해치며 사회를 열등하게 하며 나라를 망친다. 장벽을 쳐놓고 안주하는 것은 당장은 편하다. 그러나 그것은 자신을 죽이고 소속 집단을 죽이며 나라를 죽이는 길이다. 쇄국과 농성은 필패한다. 세상만사와 천지우주가 한시도 멈춰서 있지 않고 무상하게 변한다. 개인이든 나라든 외부와 소통하며 날마다 변화日日新하는 것이 사는 길이며 발전하는 길이다. 통일국가는 개방을 통해 국제시장에서 다른 나라와 경쟁한다. 그것을 통해 산업의 수준을 높여 사람들의 후생을 증진한다. 통일국가는 폐쇄와 순혈주의와 동종교배를 경계한다.

통일국가는 세계화 시대의 민족국가 전략을 추구한다. 사람들을 최종적으로 책임 있게 보호하는 것은 세계공동체가 아니고 민족국가였다. 통일국가는 민족국가 체제를 탄탄히 다지면서 철저한 개방정책을 취한다. 개방은 일방적이지도 않고 절대적이지도 않다. 우리 것을 가지고 세계로 뻗어 나가고 세계를 받아들이는 것이다. 그 결과로서 우리가 더 강해지는 것이다. 우리가 가지고 있는 것을 모두 내다 버리는 것이 개방이 아니다. 세계화 시대에 한민족의 민족적 정체성과 민족문화의 특색을 살리고 발전시키면서 문을 활짝 여는 것이 효과적인 개방전략이다.

제4장

국민이 주인인 나라의 바른 정치

1

국민주권주의의 실현

나라의 주인으로서 권리와 의무

통일국가는 국민이 주권자이다. 통일국가의 주권은 국민에게 있고 모든 권력은 국민으로부터 나온다. 주권은 국가권력의 원천이며 최고 독립이다. 국가내의 어떠한 힘도 국가주권을 뛰어넘거나 침해할 수 없다. 주권은 강제력을 가지며 누구든지 이에 복종해야 한다. 주권의 최고성은 국가의 대내적 통합을 보장한다. 주권은 분할되거나 외부의 힘에 의해 양도되거나 간섭받아서는 안 된다. 한민족은 주권의 양도와 간섭을 배제하기 위하여 일제에 항거하고 신탁통치를 반대했다. 분단 이후에는 국토와 주권의 완전성을 회복하기 위하여 통일을 추구했다. 나라의 통일은 국토의 분할과 주권의 제약을 종식시킨 것이다. 한민족은 온전한 나라에서 살게 됐다.

통일국가의 주권은 이를 국가기관이 행사한다. 국민은 주권을 보유하고 있지만, 개개인이 곧바로 주권 행사자가 되는 것은 아니다.

국민은 선거에 의하여 국가기관을 구성한다. 국가기관은 국민으로부터 주권행사를 위임받는다. 국가기관의 주권행사는 국민의 동의에 기초한다. 그러한 국가기관, 그러한 권력행사만이 정당하다. 임의의 어떤 사인私人이나 단체도 국가권력을 행사할 수 없다. 그러한 일이 허용된다면 천하대란이 일어날 것이다. 국민주권시대 이전에는 군주주권론과 왕권신수설이 있었다. 군왕이 주권을 소유했고, 군왕의 주권은 하늘로부터 부여된 것이라고 분식粉飾했다. 18세기 프랑스를 비롯한 유럽의 계몽사상가들은 왕권신수설을 부인하고, 이론으로서 국민주권론을 주장했다. 현실정치에서 왕권을 폐지하고 국민주권을 실현하는 과정은 선혈이 낭자하는 유혈혁명의 과정이었고, 아주 지난한 일이었다.

유럽의 구질서를 무너뜨리는 혁명과정에서 인민주권론이 있었다. 인민주권론은 인민이 주권자로서 직접 주권을 행사해야 한다는 개념이다. 인민주권론은 원리상 직접민주주의를 지향한다. 직접민주주의는 현실에서는 이상한 모습으로 나타났다. 직접민주주의는 사회주의 혁명론과 결합됐다. 사회주의는 폭력혁명을 통한 계급타파와 무계급 사회 건설을 지향했다. 공산주의 사회는 계급투쟁의 결과 프롤레타리아 계급만 존재하는 일원적 사회이며 지배복종관계가 없다. 이러한 사회를 건설하기 위해 인민은 전위前衛당을 조직했다.

현실 사회주의 체제에서 전위당은 국민주권을 파괴했다. 당은 민주주의 중앙집중제의 원리에 따라 인민의 의사를 하나로 모은다. 나라 안에서는 유일당만 존재하며, 당의 결정은 전체 인민의 결정으로 강요됐다. 당의 결정은 최고이다. 모든 당 조직과 당원은 당의 결정에 절대 복종한다. 당의 결정에 대한 반대는 반동이며 반혁명이다. 반혁명분자는 폭압과 숙청의 대상일 뿐이다. 자비는 없다. 당의 결정은 실제로 소수의 당 엘리트들에 의해서 이루어진다. 당은 과두지배체제이거나 일인 독재가 됐다. 직접민주주의와 무계급 사회, 무정부와 국가소멸론은 같은 맥락이다. 이념형으로서 지배자와 피지배자가 일치한다. 그 이상은 모든 사람을 권력으로부터 해방하는 것이다. 인간을 지배관계와 권력으로부터 해방시키는 것은 인간성의 회복과 완전한 자유를 위한 것이라고 사람들은 믿었다. 이러한 선전선동 앞에서 인민은 열광했다.

현실 사회주의는 그렇게 아름답지 않았다. 이것은 인민의 이름으로 인민을 억압하는 독재체제였다. 유일당의 지배로 인해 통제받지 않는 절대 권력이 등장했다. 소련의 볼셰비키 정권은 프롤레타리아 국제주의를 내세워 다른 나라의 당과 국가를 지배했다. 이것은 또 다른 제국주의였다. 볼셰비키의 제국주의는 단순한 세력확장만이 아니라 인간을 봉건체제에서 해방시킨 근대체제를 파괴했다. 민족국가와 민주주의, 기술진보와 산업화의 작동원리는 부정되고 말살됐다. 근대체제를 파괴한 뒤에 세워진 사회주의 권력은 절대적이었다. 사회주의는 일원주의였고, 원리상 전체주의로 갈 수밖에 없었다. 사회주의 집단주의는 개인을 철저하게 파괴했다. 국가권력이 인간을 완벽하게 지배하여 인간을 개조하고 인간의 존엄성을 파괴했다. 가난이 일상화되어 그것이 또한 인간성을 황폐하게 만들었다. 그러한 사회주의 국가들은 전체주의의 모순과 무한 권력의 무게를 이기지 못하고 스스로 무너졌다. 인간해방의 선전선동은 허상이었고 기만이었다. 직접민주주의는 이러한 위험성을 내포하고 있다.

국민주권주의는 개별 국민의 통일체로서 국민을 상정한다. 이론은 복잡하다. 국민은 주권자이지만 그 주권을 행사할 대표를 선출하여 주권행사를 위임한다. 선출된 대표자는 특정 지역이나 개별 국민을 대표하는 것이 아니라 국민 전체를 대표한다. 이때 국민은 개별 국민의 단순 총합이 아니며, 그 의사도 일원적으로 나타날 수 없다. 선출된 대표는 주권행사를 자유 위임받은 것이다. 대의민주주의에서는 대표를 선출하는 선거제도가 국민주권을 실천하는 현실적이고 가장 중요한 수단이다. 국민들은 주기적 선거를 통해 권력기관을 감시하고 평가하며 재구성한다. 선거의 민주성과 공정성을 확보하는 것이 국민주권주의의 생명이다.

국가는 가치를 기반으로 창설되며 가치를 추구한다. 국민주권주의가 실현하고자 하는 핵심가치는 인간의 자유와 존엄이며, 국가의 공공성이다. 국가기관은 그러한 가치를 실현해야 한다. 국가기구의 권력분립은 국민주권주의가 추구하는 좋은 정치를 하기 위한 것이다. 국가기관 상호 관계는 국가의 가치를 실현하기 위해 협력하는 것이며, 국가 작용이 정당하도록 감시하고 견제는 것이다. 국가기관의 권력작용은 그 과정이 정당하고 투명하며, 결과의 실효성과 합헌성이 보장되어야 한다. 국민주권주의는 절차적 정당성뿐만 아니라 정당한 가치를 수호하는 데 기여하여야 한다. 나치 정권은 절차적 정당성을 지키면서 집권했지만, 민주적 가치를 파괴했다.

한민족은 일제식민시대에 국민주권주의를 채택했다. 한민족은 망국의 참변 속에서도 자주독립을 통해 새로운 나라 건설운동을 전개했다. 독립지사들이 꿈꾼 새로운 나라는 군주주권론을 폐기하고 민주공화정을 실현하는 것이었다. 이렇게 해서 한민족에게는 자주독립과 국민주권주의는 뿌리가 같다. 그때 민족지도자들은 세계의 흐름과 민족의 장래를 심사숙고해서 공화제를 채택했다. 그들은 국가의 주권이 국민에게 있음을 확인했다. 독립운동지도자들은 국민주권을 선언함으로써 한민족의 주권은 의연히 살아있음을 표명했다.

국민주권주의는 원래 군주와 시민 사이의 권력투쟁의 산물이었다. 시민이 쟁취한 것이다. 우리나라도 구한말 군주권과 시민권 사이에 갈등의 맹아가 있었으나 그 싹이 트기도 전에 나라가 망해버렸다. 한민족은 투쟁의 과정 없이 국민주권론을 받아들였다. 따라서 국민주권론에 대한 이해가 피상적이고 선험적인 경향도 있다. 한민족은 해방 이후 주권을 회복하기는 했으나 국민주권을 실현하는데 많은 장애가 있었다. 국토가 분단되고 신탁통치 실시가 결의되는 등 한민족의 국민주권은 원천적으로 부정됐다. 해방 후 사람들은 문맹이 대다수였고 조선왕조와 일제 군국주의 천황제를 경험했고 그 기억이 깊었다.

국민주권주의는 국민의 책임의식과 헌신을 전제로 한다. 민주화 과정에서 "자유는 피를 먹고 자란다"는 격문이 많았다. 그러나 한민족은 대체로 민주공화국이나 인권, 자유, 정의 등의 보편가치가 형성되는 과정에서 있었던 신랄한 진통을 경험하지 못했다. 그래서 이러한 가치를 추상적이거나 낭만적으로 아름답게 인식하는 경향이 있다. 어떤 사람들은 이러한 가치를 지극히 교조적으로 해석하여 권리의 극단을 주장하기도 한다. 이렇게 해서는 공화국도 국민주권주의도 실현할 수 없다. 국가공동체와 민주공화제, 국가가 추구하는 가치들은 사람들의 처절한 희생과 절제와 헌신에 의해서 성립된다. 통일국가의 국민은 국민주권주의를 실현하기 위해 국민으로서의 책임과 의무를 다해야 한다. 때로는 그것을 위해 투쟁하고 피 흘릴 각오가 있어야 한다. 그것의 형성과정이 그러했다. 그러한 국민들의 결의가 없으면 국민주권주의는 언제든지 흔들릴 수 있다.

해방 이후 국민주권은 여러 차례 흔들렸다. 분단 후 곧바로 전쟁에 휘둘려 사람들은 기본권을 박탈당했다. 종전 후 남한에서는 가부장적 권위주의가 자리 잡았고, 북한에서는 수령의 유일영도 체제가 인민들을 완벽하게 통제했다. 이러한 현상도 한민족의 국민주권주의에 대한 철저함의 부족에서 비롯됐다. 겉으로는 일제청산의 선전선동이 요란했다. 실제에 있어서는 일제의 군국주의와 천황제의 그림자가 현실정치에 영향을 미쳤다. 한편에서는 그러한 일제의 봉건성이 철저하게 토착화되기도 했다. 한민족은 통일을 이룩함으로써 분단시대의 구질서와 굴곡을 정리하고 선진사상의 국민주권 시대를 열 수 있게 되었다.

통일국가에서 사람들은 각자가 주인이다. 그들은 나라의 주인임과 동시에 자신의 주인이다. 8천만 모든 국민이 각자 자유로운 인간으로서 개인을 회복한다. 사람들은 자기의 일을 자기가 결정하고 자기가 책임지는 자주적이며 자립적 인간이다. 사람들은 집단의 부속품이 아니며 완성된 실체로서 개인이다. 사람들은 자기 책임으로 자기의 삶을 영위하는 것을 원칙으로 한다. 나라는 사람들이 자기 책임으로 살아갈 수 있는 환경과 여건을 만드는 데 주력한다.

통일국가의 국민은 스스로 나라의 주인임을 자각하고, 나라의 주인으로서 행동한다. 즉 국가공동체와 민주공화국, 국가의 가치를 지키고 실현하는 시민적 책임감을 발휘해야 한다. 사람들은 사회적 존재로서 상호 학습하고 이웃과 협력한다. 사람들은 주인으로서 공공질서와 공중도덕을 지키며 이웃을 잘 살피고 지역사회의 결속을 위해 협력한다. 그들은 지역사회와 각종 공동체를 중요하게 생각하며 적극 참여한다. 또한 나라와 공적 영역, 공공성을 존중하고 이를 위해 절제하고 기여한다.

국민의 기본권 보장

통일국가는 자유국가이다. 나라는 사람들의 기본권을 보장하는 틀이다. 기본권 보장은 현대 문명국가의 보편질서이다. 사람들은 인간의 기본권을 보장하기 위해 왕권을 제약하거나 폐기하고 민주공화제를 채택했다. 기본권 사상은 르네상스 이후 유럽대륙에서 시민계급의 성장과 더불어 제기됐다. 이는 18세기 유럽의 계몽사상가들에 의해 체계적으로 확산됐다. 18세기 말 미국의 독립전쟁과 프랑스 대혁명을 통해 이것은 현실정치의 최고 가치로 규정됐다. 이때부터 천부인권 사상이 현실정치에서 자리 잡았다. 이러한 혁명적 변화를 겪으면서 기본권 사상은 각국의 성문헌법으로 정착되었다. 제2차 세계대전 후 세계인권선언이 천명되어 인권은 세계의 보편가치이자 보편질서로 정착되었다.

기본권 보장의 범위도 점차로 확대되었다. 1차로 신체의 자유와 정신적 자유 및 참정권을 보장하는 데서 시작됐다. 참정권의 범위도 꾸준히 확대되어 보통선거 제도로 정착되었다. 기본권 보장의 2단계 확대는 소위 사회권적 기본권, 생존권이 추가되었으며, 3단계로 인간의 삶의 환경을 조성하기 위한 환경권과 건강권 등 생활권까지 기본권에 포괄되고 있다. 이와 같이 국민은 정치 경제 사회 모든 영역에서 기본권을 보장받아야 한다는 것이 현대 국가의 원칙이다.

통일국가는 사람들의 생명권을 철저히 보장한다. 통일은 커다란 정치적 변혁이고 이러한 변혁기에는 생명의 위협을 느끼는 사람이 있다. 통일국가는 정치적 이유로 사람들의 생명이 위협받는 사태를 용납하지 않는다. 생명을 살리는 것은 하늘의 도이다. 어느 누구도 어떠한 이유로도 인간의 생명을 끊을 수 없다. 사람으로서는 생명이 끝나면

도덕이 끝난다. 한 사람의 생명의 가치는 우주 전체보다 크고 무겁다. 생명을 존중하지 않는 정치는 타락한 것이다. 그러한 정치는 오래 갈 수 없다. 통일국가는 최고의 문명국가로서 정치과정에서 일체의 살상과 폭력을 배격한다. 통일국가는 사형제를 채택하지 않는다.

통일국가는 사람들의 자유권을 포함한 기본권을 보장한다. 인간은 최고로 존엄한 존재이며, 모두가 평등하다. 인간은 행복을 추구할 권리를 비롯하여 어떠한 이유로든 차별을 받지 않을 권리, 신체의 자유, 소급입법에 의한 처벌 금지, 거주 이전의 자유, 직업선택의 자유, 주거의 자유, 사생활 비밀의 보장, 통신비밀의 보호, 양심의 자유, 종교의 자유, 언론 출판 결사의 자유, 학문과 예술의 자유, 재산권 보장, 참정권, 청원권, 교육을 받을 권리, 근로의 권리, 인간다운 생활을 할 권리, 환경권, 혼인의 자유 등을 갖는다고 헌법에 열거한다. 또한 헌법에 열거되지 아니한 이유로 국민의 자유와 권리를 침해할 수 없다고 명시한다. 국민의 자유와 권리는 국가안전보장, 공공질서 유지 및 공공복리를 위하여 필요한 경우에 한하여 법률로 제한할 수 있으나, 제한하는 경우에도 그 본질적 내용은 침해할 수 없다.

사람들의 자유권과 생명권은 동등하다. 자유가 아니면 죽음을 달라고 절규했던 것이 근대정신이다. 누구라도 다른 사람의 자유를 침해할 수 없다. 어떤 사람이 자유를 침해받았을 경우에는 국가가 이를 반드시 구제해야 한다. 국가는 외적에 의해 국민의 자유가 침해받을 때는 싸워야 한다. 국민의 자유가 외세에 의해 억압받고 침해되거나 그러할 가능성이 있는데도 국가지도자가 우유부단하다면 그것은 반역이다. 나라는 그러한 것을 지키기 위해 군대를 가지고 있다.

통일국가는 사유재산제를 채택하며, 사유재산을 보호하고 국민의 재산권 행사를 보장한다. 통일되는 시각 남북을 불문하고 국민들이 소유하고 있는 재산에 대해서는 재산권을 인정한다. 통일국가는 사유재산을 정당한 사유 없이 침해하지 않으며 이의 자의적 처분을 금지한다. 공공사업을 위해 필요한 경우 적정한 보상을 전제로 수용하거나 재산권 행사를 제한할 수 있다. 국민들은 공공의 목적을 위한 사업에서 사익을 지나치게 추구하거나 자신의 의견을 고집하는 것은 절제해야 할 것이다. 통일국가는 모든 사람이 일정한 재산을 형성하여 자기의 책임으로 안정된 생활을 할 수 있도록 지원한다. 통일국가는 국공유로 묶여 있었던 주택과 농지, 소규모 점포 등 생활에 필수 불가결한 재산은 점유자와 사용자의 소유로 전환한다. 통일국가는 국공유 기업소를 민영화할 때는 노동자들에게는 그 소유권의 지분을 인정한다. 통일국가는 토지의 공공성을 강화한다. 개인의 기본재산 형성에 필요한 것 외에는 국유지를 개인에게 파는 것은 원칙적으로 금지한다. 사유재산의 원칙을 침해하지 않는 범위 안에서 적정 수준 토지보유세와 공공개발 이익세를 부과한다. 통일국가는 토지가 빈부 격차를 심화시키는 것을 방지한다.

생명권과 자유권과 재산권은 기본적 인권의 3대 요소이며 통일 이후 나라의 동서남북 어떤 주민이라도 이러한 기본권을 보장받아야 한다. 이렇게 해야 통일 후의 혼란을 줄이고 국가의 정당한 발전을 기할 수 있다.

통일국가는 국민의 민생권을 보장한다. 통일국가는 사람들의 인간다운 생활을 보장하기 위하여 사람들의 삶의 조건과 환경을 만들어 준다. 나라는 사람들이 의식주에서 부족함이 없도록 한다. 나라는 폭력과 질병과 자연재해로부터 사람들을 안전하게 보호한다. 사람들이 제대로 교육받을 수 있도록 하며 자신의 능력에 맞는 생업을 갖도록 한다. 통일국가는 지방자치단체에 자치권을 광범위하게 보장한다. 지방자치단체는 각 지역의 특수사정을 반영하여 완전한 재량권을 가지고 지역주민의 민생시책을 집행한다.

통일국가는 사람들이 자기 책임으로 자기의 생활을 영위하는 것을 원칙으로 한다. 나라는 사람들의 생활을 돕기 위하여 각종 사회적·경제적 인프라를 구축한다. 이러한 인프라의 혜택은 모든 사람에게 공평하다. 사람들은 이러한 물적 제도적 공공 인프라의 기반 위에서 사유재산과 사적 자유와 자기 책임으로 생활을 영위한다. 다만 자기 책임으로 기본적인 생활을 할 수 없는 사람들에 대해서는 국가가 기초 생활을 보장한다. 모든 사회보장제도는 이를 경제적으로 운영하여 국가재정의 부담을 줄인다.

통일국가는 기회균등을 보장한다. 사람들은 성별과 동서남북 출신 지역이나 계층, 종교와 신조, 학벌, 신체적 조건, 재산과 또는 기타의 차이에 따른 차별이 없어야 한다. 사람들이 어떠한 이유로 인하여 진입장벽에 부딪히거나 좌절하는 일이 없도록 한다. 국가의 최고 권력자를 각 지역 출신 인사들이 순환 선출될 수 있도록 한다. 이것은 지역 차별을 없애는 제도이며 분단의 기억을 지우고 국가의 결속을 강화하는 제도이다. 공공기관과 민간기관에서 기회균등과 완전경쟁을 보장한다. 다만, 사회적 약자와 일부 지역 출신들의 부족한 점을 고려하여 배려하고 부축할 필요가 있다.

통일국가는 사람들이 어떤 이유로든 박해받는 일이 없도록 한다. 국가기관이나 지방자치단체, 공공기관이 사람들을 차별하는 것은 불법이다. 누구든지 다른 사람의 기본권을 제약할 수 없다. 나라는 사람들이 그가 강자이든 약자이든 다른 사람으로부터 모욕받거나 수모를 당하는 일이 없도록 한다. 형벌을 받는 사람들이라도 공중에게 수치스러운 모습을 보이지 않도록 배려한다. 나라는 누구라도 억울한 사람들이 없도록 한다. 통일국가는 신원소(伸寃所)를 설치하여 억울한 사람들의 누명을 벗겨준다. 신원소는 권력기관이나 힘 있는 사람들의 부당한 처분이나 월권을 제약하는 제도가 될 것이다. 사람들이 물질이나 미신에 지배되지 않도록 한다. 나라가 국민의 기본권을 침해하거나 기본권이 침해당하는 것을 제어하지 못한다면 그 나라는 존재할 가치가 없다.

선거의 완전공영제 실시와 돈 들지 않는 정치 실현

선거는 국민주권주의를 실현하는 핵심요소이다. 선거가 철저하게 공정해야 국민주권주의와 공화주의가 실현될 수 있다. 국민은 나라의 주인으로서 주권자이며 정치결정권이 있다. 국민은 헌법제정권자이다. 국민은 투표로서 헌법을 결정한다. 헌법을 변경할 때에도 국민 전체의 의사를 묻는 국민투표 절차를 반드시 거쳐야 한다. 국민은 선거를 통해 국가권력을 구성한다. 나라는 강제력을 행사하는 하나의 통일적인 권력체계이다. 권력체계가 없는 자연상태는 야만의 혼란이 일상화된다. 그것은 원시시대에나 오늘날이나 마찬가지이다. 사람들은 이러한 야만의 자연 상태를 거부하고 국가체제, 제도에 의한 지배복종 관계를 수립했다.

통일국가는 대의민주주의 체제이다. 주권자는 주권을 행사할 소수의 대표를 선출하여 주권행사를 위임한다. 대표자는 주권자의 동의를 바탕으로 권력을 행사한다. 주권자는 대표자의 권력행사를 정당한 것으로 인정하고 이를 수용한다. 주권자는 주기적으로 대표자를 신임하고 교체한다. 권력작용에 대한 순응과 권력의 순환을 인정하지 않으면 민주주의는 존립할 수 없다. 주권자로서 가장 중요한 정치적 권리는 나라의 최고 통치자, 대통령을 선거하는 것이다. 통일국가는 대통령 직선제를 채택한다. 대통령 직선제는 통일국가의 모든 국민들의 주인의식을 높이게 될 것이다. 통일국가는 국회의원도 모두 직선으로 선출한다. 선거는 실질적인 경쟁이 보장되어야 한다. 분단 시기 북한에서는 단독후보였으며, 남한에서도 지역별 일당 지배 현상이 있었다. 유신시대에는 국회의원 1/3을 대통령이 임명하는 일이 있었다. 비례대표 전국구 의원제도가 있었으나 이것은 국민선택이라기보다는 당의 지명이었다. 이러한 제도는 기본적으로 대표를 임명하는 권력자가 있었다는 것을 의미한다. 이러한 제도에서는 의원이 국민을 대표하여 국민주권주의를 실현할 수 없다. 통일국가는 제한선거나 권력자에 의한 국민대표 임명을 금지한다.

통일국가의 선거과정에서 부당하거나 부조리한 일을 불법으로 규정하고 이를 금지한다. 어떤 선거에 나가는 사람이건 그들은 인지도를 높이고 지지를 모으기 위해서 많은 돈을 쓴다. 지역에서는 후보자를 위해 주민을 동원하고 지지를 끌어 모아준다는 명목으로 돈을 요구하는 사람들이 있다. 선거 브로커들은 후보자에게서 자금을 갈취한다. 이들은 돈을 주지 않는 사람들에 대해서는 악선전하고 선거 운동을 방해하면서 선거를 혼탁하게 한다. 선거를 기해 실시되는 각종 여론조사도 돈에 의해 왜곡되는 경우가 있다. 선거에서 당락이 돈의 쓰임에 따라 달라지는 경우가 있다. 정치가 돈에 의해 움직이고 당락이 돈에 의해 좌우된다면 국민주권은 허울뿐이다. 민주공화정의 가장 중요한 제도가 돈에 의해서 난장판이 되면 그 이후 모든 정치 과정은 정도에서 벗어난다. 정치하는 데 돈이 필요하면 부정부패는 필연이다. 정치가 부패하면 국가는 무능해지고 쇠퇴할 것이다. 선거 과정에 돈이 많이 들어가는 것은 부당하고 부조리이다. 이것을 그대로 두고 볼 수 없다.

통일국가는 정치와 선거과정에서 돈 쓰는 것을 금지한다. 선거에서 돈이 많이 들어가면 공직선거에 나가고자 하는 사람은 부자이거나 돈을 많이 모을 수 있는 능력을 가지고 있어야 한다. 선거가 그들만의 리그로 끝나고 정치는 국민과 유리된다. 정치과정을 국민이 좌우하는 것이 아니라 돈이 좌우한다. 돈 들어가지 않는 선거제도를 정착시키는 것은 국민주권주의의 실현과 국민통합을 위해 매우 중요한 과제이다. 대의정치가 자본에 지배되는 금권정치가 되어서는 안 된다. 정치활동과 선거과정에 돈이 들어가지 않도록 제도를 만들어야 한다. 선거뿐만 아니라 정치의 모든 과정에서 돈 쓰는 것을 막는다.

통일국가는 돈 쓰고 돈 받는 선거가 불가능하도록 정치개혁을 한다. 이를 위해 차점자 승계제도를 도입한다. 어느 선거에서 당선자가 불법선거를 한 것으로 판명되면 곧바로 그 직을 상실한다. 그리고 재보궐 선거를 하지 않고 차점자가 그 직을 승계한다. 당선자가 사고로 직무를 수행할 수 없을 경우에도 보궐 선거를 하지 않고 즉시 차점자가 그 직을 승계한다. 승계자도 그러하다면 그다음 차점자가 승계한다. 차점자 승계권을 갖기 위해서는 선거에서 법이 정하는 일정 비율 이상의 유효득표를 얻어야 한다. 승계할 후보가 없을 때는 의원의 경우 다음 정기선거 때까지 공석으로 하며, 지방자치단체장의 경우 국가가 임명하는 부단체장이 그 직을 대행한다. 선거를 공정하게 치르지 못해 민주주의를 위태롭게 한 지역에 대한 불이익 조치이다. 불법선거를 한 사람에 대해서는 10년 동안 공직선거의 피선거권을 제한한다.

통일국가는 공직선거의 완전공영제를 시행한다. 선거에 나가는 사람은 필요최소 경비인 선거공탁금을 기탁한다. 선거비용은 전부 정부와 지방자치단체가 지불한다. 공직선거에 나가고자 하는 자는 소득과 지출을 투명하게 공개한다. 그는 선거 1년 전에 출마 의사를 공개적으로 밝히고 선관위에 등록하여 자금 흐름을 감시받는다. 공직자가 되려고 하는 사람은 그 정도의 사생활 공개를 하는 것이 필요하다. 대리인을 통한 돈거래도 후보자가 한 것으로 간주한다. 선거에 영향을 미칠 수 있는 돈거래를 한 사람은 입후보를 하지 못하도록 한다. 당선된 후에 불법선거가 발각되면 당선을 무효로 한다. 차점자 승계제가 실시되면 후보자들 간 상호 자동 감시체제가 구축되어 금품수수가 어려워질 것이다

공직 선거의 입후보자로부터 선거 전후에 금품이나 향응을 받은 사람에 대해서는 받은 돈의 10배의 벌금을 부과한다. 그러한 금품을 받은 사람이 자진 신고한 경우에는 받은 돈의 100배, 최고한도 10억 원을 보상금으로 준다. 입후보자에게 선거와 관련하여 자금을 제공한 사람이 이를 신고하면 제공한 돈의 10배를 보상금으로 준다. 지급된 보상금은 국가가 추후 구상권을 행사하여 원인을 제공한 사람으로부터 추징한다. 이러한 제도를 통해 어떠한 형태로든 돈거래가 있으면 반드시 그것이 드러나게 한다. 공직자에 대해서도 유사한 부패방지 제도를 적용한다.

통일국가는 금권정치를 완전히 혁파한다. 정치하는데 돈이 개입하는 것을 막지 않으면 정치하는 사람은 돈이 필요하게 되고, 돈은 정치를 지배한다. 정치인이 금권과 결탁하면 국민대표는 금권을 대표하게 된다. 한편, 권력자는 선거과정에서 일어나는 일들을 대부분 파악하고 있다. 정치인이 부정한 방법으로 선거에 임하는 순간 그는 권력자의 손아귀에 들어가는 것이며, 감옥의 담장위에 올라서 있는

것이나 같다. 국민대표가 금권과 권력에 포획되면 돈과 권력자는 그러한 정치인을 마음대로 조종하려 한다. 그 결과 국민은 기만당하고 국민주권주의는 껍데기만 남게 된다. 금권정치는 결과적으로 정치인의 인권을 침해하는 비인도적인 일이고 정의롭지 못하다. 정치인들이 이러한 부조리를 그냥 두고 보는 것은 무책임하다.

그동안 부패 때문에 정치가 무능해졌으며, 정치가 제 기능을 하지 못했다. 금권이 개입할 틈을 주면 금권도 정치권력과 결탁하여 부당 이득을 추구하려는 유혹을 받는다. 바른 기업도 경쟁 기업의 정경유착 가능성에 대한 불안감에서 헤어나지 못한다. 금권과 정치권력이 결탁하면 경제는 공정하지 않게 되며 국민경제가 손실을 받게 된다. 나라는 돈이나 거짓말과 위력이 선거의 합법성과 공정성을 해치는 것은 철저히 금지한다.

읍·면·동 민회의 운영과 국민의 참정권 강화

통일국가는 정치활동의 장으로서 민회를 운영한다. 민회는 지역 주민들이 다수 모여 공공의 문제를 토론하는 자리이다. 읍면동은 월 1회 의무적으로 민회를 연다. 전국적으로 매달 5천 개 이상의 민회가 열린다. 한차례의 민회를 여는데 비용이 100만 원이 든다면 1년 예산 600억 원이 소요된다. 국가 예산으로 지방의 읍면동에 민회운영비를 배분한다.

민회는 정치하고자 하는 사람에게 공평한 기회를 제공할 것이다. 정치과정에 진입장벽도 없다. 누구라도 뜻과 실력이 있고 신망이 있으면 선출직에 나갈 수 있어야 한다. 선거에 나가고자 하는 사람은 각지에서 개최되는 민회에서 정치적 견해를 펼치고 지지를 모을 수 있도록 한다. 정치인들은 그 민회만 다녀도 거의 매일 주민들과 접촉할 수 있고, 충분히 자신을 알릴 수 있을 것이다. 그렇게 되면 개인이 돈을 써가며 정치하는 폐단은 사라질 것이다. 정치인은 큰돈이 필요 없기 때문에 다른 사람으로부터 정치자금을 받을 필요도 없다. 정치자금 거래가 없으면 정치 부패는 자동 청산된다. 정치하는 사람이나 그 주변 사람들이 다 부담스럽지 않다. 선출직 공직자는 신망과 성과로서 국민들의 심판을 받도록 한다. 그래야 국민들이 참다운 주인이 될 수 있다. 권력 행위를 하는 자는 선출직이든 임명직이든 부정과 비리에 연루되어서는 안 된다. 그들이 부패에 물들면 공정하게 일할 수 없다. 민회는 정치부패를 막는 제도이다. 또한 지역 주민들 스스로가 공론을 형성하고 지역의 공동체성을 강화하며, 대의제도에 직접민주주의를 보완하는 성격도 있다.

통일국가는 선거과정에서 거짓말을 배격한다. 거짓말은 선거의 공정성을 침해한다. 사실을 왜곡하는 선전선동도 거짓말의 일종이다. 입후보자가 거짓말로 지지를 모으거나 상대방을 거짓말로 비난하여 당선된 경우 이는 민주질서를 침해한 형벌로 다스린다. 이때에도 당선은 무효가 되며 차점자가 승계한다. 공직선거에서는 말을 할 때는 증거를 제시할 수 있어야 한다. 후보자들 간에는 상대 후보에게 증거 제시를 요구할 권리가 있다. 공공기관은 유권자나 입후보자가 어떤 후보자의 말을 확인하기 위한 개인정보를 요구할 때는 이를 제공할 수 있다.

통일국가는 국민소환제를 실시한다. 대의정치가 국민의 뜻을 대변하지 못하고 국가기관들이 자기중심적 정치에 빠지는 것을 견제하기 위해서이다. 공무 담당자가 국가의 가치나 국민의 뜻이나 법령을 배반하고 공익을 침해할 경우 국민소환의 대상이 된다. 국민소환은 제도의 안정성을 위해서 공직자가 헌법과 법률에 명백히 위반한 경우로 한정해야 한다. 단순히 국민감정을 상했다고 여론몰이로 국민소환을 남발하면 대의제가 흔들릴 수 있다. 헌법과 법률위반이 없는데도 국민소환을 추진하는 사람은 형법으로 규제한다. 통일국가는 국민발안제를 도입한다. 일정한 조건을 갖춘 국민발의 법안은 입법과정에서 우선적으로 심의하여 처리하도록 하고, 국회에서 논의과정을 투명하게 공개한다. 통일국가는 사법제도의 공개성도 강화한다.

통일국가에서는 누구라도 공무 담당자가 될 수 있다. 공직자가 되고자 하는 사람은 법률이 정한 바에 따라 선거되거나 시험을 거쳐 국가나 지방자치단체의 임명을 받아야 한다. 임의적 절차에 따라 공직자가 되는 것은 금지한다. 공직자는 국가의 가치를 수호할 의무가 있다. 통일국가는 인간의 자유와 인권과 정의를 최고의 가치로 추구한다. 나라는 차별을 배격하고 시장경제를 지향하며 국민복지를 실현한다. 통일국가는 국민주권주의와 민주공화제, 대의제와 권력분립, 법치주의와 다원주의를 국가구성 원리로 한다. 통일국가는 자주독립국가로서 국가의 자주성과 독립을 수호하며 재분열 방지를 위해 사생결단의 자세로 국가를 보위한다. 공직자는 이러한 국가의 가치를 수호하는 사람들이다. 공직자가 되고자 하는 사람은 통일국가가 지향하는 가치를 수호할 의지와 능력이 있어야 한다. 모든 공직자는 공직을 시작할 때 이러한 가치에 동의하고 이를 지킬 것을 문서로써 서약한다. 공직선거에 입후보한 사람도 또한 마찬가지이다.

2

민주주의의 제도정착

통일국가 국가기구 구성의 원리

통일국가는 민주주의 국가이다. 통일국가는 헌정주의를 채택한다. 나라의 통치 질서와 체제를 자의적으로 구성하고 운영하는 것을 금지한다. 국민의 대표들은 헌법적 가치를 실현하기 위해 법을 제정하며, 모든 국가기관과 지방자치단체를 포함한 공공기관은 법치 행정을 한다. 국가의 행위는 정부에 의해 이루어지고 정부를 구성하는 사람들의 언행으로 표현된다. 이들은 헌법적 가치로 규정된 국가의 목표를 추구한다. 공직자들이 일할 때는 합법성과 공공성과 효율성을 행동 규범으로 삼는다.

통일국가의 목적을 달성하기 위해 국가기구가 힘을 가지고 있어야 한다. 국가기구는 모두 강력하고 유능하며, 제 역할을 원활하고 신속하게 수행해야 한다. 국가기구의 권력약화와 무능은 국가공동체를 위해 바람직한 일은 아니다. 민간 영역의 확대, 대기업의 성장, 세계화의 흐름 속에서 국가기능이 위축되는 경향이 있다. 세계적 투기자본이나 거대 자본이 나라의 정책을 좌우하고자 하는 일도 있다. 투자자 국가 간 소송ISD이 활성화된다면 국가가 결정을 주저할 수 있다. 여야 간 정쟁은 국가기구의 힘을 약화시키고, 국가기구들이 결정을 제대로 할 수 없게 만든다. 국가가 결정의 무능력 상태에 빠지는 것은 좋은 일이 아니다. 결정하지 못하는 나라는 쇠퇴하게 된다.

통일국가에서는 견제 없는 권력은 없다. 누구든 장기집권과 권력 독점은 금지한다. 통일국가는 3권 분립 체제를 확고히 한다. 국가 기관들은 자기의 기능을 제대로 수행하여 3권의 견제와 균형을 실현한다. 3권 분립에서 더 나아가 모든 권력기관은 외부 감시가 작동하도록 한다. 특히 법원 감찰 검찰 경찰 등 수사와 심판권한을 가진 권력기관은 자기 수사, 자기 심판을 금지한다. 경찰 조직원의 불법비리는 경찰이 수사할 수 없으며, 검찰 조직원의 불법비리도 검찰이 수사할 수 없다. 판사 등 법원 조직원의 불법비리는 법원이 심판할 수 없다. 헌법에서 법원 조직원을 심판할 별도의 심판기관을 지정하거나 창설한다. 국회와 행정부, 사법부 등 국가기관과 지방자치단체의 보수 수당 예우에 관한 사항은 자기가 결정할 수 없다. 다른 기관이 그것을 정하되 공공의 논의 과정을 거쳐서 한다. 모든 국가기관에 대해 자기의 이해관계가 걸린 문제에 대해 자기 결정을 금지한다. 공사公私를 불문하고 공공성을 가진 역할을 하는 기관은 국민이 수긍할 수 있는 외부 감시체제를 만든다. 그 감시체제는 내부 거래가 불가능해야 하며 견제성격을 가져야 한다. 나라는 모든 기관의 외부 감시체제를 공개한다. 강하고 유능한 국가기관, 그러한 국가기관 간 권력분립과 견제 균형, 국정과정의 투명성 강화는 통일국가를 유능하고 건강하게 만들 것이다.

법치주의

통일국가는 법치주의를 국정의 기본 원리로 삼는다. 법치주의는 근대 국가의 핵심질서이다. 권력자의 힘은 원래 절대적이었다. 르네상스 이후 시민사회가 형성되면서 시민사회는 절대 권력을 제한하고자 투쟁을 전개했다. 법치주의는 이러한 투쟁과정에서 나온 산물이다. 현대국가는 사람들의 자유와 인권을 최고의 가치로 지향한다. 법치주의는 권력자의 자의적 지배, 폭력적 지배를 거부한다. 정당한 법은 시민들의 대표가 제정한다. 통일국가의 실정법은 인간의 기본권을 침해해서는 안 된다.

통일국가는 법에 의한 지배와 법 앞에 평등을 실현한다. 법은 공정해야 하며, 이중기준을 적용해서는 안 된다. 마르크스주의자들은 법을 지배집단의 착취 도구라고 비난하기도 했다. 법이 강자의 지배 도구라면 그것은 불의이며 불필요하다. 법은 불편부당하고 정의로워야 한다. 유전무죄 무전유죄라는 비난이 나오지 않도록 해야 한다. 권력과 돈의 영향에 의해서 법의 균형이 무너지고 기준이 달라지지 않도록 국가기구들이 엄정하게 법을 집행해야 한다. 사인의 힘과 의지, 폭력, 권력자의 자의가 사회를 좌우해서는 안 된다. 국가기구의 법집행은 일관성이 있고 국가기관의 법 집행으로 피해를 입었을 경우에는 법적 구제가 있어야 한다.

통일국가는 공정한 법치주의로 국가의 안정과 통합을 유지한다. 전관예우라는 것이 법의 공정성을 저해하는 경우가 있었다. 변호인이 영향력 있는 전관이냐에 따라서 구속 여부가 결정되고 양형이 달라진다면 공정한 판결이라 할 수 없고 정의롭지 못하다. 법 앞의 평등이 무너진다면 사법기관은 신뢰를 잃고 법치주의는 유린된다. 전관들이 공정한 사법과정을 흔들어서는 안 된다. 나라는 전관들이 힘없는 일반 국민들의 인권을 보호하는 일에 봉사하는 체제를 만든다. 법은 엄정해야 한다. 법은 정의롭고 반드시 공정하게 집행된다는 것을 사람들이 신뢰해야 한다. 실정법은 공정하고 안정성이 있어야 한다. 통일국가는 소급입법을 금지한다. 현행법에 대한 신뢰가 후법에 의해 훼손되어서는 안 될 것이다. 국가가 법률 제정과 개정으로 기존 법체계에 의해 맺었던 관계들을 무시하면 국민들이 법치주의를 신뢰하지 않는다. 국민들의 신뢰가 무너지면 나라는 설 수 없다民無信不立.

　법치주의는 국가기관이 강제력을 자의적으로 행사하는 것을 규제하는 데에서 출발했다. 현대국가는 사회복지를 국가의 원리로 채택하고 있다. 사람들은 이제 국가가 경제를 비롯한 국민 생활의 모든 영역에서 적극적인 역할을 할 것을 기대한다. 이러한 국가의 비권력 작용도 국가기관이 자의적으로 시행하는 것은 부당하다. 국가기관의 모든 행위는 법령에 기초해야 하며 항상 일관성과 공정성, 공공성을 유지하도록 해야 한다. 국가기능이 확대되는 것은 자칫 민간의 자율성을 저해하고 국가의 권력을 강화할 수 있다. 국가권력이 강화될수록 포퓰리즘과 독재의 가능성이 높아진다. 나라의 역할을 확대할 때는 이 점을 심사숙고해야 한다.

　국민들도 법을 지키고 공공질서와 타인의 인권과 이익을 보호해야 한다. 모든 국민은 자유가 있지만, 자유에는 책임이 따르고 한계가 있다. 사람들은 자유를 앞세워 공공의 안녕을 해치거나 다른 사람의 인권과 자유를 침해하고 재산상의 손해를 입혀서는 안 된다. 이것들도 모두 실정법과 관행과 사회상규常規로 정착되어 있다. 일반 국민을 규제하는 법률이 국민 생활을 총체적으로 불편하게 해서는 안 된다. 법률은 현실적이어야 한다. 국민들의 입장에서 법은 옳은 것이며,

편한 것이며 이익이 되는 것이어야 한다. 법은 고착되어 있지 않고 세계와 사회에 조응하고, 과학기술의 발전에 부응할 수 있도록 변해야 한다. 모든 것이 변하기 때문에 법도 시의적절해야 한다. 그렇게 하기 위해서 모든 국가기관은 5년 단위로 현행 제도의 적실성을 검토한다.

대의정치代議政治

　통일국가는 대의정치를 한다. 현대국가에서 주권자가 국사를 직접 결정하고 직접 집행하는 것은 불가능하다. 치자와 피치자가 일치되는 직접민주주의는 그리스 도시국가 정도의 크기와 사회분화가 덜 된 사회에서나 가능했다. 직접민주정치는 겉으로는 이상적으로 보일 수 있으나 기술적으로 어렵다. 직접민주정치의 이상은 현실적으로 독재와 전체주의에 악용됐다. 직접민주주의를 하겠다고 했던 나라들은 모두 독재로 끝났다. 현실적으로 직접민주정은 불가능한 일이다. 따라서 국민들에게 권력기관을 구성할 수 있는 권한을 철저히 보장하는 것으로 국민주권주의를 실현한다.

　통일국가는 국민에 의해 선출된 대표들로 국가기구를 구성한다. 국민은 선출된 대표에게 주권행사를 위임했다. 대표는 국민의 뜻을 따르도록 노력해야 한다. 문제는 현실 정치에서 대표들이 국민을 대표하지 못한다는 약점이 있다. 정치권에서 대표를 충원할 때 기득권층에서 선발하는 것이 일반적인 현상이다. 서민을 대표한다고 표방하는 정당에서도 서민을 대표로 내세우는 일은 드물다. 스스로는 서민을 대표한다고 주장하지만, 사실은 기득권 출신인 경우가 많다. 그래서 생긴 말이 강남좌파, 오렌지 진보이다. 결과적으로 국가권력이 기득권층에게 포획되고 서민들과의 소통이 제한된다. 서민들은 대표들을 감시할 시간과 정보가 부족하다. 통일국가는 서민이 대표로 선출되는 길을 연다.

대표들이 자의적으로 국가권력을 행사할 수 있다. 그렇게 되면 국민주권주의는 형해화된다. 대표들이 이합집산하고 소속 당을 바꾸고 하는 일은 모두 국민들의 뜻과는 상관없이 진행되었다. 정당의 비민주성도 대의제를 위협한다. 국회에서 당론 투표라는 관행이 있는데 이것은 정당의 책임정치라는 측면에서는 이해된다. 그것이 당의 공론화 과정이나 국민과의 소통없이 정당 지도자의 일방적 결정과 지시에 의한 경우라면 문제가 있다. 정당지도자가 자의적으로 공직선거의 후보 공천권을 행사하게 되면 권력집중과 독재체제가 될 것이다. 통일국가는 대의제를 보완하기 위해 국민투표제와 국민소환제, 국민발안제, 민회를 도입한다. 대통령과 국회의원도 국민직선으로 선출한다. 사법부도 국민대표성을 강화해야 한다.

통일국가는 다수결 원칙을 존중하고 책임정치를 한다. 대의제는 대표들에 의하여 끊임없이 정책이 결정되고 집행되는 제도이다. 어떤 정책은 국익에 반함에도 불구하고 정치인들의 정략적 이해관계 때문에 추진되는 경우가 있다. 어떤 정책은 꼭 필요함에도 불구하고 정략에 걸려 추진되지 못하는 경우가 있다. 어떤 경우에는 결정 기능이 마비되는 일도 있다. 다양한 이익이 결합되어 있는 다원주의 사회에서 만장일치의 의사는 드물다. 민주주의 사회에서는 갈등이 일상화되어 있다. 정치는 그러한 갈등을 조정하고 타협해서 해결하는 과정이다. 이것을 해결하는 방법이 다수결 원칙이다. 이 원칙이 훼손되면 국가의 결정기능이 제대로 작동할 수 없다. 국회선진화법이 그랬다. 국회선진화법은 국회의 입법기능을 마비시키고 책임정치를 방해한다. 국회가 입법기능을 원활히 수행하지 못하는 것은 대의제를 위반한 것이다. 대표들이 제도 내에서 입법활동 등 국가행위를 결정하지 않고 거리로 나가는 것은 대의제의 원칙에 맞지 않다. 대의제가 흔들리면 민주주의가 위협받게 된다. 통일국가는 대의정치와 책임정치가 제대로 작동할 수 있도록 다수결 원칙을 지킨다.

통일국가의 공무원 선발은 철저하게 공정성을 유지한다. 통일국가의 공무원 선발제도는 모든 국민에게 완전히 열려 있어야 하며 어떠한 진입장벽도 없다. 공무원은 법률에 따라 임용되어 국가권력을 집행한다. 이들 또한 국민주권을 대행한다고 할 것이다. 공직자가 특정 계층의 이익이나 헌법적 가치에 배치되는 다른 이념을 위해서 권력을 행사해서는 안 된다. 공직 사회의 구성부터 국민전체를 대표할 수 있도록 배려할 필요가 있다. 공무원은 가장 공정하고 객관적인 시험으로 채용한다. 공무원 채용 시험제도는 계층 차별적이거나 사람들에게 경제적 부담을 주어서는 안 된다. 핵심 관료로 키울 인재들의 선발 시험도 대학졸업 정도의 학력을 평가한다. 나라는 관료들을 선발하여 체계적이고 주기적인 교육을 통해 능력을 높인다. 관료로 선발된 사람들에게 공직 경험을 쌓게 하면서 그러한 기반위에서 공공성과 전문성, 학문을 높일 수 있도록 한다. 일부 공무원은 박사급으로 교육시킨다. 핵심 관료들은 해외의 유력관리자들과 네트워크를 갖도록 국제화시킨다.

관료들이 초급 관리자 시절부터 외부 문물을 배우게 하고 특정 부처의 전문성을 확고하게 다진다. 이들이 부처이기주의에 매몰되지 않고 시야를 넓힐 수 있도록 일정 기간 부처를 순환 근무한다. 이때는 지방자치단체에서도 근무하여 공공사무의 본질을 익히게 한다. 핵심 관료는 정기적으로 국정에 관한 연구보고서를 제출하도록 한다.

고위 공무원은 국가가 통합 관리하며 국가과제의 수행이라는 차원에서 보직과 직무를 부여한다. 고위공무원이 나라의 방향과 수준을 결정하는 데 중요한 역할을 한다. 고위공무원에 올라가는 사람은 그 분야에서 국내외 누구와 비교해도 탁월하다는 평가를 받아야 한다. 그래야 나라의 결정이 존중받고 권위 있으며 나라가 제대로 된다. 나라는 그들을 철저하게 교육하고 그들은 치열하게 학습한다. 통일국가는 총명하고 지식이 많고 식견이 높으며 전략적 사고를 할 줄 아는 우수한 인재들이 고위공직에 오르도록 체제를 만든다.

통일국가는 입법, 행정, 사법 등 모든 국가기관과 지방자치단체의 직급 인플레를 혁파하여 보수 처우 등 행정비 지출을 줄인다. 특히 권력기관일수록 직급인플레가 심하다. 정부투자기관의 보수 및 처우는 국가기관을 기준으로 동일노동 동일임금의 원칙을 적용한다. 동일노동 동일임금의 원칙은 나라 전체적으로 파급되도록 한다. 동일임금 원칙에 따라 공공부문 종사자도 적정보수를 받아야 한다. 공직자가 민간부문보다 많은 보수를 받을 수는 없으나 그렇다고 낮은 보수가 미덕이 될 수는 없다. 공직자들은 누구라도 일정한 주기를 정하여 능력과 성과를 평가받도록 의무화한다. 이들에 대한 평가시에 국민참여가 보장되도록 하는 것이 필요하다. 그리고 평가에 따른 엄정한 조치가 뒤따라야 한다.

정치적 다원주의

통일국가는 다원주의 정치체제이다. 다원주의는 서로의 차이점을 인정한다. 다원주의 사회는 서로 다른 주장이 평화롭게 공존하며 상호 학습을 통해 발전하는 사회이다. 독선과 독재는 통일국가에서 발붙일 수 없다. 어떠한 사상이나 사람이 국민을 획일적으로 지배하는 것은 정상이 아니다. 정치·경제·문화에서 다원주의가 실질적으로 지켜져야 한다. 현실정치에서 지역패권이나 계급정치의 현상이 나타나는 것은 민주주의의 위기 현상이다. 다원주의가 사라지면 그때부터 국민은 나라의 주인이 될 수 없다. 다원주의는 사람들의 선택권과 자율성을 보장한다. 다원주의 사회라고 해서 국민 각자가 자기의 이익에 따라 제멋대로 하고 뿔뿔이 흩어지라는 것은 아니다. 공격적인 이기주의로 타인과 국가공동체를 훼손하는 것은 다원주의와는 거리가 멀다. 다원주의가 제대로 작동하려면 사람들이 타인에 대한 존중과 국가공동체의 발전을 위해 기여하고자 하는 자세가 반드시 필요하다. 나라는 서로 다른 의견이나 갈등을 조정하여 해결해야 한다. 갈등을 해결하지 못하는 불능사회는 다원주의 사회의 모습이 아니다.

다원주의 민주정치는 반드시 정권이 교체될 수 있어야 한다. 권력교체가 없는 나라는 민주국가가 아니며 쇠퇴한다. 권력교체가 필요한 때에 그것이 안 되면 나라가 자기 교정능력을 상실하기 때문이다. 정권교체 가능성이 항상 열려있고, 실제로 정권교체가 이루어져야 국민주권주의가 보장된다. 권력은 공공의 사물로서 특정인이 이것을 독점하거나 장기집권해서는 안 된다. 현대에는 과학기술로 인해 어떤 권력자가 장기집권하면 빅 브러더가 될 위험성이 있다. 현대에 들어와 장기집권 금지와 권력교체는 더욱 필요해졌다. 통일국가는 대통령의 임기를 5년으로 하고 중임을 금지한다. 제도적으로 5년마다 정권교체가 이루어진다. 국회의원지방자치단체 의원 포함은 3연임을 금지한다. 지방자치단체장은 1회에 한하여 중임할 수 있다. 권력교체의 제도화는 권력의 독점을 방지하고 권력의 순환과 신진세력의 권력진입을 촉진한다.

이는 또한 장기집권에 의한 독재와 구조적 부패가 발붙이지 못하도록 한다. 권력교체는 국가의 쇄신과 역동성을 높이게 될 것이다.

통일국가는 일당 독재를 배격하며 복수정당제를 보장한다. 정당은 정치적 의사를 결집하고 정치적 견해를 밝히며 각종 선거에서 공직 후보자를 추천한다. 정당은 민주적으로 운영되어야 한다. 정당이 공직 후보자를 결정하는 과정도 민주적이고 투명해야 한다. 민주적이라 함은 특정의 권위자에 의해서 독단적으로 결정되는 구조가 아니어야 한다는 의미다. 후보자들 간 경쟁이 있어야 하며 구성원들에 의해 결정되는 구조를 가져야 한다. 이때에도 부정이 개입돼서는 안 된다. 부정한 방법으로 후보자가 결정된 경우에는 부정선거를 처리하는 것과 같이 엄정하게 조치한다. 특정 지역에서 특정인의 권력 독점과 장기집권을 막는 것이 필요하다. 의원의 3연임 금지와 지방자치단체장의 중임제한은 그러한 취지에서 합당하다. 정당에 비밀조직을 두는 것을 금지한다. 모든 국가기관과 정당 및 공공조직들은 개방적이며 투명해야 한다. 사적 단체까지도 개방적이야 한다.

통일국가는 특정 지역에서 특정 정당의 패권과 배제를 시정한다. 지역 차원에서도 복수정당제가 실질적으로 보장돼야 한다. 통일국가는 한 선거구광역화된 지방자치단체에서 한 정당이 2/3 이상의 의석을 차지할 수 없도록 제도화한다. 호남이나 영남에서, 서울의 강남이나 강북에서, 한반도의 남부와 북부에서 특정 정당이 의석을 독차지하거나 또는 당선자를 거의 내지 못하는 것은 건강하지 못하다. 1/3의 규정을 적용하는 것은 최소한 그 정도의 다양성이 존재해야 소수파도 목소리를 낼 수 있기 때문이다. 그러할 때 독재를 방지할 수 있으며 공동체가 건강하다. 지방자치단체장도 권력교체를 제도화하여 지방행정의 쇄신을 촉진한다.

통일국가는 정치적 다원주의를 세대의 형평성까지 고려하여 제도화한다. 각 정당은 국회의원 후보자를 공천할 때 20대, 30대, 40대, 50대, 60대 및 70대 이상의 세대에 각각 10% 이상을 강제 배정하도록 한다. 청년들이 나라의 장래를 이끌어 갈 사람들이기 때문에 이들의 의사와 희망이 정치에서 반영될 수 있는 길을 열어야 한다. 이들이 정치의 주역으로 대접받게 되면 자신감과 책임감이 커질 것이다. 또한 평균수명이 길어지고 건강상태가 양호하여 100세 수명시대가 되고 있다. 노령자의 인구 비중이 커진 점을 정치의 현실에 반영해야 한다. 지방의회 구성도 세대의 의사를 대표할 수 있도록 강제한다. 의원 선거에 나갔던 사람들에 대해서는 원직복귀를 보장한다. 청년을 포함하여 정상적인 직업인들이 의원으로 봉사하도록 하고 그 기간이 끝나면 특혜나 불이익 없이 다시 직장인으로써 복귀하도록 하는 것이 의원직을 직업으로서 생각하지 않게 하는 방법이다.

민주주의 가치 수호와 선동정치의 배격

현대 민주주의가 위협받고 있다. 정보화와 개방화, 세계화로 인해 대중들의 기대수준이 높아지고 국가기구에 대한 요구가 강하다. 대중 민주주의 시대에 국가지도자는 국민의 선거에 의해 선출된다. 사람들은 선거에서 승리하기 위해 국가의 능력에 부치는 약속을 대중들에게 하는 일이 많다. 당선된 이후 그들은 그 약속을 지키지 못함으로써 신뢰를 잃고 지지를 잃고 힘을 잃는다. 국민의 신뢰를 상실하고 국민들로부터 무시당하는 국가지도자들은 자신감을 상실하고 허둥지둥한다. 국가는 결정을 제대로 못 하거나 국민들의 요구에 영합하는 일이 늘어난다. 국민의 대표들이 제 역할을 못 하면 대의제도가 흔들리고 입헌주의가 흔들리며 거리의 정치가 성하게 된다.

국민들의 강한 요구 앞에서 국가의 제도들이 무력해지면 민주주의는 위험에 빠진다. 민주주의는 제도에 의한 통치이기 때문이다. 정치가 제도의 틀에서 벗어나면서 사회는 혼란스럽다. 정치학 교과서에서는 민주주의와 정치발전의 기본이 제도화임을 서술하고 있다. 제도에 의한 통치 작용이어야 민주적 통제가 가능하다. 제도가 흔들리는 혼란을 틈타 야심가들은 포퓰리즘을 부추긴다. 대중의 요구는 더 거세지고 이에 부응하고자 국가지도자는 국민의 사생활에 더 많이 개입한다. 절제와 공공정신이 약해진 지도자와 대중들이 허무맹랑한 공약에 함께 취한다. 국가의 유무형 자원은 소모되고 정치는 타락하며 국가는 무능하게 된다. 정치와 정치인은 희화화되고 공동체의 결속력은 떨어진다. 대의정치와 법치주의가 무력해지면 독재가 활개친다. 남미를 비롯해 세계 곳곳에서 벌어졌던 일이다.

현대 민주주의는 거짓과 선전선동으로부터 위협받고 있다. 정치의 세계에서는 말이 많은 것을 좌우한다. 현대사회에서는 정보화의 고속도로를 타고 많은 말이 신속하게 전파되고 확산되면서 정치에 영향을 미친다. 정보화시대에 야심가와 불만을 가진 사람들은 목적의식을 가지고 익명성에 기대어 거짓말을 양산하여 세상에 퍼트린다. 거짓말은 대중의 공포와 증오를 양산한다. 데마고그들은 대중심리를 파고들어 사람들을 흥분시켜 민주주의를 파괴할 수 있다. 거짓말을 통제하는 것이 민주주의를 지키는 데서 중요한 과제가 됐다.

앞으로 권력자들이 사람들을 완전히 장악할 위험성이 있다. 현대 기술은 사람들을 일상적으로 감시한다. 사람들의 일상이 대부분 무엇인가에 의해 모니터되고 있다. 사람들의 이동 행적을 비롯하여 통신, 금전거래, 소비생활, 주의주장, 질병기록 등의 사생활이 디지털 문명에 의해 기록되고 소멸되지도 않는다. 공권력이 과학기술을 악용하게 되면 거대한 감시체제가 구성된다. 조지 오웰의 빅 브러더 국가가 탄생할 수도 있다. 일부 국가에서는 그러한 조짐이 나타나고 있다. 권력자가 마음만 먹으면 사람들의 사생활을 모두 들여다 볼 수 있다. 이들이 빅 브러더가 되어 사람들을 완벽하게 통제하고 조종하면서 자기의 뜻대로 권력을 행사할 수 있다. 현대의 독재자는 과거의 독재자들과는 차원이 다르다. 권력자가 과학기술을 악용하는 것을 통제하는 것이 민주주의를 지키는 중요한 과제가 됐다.

통일국가는 민주주의가 위기에 빠지지 않도록 해야 한다. 국가기구들이 유능해야 민주주의의 위기를 막을 수 있다. 국가지도자들은 대의정치의 본령에 충실해야 한다. 국가기구들이 국민의 뜻과 시대정신을 읽고, 공공의 입장에서 국가의 방향을 정해야 한다. 국가 지도자들은 결정하고 그 결정을 국민들이 동의하게 만드는 설득력과 장애를 돌파할 수 있는 용기가 있어야 한다. 정치세력 간 정권을 두고 경쟁하는 것은 불가피하나 그 경쟁이 입법기능을 마비시켜서는 안 된다. 집권세력이 책임정치를 하고 그것을 선거에서 심판받도록 한다. 국가지도자가 의회를 상대로 국정을 이끌어 가는 것이 정도이다. 국정은 제도와 예산으로 이루어지는 것이기 때문에 의회를 배제할 수 없다. 의회를 배제하면 대의민주주의를 실현할 수 없으며 포퓰리즘을 이끌어와 혼란을 야기한다.

통일국가의 관료조직들은 헌법정신과 국가의 방향을 실현할 효과적인 계획을 세우고 실천한다. 나라는 자원을 동원하고 국정을 제도화하고 쇄신 발전시키며, 국제관계를 만들어 나가야 한다. 관료조직은 국가가 사용할 수 있는 유무형의 자원을 많이 확보한다. 이를 미래까지 대비하여 배분하며, 효과적으로 사용하고 효율성을 높여 집행한다. 국가는 개입의 과잉을 절제하고 국민 각자의 자기 책임과 자율성을 존중한다. 국가의 개입이 커지는 것은 개인의 자율성을 약화시킨다. 이것은 국가의 권력이 커지는 것을 의미한다. 결과적으로 사람들이 무기력해지고 국가의 힘이 커지면 독재가 출현한다. 국가의 재정지출과 사회보장성 지출은 국민총생산의 30% 정도로 유지하는 것이 바람직하다. 국가에 특수한 사정이 있을 때도 1/3을 넘지 않도록 통제해야 한다. 국가에 대하여 지출을 확대할 것을 요구하는 것이 계속되면 궁극에 가서는 전체주의의 구렁텅이에 빠진다. 이것을 지도자와 국민들이 명심해야 한다.

통일국가의 국가기구들은 민주주의 헌법가치와 헌법질서를 수호하는 집단이다. 국가기구는 인간의 자유와 인권을 지키고 사회 정의와 공동선을 실현하며 민생을 챙긴다. 국가기구가 무능하면 국민 개개인이 위기로 빠지고 민주주의가 위태로워지며 국가가 쇠퇴하게 된다. 국가기구를 구성하는 사람들은 반 헌법 가치나 특정 집단, 돈에 포획되지 않아야 한다. 선출직과 임명직 공직자들은 헌법 수호를 서약하고 취임한다. 공공기관과 학교 등 국가 재정이 들어가는 모든 조직의 구성원은 반 헌법적 언동을 자제해야 한다. 헌법질서를 파괴하고자 하는 사회조직은 법으로 규제한다.

국가기구를 구성하는 사람들을 선출하는 것은 국민이다. 국민은 선거를 통해 제대로 된 대표를 선출해야 한다. 선거과정을 적법하고 공정하고 투명하게 해서 주권자의 좋은 공론이 표출되도록 하고, 좋은 대표를 뽑아야 한다. 돈과 완력과 거짓말로 선거과정을 왜곡하는 것은 민주주의에 대한 반역이다. 포퓰리즘에 기대는 사람과 거기에 흔들리는 사람도 민주주의를 취약하게 만든다.

3

공화주의

삶의 틀로서 공화정

통일국가는 민주공화국이다. 공화국은 구성원 공통의 이익을 추구하는 공동체이다. 공화국은 국민이 나라의 주인이며 나라는 공공성을 추구하는 것이다. 헌법 이론에서는 공화국을 과거 군왕에게 귀속되어 있던 국가권력을 피지배자들의 것으로 바꾸고 피지배자들이 국가권력을 행사하는 국가체제를 의미한다고 설명한다. 군주국에 반대되는 개념이다.

공화국은 군주권력의 압제에서 해방된 시민들이 권력을 공유한다. 시민들이 군주로부터 권력을 빼앗고, 그 권력을 분점하는 과정은 둘다 상상 이상으로 어려운 권력투쟁이었다. 그것은 오늘날 국가체제가 무너져 내란상태에 있는 나라에서도 확인할 수 있다. 이렇듯 공화주의는 현실의 문제이며, 공화정은 긴장관계가 존재한다. 이러한 긴장관계를 관리하기 위해 시민들의 절제, 봉사가 필요하다. 공화국의 성립은 건전한 시민을 전제로 한다. 공화국의 어원은 플라톤의 철인 정치, 이상국가와 연결된다. 역사에서는 많은 사상가 정치가들이 유토피아를 꿈꿨다. 유토피아를 꿈꾸는 것은 현실에 해답을 주지 못했다. 불만스러운 현실에서 탈피하고자 하는 낭만주의 유토피아니즘은 모든 사회현실을 이상적으로 해석하고 설계했다. 그 극단이 공산주의였다. 그것은 현실을 왜곡했고 사람들을 허위의식으로 가뒀다. 유토피아 건설에 열광했던 사람들은 모두 자유를 잃었고 인간개조의 만행을 겪었다. 현실을 외면한 이상주의로는 공화정을 실현할 수 없다.

공화국의 연원적 핵심은 시민의 탄생이다. 과거 봉건질서의 억압에 묶여 있던 사람들이 구질서를 타파하고 자유로운 개인이 됐다. 그 개인들이 공공의 목적을 위해 결합하여 민족국가를 만들었고, 공화정을 실시하여 시민이 됐다. 공화국은 자유로운 시민이 없이는 존립할 수 없다. 공화국의 시민은 공공의 영역과 공공성을 존중한다. 그들은 또한 자유로운 시민으로서 자율적으로 결정하고 행동하며 자립한다. 개인의 자율과 자기 책임, 개인주의가 없는 공화국은 존재하지 않는다. 사람들은 자율과 자기 책임의 기초위에서 공동체가 합의한 공공의 이익을 위해 기여하고 사익을 절제한다. 이것이 시민적 의무이다. 공화국은 공공의 영역과 개인의 책임이 조화를 이룬다. 원리상 개인의 책임이 더 큰 체제이다. 사람들이 자기의 일상을 국가에 크게 의존하는 것은 자기의 존엄을 약화시킨다. 사람들이 개인의 책임을 면제하고 그것을 국가의 책임으로 전가하는 것은 부도덕하고 정의에 반한다. 그러한 나라는 쇠락한다.

한민족의 독립운동과 해방 후 정부 수립 과정에서 민족의 지도자들은 공화정의 정신에 충일했다. 그들은 나라를 공공의 목적을 실현하기 위한 공기公器로 생각했다. 정치지도자들은 자유주의를 지향했으며, 한편으로는 국가가 국민 생활의 보호와 균등한 발전을 추구해야 한다는 공공의식에도 친숙했다. 이러한 정신이 1919년 4월 대한민국 임시정부의 헌장에 민주공화제로 명시됐다. 1941년 11월 대한민국 임시정부는 대한민국 건국강령에서 삼균주의를 내세웠다. 삼균주의는 복국復國과 건국을 통하여 정치·경제·교육의 균등과 독립·자주·균치均治를 동시에 실시한다는 공약이었다.

한민족의 독립운동 과정에서 형성된 공화주의 전통은 제헌헌법에 강하게 반영됐다. 제헌헌법에서 경제질서는 사회정의의 실현과 균형 있는 국민경제의 발전을 추구할 것을 규정했다. 이는 국민 생활의 기본적 수요를 충족하는 것을 목표로 하는 것이다. 자연자원은 국유로 하고 금융업 등 주요 산업은 국영으로 한다고 했다. 제헌헌법의 기본질서는 자유민주주의였다. 자유민주주의는 인권과 자유를 절대가치로 존중한다. 이는 공정한 정치적 경쟁과 시장경제 체제를 옹호한다. 제헌헌법은 이러한 자유주의 전통에 사회정의와 국민 생활의 기본 수요를 충족하기 위한 사회국가적 전통이 결합됐다. 자유민주주의와 공화주의는 통일국가 헌법의 중요한 기둥이다. 이는 또한 독립운동 과정에서 합의된 한민족의 자주독립정신이다.

그동안 공화주의 정신이 많이 흔들렸다. 남북분단은 공화정의 정신을 크게 훼손했다. 전쟁은 그 자체가 야만이었고 참극이었다. 거기서 무슨 공공성을 찾는 것은 불가능했다. 극심한 체제경쟁과 체제의 존망을 건 대결은 공공정신을 좀먹었다. 개인숭배와 전체주의는 공화주의 정신과 배치된다. 천민자본주의의 극단적 이기주의도 공화국의 정신과는 거리가 멀다. 세계화의 바람도 공공정신을 허물었다. 세계화로 인해 각종 공동체가 해체됐다. 사람들은 고립되고 원자화되어 보이지도 않는 거대한 무엇인가에 의해 조종당하는 듯하다. 세계화의 바람 속에서 경제위기가 발생하자 이것이 전 지구를 휩쓸었다. 이때 뿌리 뽑힌 사람들을 보호하고 도왔던 가장 중요한 공동체는 국가였다. 어떠한 상황에서도 이익을 생각하지 않고 사람들을 공정하게 보호하고, 사람들이 최종적으로 의지할 수 있는 것은 나라임을 확인했다. 나라라고 하는 것은 원래 그러한 목적으로 태어난 실체이기 때문이다.

통일국가는 공화국으로서 상생의 공동체를 형성한다. 세계화 물결은 돈을 우선시한다. 그러한 풍조로 인해 공동체들이 해체되면서 돈이 득세하고 사람들은 소외됐다. 나라는 중산층을 살리고 공동체를 회복하여야 한다. 공동체는 사람들이 함께 살아가야 할 생태계이다. 만 사람은 나 없이도 살아갈 수 있지만, 나는 다른 사람의 도움이 없이는 단 며칠도 살아갈 수 없다. 잘난 사람이나 못난 사람이나 누구도 독립적으로 살아갈 수 없으며 공동체의 누구와 교환하여야 살아갈 수 있다. 지식이든 재산이든 그것은 타인이 없으면 그 효용은 거의 99%가 없어진다. 타인은 모두 나의 생존을 보장하는 생태계이다. 타인을 살리고 살찌우는 것은 나의 삶의 생태계를 튼튼히 하는 것이다. 누구든지 혼자서는 살아갈 수 없을 뿐 아니라 가치 있는 일을 해낼 수 없다. 다른 사람들과 공동체를 이루고 협력해야 그것을 할 수 있다. 그 가장 큰 공동체가 국가이다. 나라는 매우 중요한 인간의 창조물이다. 통일국가는 국가의 공동체성을 강화한다. 지방자치단체는 그 자체가 중요한 공동체이고, 또한 각종 공동체를 지원한다.

통일국가는 공화국으로서 지배질서가 특정한 계급이나 지역에 의해서 독점될 수 없도록 한다. 지배질서는 사회적·국가적 자원의 배분에서 중요한 요소로 작용한다. 나라는 공공의 것이다. 통일국가는 공직과 국가권력의 사유화를 금지한다. 나라는 공정한 제도를 확립한다. 공정한 제도와 질서를 통해 사회적 불평등과 부패와 혼란을 방지한다. 나라는 사회적 예측 가능성과 투명도를 높여나간다. 어떠한 사적 권력과 재산도 이러한 공정한 규칙을 해칠 수 없도록 해야 한다. 사람들이 부정한 방법과 반칙으로 자신의 목표를 이룰 수 없도록 국가제도는 엄정하고 사회적 감시가 살아있어야 한다.

통일국가는 공화국으로서 공공의 이익을 추구한다. 통일국가는 시장경제 체제를 채택하며, 사유재산과 사적 이익의 추구를 보장한다. 사람들은 자유 시장질서 하에서 자율과 자기 책임으로 생활한다. 한편 나라는 사람들의 생활을 지원하기 위해 공공의 영역을 창설하고 이를 확충한다. 나라는 누구나 평등하게 접근하고 이용할 수 있는 공공시설을 적절하게 건설하여 국민 생활의 안정과 편의를 도모한다. 나라는 공공질서를 확립하고 공적 부조를 제공하여 사람들의 인간다운 생활을 보장한다. 사람들은 국가공동체가 합의한 공공성과 공익을 위해 사익을 절제한다. 통일국가의 국민은 남녀노소 모두가 이러한 공공정신을 공유한다.

국민의 공공정신

민주공화제를 지켜내는 일은 그 주인인 국민의 몫이다. 국민들이 나라의 주인이라는 의식을 가진다. 그들이 나라의 주인다워야 하며, 나라의 주인으로서 사명을 가져야 민주공화제가 제대로 작동할 수 있다. 사람들이 각자의 사익을 가열차게 추구하고 자기의 주장만을 내세우는 것은 주인의 자세가 아니다. 나라의 주인들이 공공성을 존중하고, 이를 위해 양보하고 봉사해야 한다. 권리만 있고 책임이 없는 주인은 없다. 나만 편하고 잘살면 된다는 것은 극단적 이기주의이고 노예근성이다. 그러한 사람은 주인이 될 수 없고 매국노가 된다. 조선말 일부 인사들이 사익을 극단으로 추구했던 것이 친일매국으로 나타났다. 매국노들은 원래 민족 자주의식이 없고, 자기가 나라의 주인이라는 생각도 없었다. 친일매국의 대가로 그들은 작위를 받고 은사금을 받았으며 토지를 받아 안일하게 생활했다. 그들은 일신이 편하기만 하면 됐다. 그들은 천성이 타고난 노예였다. 나라가 어떻게 되든 나만 잘살고 편하면 그만이라고 생각하는 사람이 있다면 그는 노예이다. 그러한 노비정신으로는 공화국을 만들 수 없다.

민주공화국의 국민은 정의를 지켜야 한다. 한민족은 외침과 식민과 동족상잔의 아픈 역사를 겪었다. 그것은 세상이 언제 어떻게 바뀔지 모르는 대혼란이었다. 그러한 혼란 속에서 사람들의 생사존망과 부귀빈천의 기로가 순식간에 뒤바뀌는 일이 있었다. 그때 나와 내 가족의 생존과 영달을 위해 눈치 보고 영악하게 처세했던 사람들이 있었다. 그들에게 나라와 정의는 없었다. 나라에 정의가 서지 못하고 노예근성을 가진 사람들이 득세한다면 국가공동체는 망한다. 우리가 친일파를 배격하고 사대주의를 비난하는 이유가 여기에 있다. 통일 국가는 한민족이 다시 그러한 참혹한 지경에 이르지 않도록 정의를 세우고 국민들의 주인의식을 고양한다.

민주공화정을 유지하기 위해서는 사람들이 나라의 주인으로서 책임을 다해야 한다. 사람들이 국가작용을 받아들이고 주변 사람들을 존중해야 한다. 나라는 공공의 목적을 위해 사람들의 자유와 사익을 제한하고 어떤 의무를 부과하기도 한다. 사람들이 나라의 정당한 권력행사를 따르지 않으면 공화국은 성립하지 않는다. 나라는 기본적으로 사람들을 보호하는 중요한 실체이다. 국가권력의 소멸을 소원하며 무정부 운동에 뛰어들었던 사람들은 극단의 권력지배를 경험했다. 지금도 국가가 무너진 세계 각지에서 사람들이 야만에 지배당하는 참상을 겪고 있다. 사람들은 민주공화정을 유지하기 위해 필요한 활동을 해야 한다. 사람들이 주인의 자세를 갖고 당파와 패거리에 휩쓸리지 않으며 각종 선거에서 투표권을 행사한다. 주권자인 국민이 특정 정당이나 후보에 열광하는 것은 바람직하지 않다. 그것은 주인다운 자세가 아니다. 열광과 맹신이 일상화되면 그것이 환상을 일으키고 독재를 유혹한다. 특정지역에서 특정 정당이 무조건 지지받는 것도 공화국답지 않다. 사람들은 국방의 의무와 납세, 교육, 근로의 의무를 다한다. 재산권의 행사를 포함하여 자신의 권리를 행사하는 데 공공복리나 공공질서, 국가안보를 해치지 않아야 한다. 병역을 면탈했거나 탈세를 했거나 탈법과 불법행위를 밥 먹듯 한 사람들이 높은 공직에 나가서 나라를 이끌어 가는 것은 정의롭지 않다. 그러한 일이 빈번하면 공화정은 무너진다. 사람들은 이러한 의무와 규범을 잘 준수해야 한다. 이를 엄격히 지킨 사람들이 지도자가 돼야 한다.

민주공화정을 실현하기 위해서는 국민들이 공공성을 존중해야 한다. 사람들이 국가공동체와 공공의 이익을 위해 봉사한다. 사람들은 나라와 지역공동체와 공공의 문제에 대해서 관심을 가지고 참여한다. 국가공동체의 구성원들은 상호 조율하고 합리적인 결론을 도출하기 위해 노력한다. 나와 다르더라도 타인을 존중하고 배려하며 공존하기 위해 노력한다. 나와 다른 의견을 적대시하는 사람은 공화국을 해친다. 사람들이 공공생활에서 언행에 신중하고 사익을 절제한다. 이러한 시민적 덕성이 있어야 공화국은 유지될 수 있다. 국가의 권력은 공공을 위해서만 행사되어야 하며, 그 절차도 정당해야 한다.

공화국은 개인의 자유와 사익을 존중하면서도 공익을 확보하고 공동의 가치를 실현한다.

통일국가는 공화국으로서 상생과 쇄신과 사회적 이동을 주도해야 한다. 양극화가 심화되면 공동체가 경직되고 불만이 사회저변에 깔리게 된다. 그러한 사회에서는 분노가 들끓고 사람들의 심성이 각박해진다. 통일국가는 항상 쇄신하고 역동적이어야 한다. 특권계층과 낙오계층이 없이 사회적 이동이 상당한 폭으로 지속적으로 일어나야 한다. 낙오한 사람들도 재도전하고 재기할 수 있는 여건을 나라가 조성한다. 나라는 사람들이 원한 맺히거나 좌절하거나 무기력에 빠지지 않도록 노력한다. 통일국가는 전체적으로 소통하는 공동체이며, 경직된 이념이나 공허한 명분을 배격한다.

통일국가는 국가이념과 국가의 조직, 사람들의 공공의식과 문화수준, 사람들의 생활조건, 경제의 선진성과 분배체계 등 모든 면에서 '세계일등'이다. 통일국가는 세계의 모든 나라와 세계인들이 닮기를 원하는 최고의 모범국가이며 항상 새로워지는 나라이다. 통일국가는 스스로만 좋은 나라가 되는 것이 아니라 인류 발전에 기여한다.

지방자치를 통한 복지공동체 실현

통일국가의 공동체성은 지방자치단체가 그 본질을 구현한다. 지방자치단체는 주민들의 생활에 밀착해서 행정서비스를 제공하는 공공조직이다. 지방자치가 중앙정치에 좌우되거나 중앙정치에 참여하는 발판으로 이용되지 않아야 한다. 지방자치는 주민에게 철저하게 봉사하는 것이다. 지방자치단체는 안전과 복지와 산업 등 주민생활과 관련된 일체의 사무를 담당한다. 즉 사람들의 의식주, 소방안전, 치안, 보육, 교육, 보건, 의료, 산업부흥, 취업, 도시개발, 주택, 기반 시설, 상하수도, 식품위생, 청소, 폐기물처리, 양로, 기초생활보호, 관혼상제 등 주민생활과 관련된 모든 활동을 지원한다. 지방자치단체는 주민 복지 전달체계이며 큰 복지공동체이다. 지방자치단체는 산업을 육성하여 주민생활을 돕는다. 지방자치단체는 지역 내에서 극빈으로 고통받는 사람들이 없도록 한다.

　지방자치 단체는 거점도시를 개발한다. 통일국가의 국민은 대부분 도시생활을 할 것이다. 이것이 추세이고 산업발전과 복지전달을 위해 집적이 유리한 측면이 있다. 지방자치단체는 거점도시에 상업과 물류 중심 센터를 만들어 역내 산업을 조직화한다. 거점도시에는 큰 종합 병원을 세워 그 지방의 의료 수요를 충족한다. 거점도시는 교육문화의 중심이다. 지방자치단체는 교육과 문화를 진흥한다. 지역 학교 교육의 질적 향상을 이룩하는 것이 지방자치단체의 중요한 일이다. 대체로 좋은 학교가 있어야 사람들이 그 지방에서 살기를 원한다. 많은 사람이 살기를 원해야 좋은 지방자치단체가 된다. 좋은 학교를 만들어 좋은 교육을 시키는 것이 그 지방자치단체를 흥하게 한다. 지방자치단체는 지방공공도서관을 운영하고 미술관 공연장 운동장을 만들어 주민들의 문화 활동을 돕는다. 지방자치단체는 그 규모에 따라 교향악단이나 무용단, 선수단 등 문화예술체육단을 운영한다. 이는 문화예술체육을 전공했던 사람들의 활동 기반이다. 이를 통해 문화인들이 활동하고 생활할 수 있는 생태계를 구성한다. 문화인들은 지역 문화재 보호와 문화 창달을 위해 자기의 전문지식을 활용한다. 거점도시는 경제 문화 교육 의료 수준을 대도시와 대등하게 발전시킨다. 이렇게 되면 전국적으로 균형발전이 이루어진다.

지방자치단체는 자치사무를 자율적으로 집행하여 주민생활의 향상을 도모한다. 국가는 지방자치단체 교부금을 비목을 정하지 않고 총액으로 지원한다. 지방자치단체는 고도의 자율성을 갖되 투명성을 철저하게 유지한다. 지방자치단체들 사이에는 자율적 자치행정을 상호 비교하고 경쟁하며 벤치마킹하도록 한다. 이것은 국가 전체적으로 행정효율을 높일 수 있다. 주민들은 지방자치단체의 행정에 대하여 참여하고 토론하여 공론을 형성하고, 자신의 의사를 반영할 수 있도록 지방의 정치과정을 활성화한다. 사법심사나 범죄수사, 형벌권은 국가의 사무로 한다.

지방자치단체는 주민자치의 행정서비스기관으로서 읍면동을 둔다. 읍면동은 주민들과 직접 맞닥뜨려 그들의 민원을 들어주고 생활환경을 만들어 주며 공동체 활동을 돕는다. 읍면동은 복지전달 및 행정서비스 일선조직이다. 인구 밀집지역은 3만 명 정도로, 농어촌 도서벽지 지역은 2~3천 명 정도의 인구규모로 읍면동을 설치한다. 기존의 읍면동 체제를 기본으로 유지하면서 조정하면 될 것이다. 읍면동이 없는 지역에서는 인구 기준과 과거 행정구역을 참고하여 새롭게 설치한다. 사람들은 읍면동 사무소와 지서 파출소, 일선 소방서 등을 통해 국가행정을 인식한다. 국가가 유능하기 위해서는 주민생활을 직접 돕는 현장 행정이 강해야 한다. 읍면동 사무소 등 일선 행정기관은 주민들의 의견을 수렴하고 행정수요를 파악하여 효율적으로 대처하도록 한다. 통일국가는 읍면동과 치안 소방안전 조직 등 일선 행정조직이 유능하게 일할 수 있도록 시스템과 행정 인프라와 인력을 강화한다.

지방자치단체장은 주민직선으로 선출한다. 지방자치단체장의 임기는 5년으로 하며 1회에 한하여 중임할 수 있도록 한다. 지방자치에서도 장기집권과 권력독점을 방지한다. 지방자치단체의 주민들은 주민투표로 지방자치단체장의 선거를 보류하고, 국가에 해당 자치단체장의 임명을 요구할 수도 있다. 이것은 지방행정의 토호土豪화나 정체를 방지하고 쇄신을 강제하기 위한 것이다. 지방자치단체장을 포함하여 지방공무원의 처우 및 행정조직의 규모 등은 이것도 자기후생의 자기결정 금지 원칙에 따라 국가가 일정한 기준을 정한다. 어디서나 직급인플레와 방만한 조직은 좋은 것이 아니다. 지방자치단체뿐만 아니라 국가의 모든 기관에서 직급인플레와 허례허식, 행정비의 낭비를 털어내야 한다. 지자체는 인구 150만 명 이상을 관할하는 지방자치단체의 장은 차관급으로, 그 이하에서 50만 명, 50만 명 이하 등 지자체의 인구수에 따라 지방자치단체장은 각각 1~2급 국가공무원에 상응하는 처우를 받는다. 통일국가는 지방자치의 정치적 중립성을 보장한다. 지방자치단체장이나 지방의회 의원은 정당에 가입할 수 없다. 정당이 지방자치단체의 선거에 개입하는 것을 금지한다.

지방자치단체의 공무원은 자체 충원과 국가충원을 배합한다. 지방자치단체 공무원의 50%는 해당 지방자치단체의 지역에서 선발한다. 50%는 범국가적으로 선발하여 배정한다. 지방공무원의 능력개발을 위해서 국가가 공무원 교육을 체계적으로 실시한다. 지방자치단체 간, 지방자치단체와 민간, 지방자치단체와 국가기관 인사교류를 강제적으로 실시한다. 인사교류는 국가의 중앙인사기구가 중앙집권적으로 실시한다. 어떠한 세력이든 특정 세력이 지방자치단체의 행정을 장악하고 부정부패와 부조리의 늪에 빠지지 않도록 한다. 지방자치단체 공무원들의 신분보장은 국가공무원과 같다. 지방자치단체장이 자의로 공무원을 임면하는 것은 불법이다. 어떤 직위이든 공무원은 자의적 임면이 불가능하다. 지방자치단체 공무원 인사도 철저하게 투명성을 보장하여 그 공정성이 지켜지는지 외부에서 관찰하고 여론통제가 가능하도록 한다.

지방자치단체는 각종 공동체를 형성하고 이를 지원한다. 사람들은 가족공동체, 직장공동체, 학교공동체, 마을공동체, 동호인 공동체, 업종 공동체를 비롯해 각종 공동체를 구성한다. 공동체를 통해 소외감을 극복하고 사회적 결속과 연대를 강화한다. 지방자치단체는 학교교육과 직업연수와 직업전환교육과 산업연구와 산업현장을 연계하는 생활공동체를 형성한다. 사람들은 생업과 관련된 각 공동체에 참여한다. 생업공동체는 공동체 성원 간 상부상조한다. 지방자치단체는 각종 직역과 자영업자들이 협회와 조합, 공제회를 만들어 상부상조하도록 돕고, 이를 위해 예산을 사용한다. 지방자치단체는 통일국가가 공화국의 이상을 실현하는데 핵심적인 제도이다.

제5장

남북 통합과 30년 고도성장하는 일등경제

1

나라의 민생보장 책임

항산恒産이 있으면 항심恒心도 있고 항산이 없으면 항심도 없다. 만약 항심이 없으면 사람들은 아무 거리낌 없이 제멋대로 하고 사악한 치레를 하는 것은 어쩔 수 없다. 백성들이 죄의 함정에 빠진 연후에 뒤따라 형벌을 내린다면 그것은 백성들을 그물을 쳐서 잡는 것과 같다. 백성은 먹을 것을 하늘로 삼고, 나라는 백성을 하늘로 삼는다. 맹자孟子에 나오는 구절들이다. 사람들은 먹을 것이 없으면 이를 얻기 위해 무슨 일이든지 할 수 있다. 실제로 사람들이 일상생활을 꾸려나갈 수 있는 재산이나 소득이 없으면 불안하고 항상심을 갖기가 어렵다. 개인의 생활과 가족공동체, 사회공동체 및 국가공동체를 이끌어 가는 데 있어 재화가 중요하다. 경제가 뒷받침되지 않으면 우리의 꿈과 이상과 계획은 그 어떤 것도 실현될 수 없으며 물거품이 된다.

통일국가는 국민경제를 키우고 재화를 공정하게 분배한다. 나라는 성장과 분배를 병행하여 국민들의 민생을 안정시킨다. 성장 없는 분배는 불가능하며 분배 없는 성장도 계속될 수 없다. 통일국가는 개인과 나라가 가난해지는 것을 철저히 경계한다. 가난은 인간의 존엄성을 훼손한다. 사람들이 극빈이 되면 예의와 법도를 잃을 수 있다. 그리고 생존하기 위해 돈 앞에서 비굴하고 다른 사람에게 굴종하기도 한다. 가난은 정의를 짓밟는다. 가난한 나라에서 사적 폭력과 빈부격차가 더 심했다. 나라가 가난해지면 독재가 명분을 얻고 인권침해가 많았다. 독재자는 나라가 가난하고 백성들이 못살아도 괘념치 않는 경우가 있다. 그것이 오히려 자기 권력을 보존하는 데 도움이 된다고 생각하기 때문이다. 그래서 온 나라가 가난해지면 하늘은 그 지도자를 버린다고 했다.

통일국가는 민생을 우선으로 한다. 민생의 기초는 사람들이 일정한 소득을 확보하는 것이다. 사람들은 그 소득으로 의식주를 해결하고 자식을 키우고 교육시키며 나이든 부모를 보살필 수 있어야 한다. 사람들이 소득을 얻는 가장 보편적인 방법은 직업을 갖는 것이다. 나라의 할 일은 사람들이 안정된 생업을 갖게 하고 그 생업을 통해 적정한 소득을 얻도록 하는 것이다. 많은 사람은 기업에 취업하여 소득을 얻는다. 어떤 사람들은 자영업으로 생업을 삼는다. 어떤 사람은 특정한 활동으로 소득을 얻기도 한다. 소수의 사람은 금융^{자본소}득이나 임대소득으로 생활한다. 사람들이 피고용인이 되든 자영업을 하든 특정 활동을 통해 소득을 얻든, 재산으로 소득을 얻든 사람들의 생업이 안정되기 위해서는 나라 전체적으로는 산업이 융성해야 한다. 그 핵심은 기업이다.

통일국가는 기업을 육성한다. 사람이 있고 자본이 있으며 기술이 있어도 기업이 없으면 그것을 결합하여 재화를 창출할 수 없다. 나라는 기업의 설립과 활동을 고무하고 지원한다. 기업은 사람들에게 일자리를 제공하고, 생산성을 높이기 위해 노력한다. 사람들에게 일자리를 제공하는 것은 매우 큰 공덕이다. 기업은 기술을 발전시키고 새로운 과학 기술을 적용하여 재화를 효율적으로 생산하고 판로를 개척하여 국가경제에 기여한다. 기업을 경영하는 것은 좋은 일이지만 그것은 쉬운 일이 아니다. 대기업은 대기업대로 중소기업은 그것대로 모두 자기의 역할이 있다. 나라는 기업 활동이 가급적 규모있게 수행되도록 지원한다. 기업이 규모가 있어야 직업의 안정성을 높이고 경험과 기술을 축적하는 데 유리하다.

통일국가는 자영업을 보호한다. 많은 사람이 생업을 위해 자영업에 종사한다. 나라는 자영업을 하는 사람들이 적정한 소득을 얻을 수 있도록 보호한다. 나라는 자영업의 터전인 골목상권을 보호한다. 중소기업과 자영업자들이 잘할 수 있는 업종에 대해서는 대기업의 진입을 제한한다. 자영업을 시작했다가 폐업하는 경우가 많다. 개인으로서는 그것이 각고의 고통이 따르는 일이다. 자영업자들 간의 출혈경쟁을 예방하여 자영업자들의 매몰비용을 최소화한다. 자영업의 업종별로 최소 영업범위를 정하여 과당경쟁을 자율적으로 자제하도록 한다. 자영업자들 간의 상호부조와 협동을 위해 동종 업계 종사자들이 특정 지역을 단위로 협회나 조합, 공제회 등을 만들도록 한다. 협회 등은 구성 업체들의 혁신과 경쟁력을 강화하고 품질을 높이기 위해 정보제공과 교육을 실시한다. 대기업에서 주기적으로 실시하는 직원들에 대한 교육을 자영업자에 대해서는 협회가 실시하는 것이다. 협회는 국가와 지방자치단체의 지원과 협조를 통해 해당 업종의 선진화를 추구한다. 협회 등은 구성원들의 공동체이다. 자영업자의 공동체가 상호부조기능과 사회안전망의 역할을 수행할 수 있도록 국가적 제도를 만든다. 지방자치단체는 이러한 공동체를 육성하고 지원한다.

통일국가는 문학 예술 체육 연예 등 특정한 활동으로 생업을 삼는 사람들을 보호한다. 그러한 활동이 안정적이고 적정한 소득으로 이어질 수 있도록 체계를 만들고 지원한다. 특히 과학 기술이 발전함에 따라 자기의 특장을 살린 활동을 통해 생업을 삼아야 하는 사람들이 늘어날 수 있다. 문화를 산업적 측면에서 접근하고 고용을 확대한다. 이것을 안정적인 생업으로 만들어 나가는 것은 당사자들과 나라가 직면하고 있는 중요한 과제이다. 지방자치단체는 문화산업을 조직화하여 문화 예술 체육인들의 생업을 지원한다.

고용된 사람이 실업을 당할 수도 있고, 자영업자가 폐업할 수도 있으며, 자기의 활동으로 생업을 꾸리고 있는 사람이 활동을 중단하거나 쉬어야 할 때도 있다. 통일국가는 이 사람들이 절대빈곤에 빠지지 않도록 체계를 만든다. 나라와 지방자치단체는 이들에게 교육을 통해 재취업의 기회를 제공하고 도전할 수 있는 분위기를 만든다. 교육을 받는 사람들에게는 교육수당을 지급한다. 실업보험은 이러한 교육체제와 연계해서 집행한다. 이러한 시스템은 사람들이 실업 등으로 인한 생존의 위기나 좌절감에 빠지지 않도록 도울 것이다. 교육체제를 통해 각 분야의 직업군에 종사하는 사람들이 공동체를 구성한다. 직업공동체는 구성원들이 상호 부조하는 조직이다. 지방자치단체는 직업공동체의 상호부조기능을 지원한다.

통일국가는 세계경제와 연계하여 국민경제의 성장을 촉진한다. 경제의 규모가 커지고 과학기술이 발전하며 세계화되면서 국가경제에 미치는 세계경제의 영향이 매우 커졌다. 개인의 경제적 성패도 그의 노력과 성실성에만 좌우되지 않는 부분이 많아졌다. 통일국가는 경제성장을 지향하며 경제성장이 고용을 확대하는 구조를 만든다. 고용을 통해 적정한 분배가 이루어지도록 하며, 이것이 성장을 촉진하도록 한다. 이러한 구조가 형성되어야 나라 전체적으로 긍정적인 분위기가 유지될 수 있고, 문제해결 능력이 생긴다.

통일국가는 국민들의 소득안정과 기본소득 보장방안을 강구한다. 오늘날 세계화와 기술진보로 인해 경제성장이 고용의 확대로 연결되지 않고 소득의 양극화가 심화되고 있다. 통일국가는 재정 금융 산업 정책을 통하여 성장이 고용 확대로 연결되도록 한다. 나라는 피고용인들이 안정적인 소득을 얻도록 분배체계를 관리한다. 또한 사람들의 비고용 소득 창출 기회를 만들고 그것을 생업으로 만들어 나간다. 생업이 없는 사람들에 대해서도 그들이 기본적인 소득을 얻을 수 있는 기회를 만들어 준다. 나라는 소유와 소득의 양극화가 심화되지 않도록 하여 경제의 효율과 후생의 증대를 추구한다. 통일국가는 누구라도 더 성실하고 근면하며 창조적이면 더 향상될 수 있도록 돕는다. 통일국가는 누구라도 아무 대책 없이 극빈에 방치되는 일이 없도록 한다.

통일국가는 사람들이 자기 책임으로 자기의 생활을 영위하는 것을 기본원칙으로 한다. 나라는 국민 생활에 대한 자기 책임과 공적 부조를 적절하게 배분한다. 국민 생활에 필수적인 재화는 낮은 가격으로 구할 수 있도록 하여 사람들의 기본 생활비를 낮춘다. 이러한 틀 안에서 개인의 자립 노력을 활성화함으로써 국가부담이 과도하지 않도록 한다. 국가부담이 커지는 것은 국가의 권력이 커지며 경제의 활력을 낮출 수 있다. 국가의 부담이 너무 작을 때는 공공자산이 축소되고 양극화를 방치하고 경제순환을 조절할 능력이 약화된다. 통일국가는 사유재산과 자유 시장경제를 기본질서로 하면서 국가의 공적 기능을 수행한다. 통일국가는 사적 자치의 영역과 자기 책임의 비중을 70% 정도로, 공공성과 공적 책임의 비중을 30% 정도로 배분한다. 이는 조세부담과 사회보장비의 국민부담비율을 의미한다. 통일

초기에 공공부담비율을 30%까지 올리기에는 저항이 있을 것이다. 사회적 합의를 통해 점진적으로 올려 나간다.

2

세계일등 경제 추구

자유 시장경제의 진작

통일국가의 경제는 시장경제 체제이다. 인류역사는 궁핍의 역사였다. 긴 역사동안 대부분의 사람은 그날그날 먹고사는 것이 제일의 관심사였다. 기근이 들면 많은 사람이 굶어 죽어야 했다. 일부는 다른 사람들을 수탈하여 호화롭게 잘사는 특권층이었다. 특권층은 권력자들이었다. 이것이 수천 년 동안 계속 유지되어 왔던 인간사회의 기본구조였다. 이러한 삶의 구조를 혁파한 것이 시장 내지 시장경제였다. 유럽의 봉건질서 끝 무렵에 도시를 중심으로 소상공인들이 자연발생적으로 교환의 장을 마련하였다. 이것은 물류를 일으키고 분배를 효율화하였으며 재화의 가치를 높였다. 시장은 물품의 생산을 촉진하여 개인의 부와 국부를 증가시켰다. 소상공인들은 시장을 통해 부를 축적하고 세금을 내며 힘을 갖게 되었다. 그들은 정치적 발언권을 요구했고, 자유를 찾기 위해 투쟁하여 구질서를 해체했다. 자유주의는 기본적으로 시장경제와 양면을 이룬다. 시장은 수천 년간 변함없던 가난에서 인류를 해방시켰다. 시장은 가난과 정치권력과 종교 권력으로부터 인간의 자유를 확대한 인류 최고의 혁신이었다.

조선시대에는 농업 외의 산업이 활성화되지 못했다. 조선 후기에 조정은 대동법을 실시했다. 백성들이 내야 하는 공납貢納을 금납화함으로써 조정이 소요물자를 시전市廛에서 조달하였다. 이것이 백성들의 부담을 줄이고 상·공업 활동을 크게 촉진하고 시장을 형성하게 하였다. 시장은 물산의 생산을 증대시켰고, 공인층과 중인계급의 성장과 신분질서를 이완시키는 데 영향을 미쳤다. 조선말 혼란기와 외세의 침략으로 이러한 흐름이 확대되지 못했다. 외세의 내정간섭과 더불어 확대된 상권을 장악한 것은 중국 화교이거나 일본의 상인들이었다. 조선의 토착자본 형성은 미미했다. 번창하던 외래 상권이 해방 후 몇 가지 이유로 몰락했다. 국내자본에 의한 상권형성의 문이 열린 것이다. 이는 민족자본 형성과 한국 경제성장과정에서 매우 중요한 사건이다. 자국 기업, 민족기업은 국가경제를 지탱하는 기둥이다. 이 기업들은 사정이 어려워도 쉽게 문을 닫고 빠져나가지 않는다. 민족기업이 대기업으로 성장해야 우리의 고급인력을 채용할 수 있다. 우리의 기업은 해외에 진출해도 그 나라의 고급인력을 별로 채용하지 않는다. 이러한 관점에서 국제금융자본이 국내산업을 지배하는 것을 방관할 일은 아니다. 세계화와 신자유주의의 바람은 매우 냉정했고, 금융자본은 사람에 대해 무책임했다.

일제로부터 해방된 후 남한에서는 전쟁과 정치적 격변을 거치면서 근대적 의미의 시장이 활성화됐다. 시장이 활성화되면서 남한은 가난에서 벗어나기 시작했고, 사회변화가 많았다. 시장이 본격적으로 작동하여 자본의 축적이 이루어지고 산업화가 진전되면서 경제와 사회

변화에 가속도가 붙었다. 근대화가 시작되던 1960년대 초에 유행했던 노래가 있다. '노세 노세 젊어서 노세'가 있고, 다른 하나는 '일하자 올해는 일하는 해다'였다. 이것은 가난을 숙명처럼 알고 자포자기했던 절망의 분위기와 거기에서 탈피하고자 하는 새로운 기운이 교차하는 사회 분위기를 보여주고 있다. 사회와 경제의 변화가 가시화되자 사람들의 생각도 변했다. 남한은 그때부터 도전하고 또 도전하면서 세계 최빈국에서 선진국으로 진입하였다. 한편 북한은 모든 것을 국가관리 체제로 전환함으로써 시장을 죽였다. 북한 경제는 사회주의 체제로 전환하고 초기 동원 체제에서 상당한 성과를 거두었다. 그때 북한은 세계의 주목을 받을 정도로 고도성장을 했던 일이 있었다. 그러나 장기적으로 시장이 작동하지 못한 결과로서 경제는 정체됐다. 파탄된 경제에서 사람들이 자연발생적으로 시장을 형성했다. 정권도 계획경제의 한계를 인식하고 시장을 허용했다. 통일 이전에 북한지역은 경제에서는 사회주의가 아니었고, 시장이 경제를 이끌어가는 체제로 이미 변해 있었다.

시장에서는 혁신이 일상적으로 일어난다. 일반적으로 혁신은 기존 질서를 바꾸는 것이기 때문에 많은 저항이 있고 진통과 비용을 수반한다. 정치 경제 사회 문화 등 국가의 모든 부문에서 혁신이 일어나기 힘들다. 그런데 시장에서는 매일 매일 혁신이 일어난다. 시장에 참여하는 경제주체들은 혁신하지 않으면 당장 손해 보고 퇴출된다. 한때 세계적으로 일등자리에 올라서서 절대 망할 것 같지 않았던 유명한 기업들이 혁신에 실패하여 시장에서 퇴장했다. 시장은 혁신의 장을 제공하고 기술진보를 촉진한다. 자유 시장경제는 분명 계획경제나 통제경제, 동원경제에 비해 효율적인 체제이고 인간의 자유를 확대한다. 시장경제체제는 보이지 않는 손에 의한 예정조화를 상정했다. 현실에서는 이것이 제대로 작동하지 못해 재화의 과잉생산이나 과소생산을 초래하기도 한다. 시장으로 인해 부의 차별적 소유와 빈부격차가 발생했다. 이러한 이유로 인해 시장경제는 제국주의의 앞잡이로, 또는 수탈과 전쟁의 기제로 공격받기도 했다.

공산주의 계획경제는 자본주의 시장경제의 대안으로 등장했다. 이 새로운 사상은 많은 사람을 격동시켰다. 한때 많은 나라가 이 사상을 받아들여 새로운 사회를 건설하려는 열정이 넘쳐 났다. 공산주의는 무계급 사회를 실현하고, 계획경제를 실시해서 인민생활에 필요한 것을 국가가 배급하겠다고 약속했다. 이렇게 하여 계급해방과 인간해방, 국가소멸을 통해 세계평화를 이룩하고 인간중심의 지상낙원을 건설하겠다고 선전했다. 이에 세뇌당한 사람들은 그렇게 믿고 노래 불렀다. 현실에서 공산주의는 인간을 정치투쟁의 수단으로 삼았다. 사회주의 실험은 인간사회를 시장 이전의 미개사회로 퇴보시켰다. 공산주의는 과거의 왕조국가보다 더 무서운 공포의 전체주의 국가를 만들어 냈다. 사회주의 국가는 인권을 무시하고, 인간에게 궁핍과 거짓을 강요했다. 사회주의 국가에서 사람들은 나태와 의존의 습성에 빠졌다.

사회주의 운동은 결과적으로 역사의 진보에 역행하는 광풍이었다. 새로운 사회를 꿈꿨던 이상은 현실에서 철저하게 실패했다. 사회주의의 경험은 국가권력이 경제를 완전하게 계획하고 통제하는 것이 왜 나쁜지를 알려주는 사례가 됐다. 아직도 여기저기에 사회주의에 대한 미련과 유혹이 남아있다. 그러나 역사적 교훈은 우리에게 시장경제를 발전시켜 나갈 수밖에 없음을 알려주고 있다. 통일국가는 시장경제를 통해 경제주체들이 자유롭게 생산과 유통과 소비의 경제활동을 하도록 한다. 기업들은 창의를 발휘하고 경쟁하면서 국부를 창출하고 국민경제를 발전시킨다.

시장의 민주주의

시장은 현실적으로 지선극미至善極美하지 않다. 원래 자유 시장에서는 다수의 공급자와 다수의 수요자가 완전한 정보를 갖고 완전 경쟁하면서 상호작용하여 가격을 결정한다. 사람들은 그 가격을 기준으로 수요 공급이 균형을 이루는 것을 상정했다. 자유 시장은 이념형으로 존재한다. 현실의 자본주의 시장경제에서는 경제 주체들 간의 힘의 차이가 있다. 시장에서는 어떤 경우 완전경쟁이 일어나지 않는다. 완전경쟁의 조건이 갖춰지지 않은 시장에 완전한 자유를 보장하면 강자가 시장을 지배한다. 경제적 강자는 권력을 행사하고 횡포하며 부패해질 수 있다. 시장의 자유방임은 강자의 자유를 보장하는 것이며 약육강식의 사회가 된다. 시장에서 가장 대표적인 강자는 독과점 대기업이거나 거대 금융자본, 플랫폼을 장악하고 있는 경제주체이다.

시장에 완전한 자유를 주는 것, 국가가 시장을 방임하는 것은 민주주의 정신에 반할 수 있다. 자유방임은 약자와 강자 사이에서 이루어지는 불공정한 행위까지 묵인하는 것이다. 경제적 강자가 시장을 지배하고 정치권력까지 장악하게 되면 정치적 민주주의도 위태롭다. 정경유착은 말 그대로 부정부패의 일상화이다. 이것은 시장의 효율성과 정치적 공정성을 훼손한다. 이렇게 되면 자원배분이 강자의 이익에 의해 왜곡되고 양극화를 심화시킨다. 강자의 시장 독점은 경제의 활력을 약화시킨다. 그것은 국민경제 규모와 일자리를 축소한다.

그럼에도 불구하고 시장에 대한 정부 개입을 거부하는 사조가 있다. 반독점 정책 폐지, 규제철폐, 금융시장 자유화, 공공부문 민영화 등의 요구는 정부개입 축소를 지향하는 대표적인 요구이다. 특히 국제금융자본은 정부개입을 반대하고 자유방임을 요구했다. 한때 국제금융 강자들의 위세는 막강했다. 신자유주의에 경도된 각국의 경제정책의 결과 국제금융위기가 크게 일어나 세계경제가 대혼란을 겪었다. 세계경제가 난장판이 된 상태에서 각국 정부가 적극 개입하여 경제를 안정시키고 사람들의 민생을 챙겼다. 국가의 역할이 중요함이 다시 확인된 기회였다. 각국이 돈 뿌리기를 했고 엄청난 공적자금 투입으로 살아난 금융기관들은 이러한 상황에서도 금융자유화와 시장의 자유방임을 요구한다. 이것은 모순이다. 세금을 쓰게 되면 당연히 정부가 개입하는 것이고, 그것은 민주적 통제가 작동해야 한다.

통일국가는 민주공화국이다. 나라는 최고 절대의 권력을 가진다. 그 권력의 정당성은 국민의 위임에서 발원하고, 국민의 자유와 인권을 보호하고 정의를 지키는 데 있다. 모든 국민은 주권자이고 보통선거제도에 따라 정치적으로 평등하다. 그러나 자유방임의 시장에서는 경제력에 따라 힘의 차이가 극명하게 나타나는 불평등 관계이다. 때로는 경제력의 차이에 따라 신분적 지배복종관계가 형성된다. 사람들이 경제 권력에 포로가 되면 그것은 민주주의 이상에 어긋난다.

발생학적으로 보면 국가는 강자에 의한 폭력적 지배를 막기 위해 만들어졌다. 국가권력은 어떠한 힘으로부터 사람들을 보호하기 위한 제도이다. 민주주의 국가는 인간의 자유와 인권을 보호하고 정의를 지키기 위해 권력을 행사한다. 국가가 시장에서 강자의 약자에 대한 강압적 지배를 막아야 하는 것은 국가원리에 내포되어 있는 것이다. 나라가 시장의 자유를 빙자해서 시장을 자유방임하는 것이 오히려 이상한 일이다. 민주적 통제는 정치의 영역에서만 적용되는 원리가 아니다.

통일국가의 경제질서는 시장경제체제를 기본으로 한다. 개인과 기업의 경제상의 자유와 창의를 존중함을 기본으로 한다는 것이다. 한편으로는 경제에 대한 국가의 개입과 민주적 통제가 따라야 한다. 국가는 균형있는 국민경제의 성장과 적정한 소득의 분배를 추구한다. 나라는 강자의 시장지배와 경제력의 남용을 방지한다. 정부는 경제주체 간의 조화를 위하여 경제에 관한 규제와 조정을 한다. 이것을 경제민주화라 한다.

통일국가는 경제상 이용할 수 있는 자연력을 국유로 한다. 이를 민간에게 일정한 기간 채취·개발 또는 이용하도록 특허를 내줄 수 있다. 국토와 자원의 균형있는 개발과 이용을 위하여 필요한 계획을 수립한다. 이러한 맥락에서 토지의 공공성이 부각된다. 나라는 국토의 효율적이고 균형있는 이용과 개발, 보전을 위하여 필요한 제한과 의무를 부과할 수 있다. 지역 간의 균형있는 발전을 위하여 지역경제를 육성한다. 중소기업을 보호하고 육성하며, 농·어민의 이익을 보호한다. 과학기술의 혁신과 인력의 개발을 통하여 국민경제의 발전을 위해 노력하며, 국가표준제도를 확립한다. 이러한 것들이 대강 합의된 경제민주화 관련 사항들이다.

제헌헌법에서는 경제에 대한 국가의 개입과 통제를 강하게 규정했다. 그 당시로써는 가장 선진적인 것으로 인식되었던 자유민주주의적 미국 헌법과 사회민주주의적 독일 바이마르 헌법의 영향이 중첩되어 있었다. 이러한 두 가지 헌법적 근거는 민주화와 경제발전뿐만 아니라 각종 사회보장제도를 뒷받침하는 이론적 법적 토대가 되었다. 군사정부의 권위주의 통치 시기에 국가주도로 경제발전을 추진했다.

이때 또한 국가 주도로 각종 사회보험제도가 마련되기 시작했다. 국민경제의 바람직한 성장과 국민들의 사회보장을 위해서는 적정수준 국가의 개입이 필요하다. 국가의 개입이 없으면 폭력적 시장질서가 되지만, 국가의 개입이 너무 많으면 시장은 죽고 국가의 권력만 남을 수 있다. 국가의 개입이 커질수록 정치권력의 힘이 커지고 경제의 자율성은 약화된다. 그것이 극단으로 가면 전체주의로 나아갈 수 있다. 사회주의 체제가 그랬다.

통일국가의 경제질서는 사인私人의 자유로운 경제활동을 기본으로 한다. 사인의 자유로운 경제활동을 보장하되 민주주의 가치를 수호하고 공익을 위해 국가가 개입한다. 나라는 시장의 자유에서 발원하는 문제점을 시정하면서 사적 부문에서 할 수 없는 일을 한다. 정부 외의 주체가 시장에 개입하여 시장 질서를 조정하는 것은 국민적 정당성이 없다. 경제적 강자의 자유나 금융자본의 자유를 무한으로 보장하는 것이 경제민주화가 아니다.

통일국가는 국가공동체의 바람직한 경제 상태를 만들어 나가기 위하여 시장에 개입하는 유형은 첫째, 시장의 약자를 보호하는 경우이다. 다중의 소비자를 보호하고, 고용주와 피고용자, 대기업과 중소기업, 원청기업과 하청기업, 프랜차이즈 업체와 가맹점, 본사와 대리점, 백화점과 입점업체, 대형유통업체의 제조업체 지배, OEM, 기타 세력관계가 불균등한 업체 간의 공정하고 투명한 거래가 이루어질 수 있도록 관리한다. 불균등한 주체 간의 거래관계가 착취와 수탈의 구조가 되거나 저가의 압박으로 산업수준이 낮아지지 않도록 감독한다. 시장에서 경제적 약자가 당하게 되면 그 약자는 강자에게 맞설 수 없으며, 억울해도 내색조차 할 수 없다. 정부의 개입이 없는 한 약자는 대책이 없다. 경제문제에 대한 분쟁을 가지고 법정에 가도 강자가 이기는 것이 비일비재하다.

둘째, 기업들의 고용확대를 유도한다. 과학기술의 발달로 인해 고용기회가 줄어들고 있다. 고용확대를 위한 각별한 관심이 필요하다. 고용확대를 위해서 이윤대비 고용의무를 정하거나 재투자 비율을 정한다. 기업의 자본이득 배당률과 고용 증가율을 연동하는 것도 고려할 수 있다. 금융자본의 장기투자를 권장하여 일자리를 만들고 기술개발을 촉진한다. 세계적으로 투기자본이 거의 자유롭게 이동하고 있다. 이들이 국내에 들어와 단기이익, 투자배당금만 많이 챙기려 한다면 고용이 축소되며 국내 산업이 황폐해질 수 있다. 대기업들의 경영자들이 외국 자본의 눈치를 보는 수준으로 외국 자본의 지분이 높아졌다. 국제투기 자본이 국내기업을 지배하는 것을 제한할 필요가 있다. 투기자본이 대기업을 지배하게 되면 그 경영진은 투기자본의 이익을 위한 경영을 하게 된다. 나라는 기업의 경영권 방어를 지지한다. 금융당국은 국내 대기업이나 중요기술을 가지고 있는 기업을 외국 자본이 인수하거나 지배하지 못하도록 한다. 미국도 그러한 정책을 쓰고 있다. 세계화의 흐름 속에서도 민족자본의 육성과 보호가 필요하다.

셋째, 시장의 실패가 일어나지 않도록 해야 한다. 경쟁이 불완전함으로써 일어날 수 있는 자원 배분의 왜곡을 방지한다. 정부는 불완전 경쟁과 독점을 방치할 것이 아니라 경쟁을 장려하고 경쟁의 조건을 만들도록 한다. 사기업들은 기본적으로 오늘 현재의 이윤을 추구하는 경향이 있다. 특히 금융자본은 더욱 그러한 경향이 있다. 사적 이익의 극대화를 추구할 경우 공유목장의 비극이 일어날 수 있다. 이러한 사태가 일어나지 않도록 한계를 설정하는 것은 국가의 몫이다. 미래의 경제를 대비하는 것은 사기업이 간과할 수 있다. 정부가 선도하여 기업들이 미래를 대비할 수 있도록 유도한다. 외부효과를 크게 내는 경제적 투입도 정부가 해야 할 일이다.

넷째, 인재를 육성하고 과학기술을 발전시켜 경제성장의 기반을 구축한다. 나라는 미래를 대비하는 교육을 할 수 있도록 교육내용과 체제를 정비한다. 산학연계 체제를 강화하여 교육의 효과성을 높인다. 통일국가는 산업의 변화와 기업의 사정으로 퇴출되는 사람들을 재교육하여 재취업할 수 있는 체제를 갖춘다. 여러 가지 사정으로 낙오가 있을 수 있지만, 이들을 일으켜 세워 재도전하고 앞으로 나아가도록 해야 한다. 교육과 연구와 산업의 연계체제를 구축하여 사람들을 보호하고 산업을 발전시킨다. 나라는 민간기업이 위험부담 때문에 투자하기 힘든 첨단과학기술이나 거대 프로젝트에 집중 투자하여 그 결과를 산업에 투입한다. 나라와 민간기업이 역할분담을 하는 것이다. 국가출연 연구기관은 반드시 관련 산업의 미래대비를 위한 실용연구를 하도록 한다. 과학기술에 대한 투자는 실패를 두려워해서는 안 된다. 시행착오 그 자체가 기술 발전을 위한 과정으로 받아들여져야 한다. 시행착오를 문책하면 새로운 과학기술은 발전할 수 없다.

다섯째, 자본이 민주주의 가치와 민주정치의 과정을 위협하지 못하도록 해야 한다. 통일국가는 정경유착과 부정부패를 근절한다. 정치를 통해 축재하는 사람을 배격한다. 공익과 사익의 구분이 모호해지면 나라는 혼란스러워진다. 통일국가는 그러한 정경유착이 일어나지 않도록 제도화한다. 또한 자본이 국가국가기관, 제도, 구성원를 통제하는 상황을 용납하지 않는다. 어떠한 공직자도 자본가와 기업과 결탁하든가 부패하는 일이 없도록 해야 한다. 공직자가 퇴직 후에 기업에 취업하여 그들의 이익을 위해 봉사하는 일은 적절치 않다. 공직자가 그 소속이 행정부건 입법부건 사법부건 관계없이 퇴직 후에 사기업에 취업하는 것을 염두에 둔다면 공직을 엄정하고 공정하게 수행할 수 없다. 통일국가는 공직자의 금품거래와 재산 변동상황을 투명하게 감시한다. 퇴직공직자의 민간기업 취업현황과 재취업 후 활동에 대해서도 이를 파악하여 공개한다. 민간기업에 재취업한 퇴직공직자는 자기가 수행했던 직무와 관련된 일을 하지 않는다. 다만 과학기술 관련 업무는 연속성을 보장할 수 있도록 한다.

나라는 자본이 인권과 민주적 가치를 훼손하는 것을 방지한다. 국가 권력은 절대 최고이다. 국가권력은 어떤 사적私的 권력보다도 강해야 하며 차원이 다르다. 나라는 시장에 임하는 데에도 이윤을 추구하거나 특정 사인의 이익을 위해 권력을 행사하지 않는다. 나라는 사람들의 생명과 자유와 인권을 수호하고 정의를 세우는 것을 기본 사명으로 한다. 나아가 모든 사람의 삶의 환경을 개선한다. 이를 위해 나라는 국부를 키우고 적정 분배체제를 구축한다. 나라는 공공성을 추구하며, 정의롭고 공정하고 단호해야 한다. 공직자가 부패에서 자유로워야 나라는 그러한 역할을 할 수 있다. 통일국가는 부패한 공직자를 엄벌한다. 국가기관을 부패시키거나 공공성과 공정성을 침해하는 자는 범죄자이다. 부패한 공직자는 일반 범죄자보다 죄질이 더 나쁘고 그 해악의 정도가 훨씬 더 크다.

통일국가는 세계화의 환경을 고려하여 시장에 개입한다. 시장은 세계화되어 있고 기업들, 특히 대기업들은 전지구적 차원에서 생존 경쟁을 하고 있다. 세계시장을 규제할 규범이나 권력은 없다. 세계 시장은 무정부 상태다. 국내에서 규제한다고 해결될 수 없는 경우가 있다. 어떤 경우에는 국가개입이 과도하여 국내기업을 밖으로 내쫓거나 세계시장에서 경쟁력을 약화시키는 결과를 가져올 수 있다.

앞으로 전개될 4차 산업혁명이야말로 지구적 차원의 변화라는 점에서 국내 사정만 보고 기업을 규제하면 그것이 국가경쟁력을 약화시킬 수 있다. 세계화와 지구적 경쟁시대에도 국민경제를 건전하게 유지하려면 국내기업이 강해야 한다. 기업의 입장에서도 국내의 기지가 튼튼해야 세계경쟁에서 힘을 발휘할 수 있다. 통일국가는 국가경쟁력 강화라는 차원에서 세계동향과 비교하면서 규제의 정도와 기업의 민주적 통제를 설계해야 한다. 국가는 국민 생활의 안전과 안정, 정의를 세우기 위해 시장에 개입하되, 국가 역할의 한계를 늘 점검하고 절제한다. 민간의 활력을 약화시키는 국가개입은 바람직하지 않다. 규제가 국제경쟁력과 경제활동을 제약한다면 이를 개혁한다. 시장 개입과 규제의 정도는 세계경쟁을 감안하지 않을 수 없다.

세계일등 경제 추구

통일국가는 개방국가이다. 오늘날 경제는 세계화되어 국경의 경계가 무의미해지고 경쟁이 심화됐다. 나라의 거의 모든 산업과 기업이 글로벌 경쟁을 하고 있다. 통일국가는 국가와 국민들의 생존을 위해 개방체제로 가야 하는 것은 필수적이다. 세계경쟁 시대에 우리의 기업이 생존하고 국부를 키우며 고용을 증진시키기 위해서는 일등 경제가 되어야 한다.

국가경제가 일등경제로 되기 위해서는 우선 국민이 그러한 각오를 가지고, 이를 실현하기 위해 노력해야 한다. 세계화와 더불어 과학기술이 고도로 발달하면서 경쟁이 심화되어 우리의 모든 산업과 기업이 어렵다. 이것은 우리만의 문제가 아니고 세계의 모든 나라, 모든 기업이 직면하고 있는 문제이다. 미래는 불확실하고 불확정적이다. 이러한 도전 앞에서 탁상공론이나 하고 패배의식에 빠지면 누구든지 실패하게 되어 있다. 반면에 그러한 도전에 긍정적으로 대처하고 일관성 있게 극복해 나가면 일등경제를 이룩할 수 있다. 일단 일등이 되면 기회가 넓어질 것이다. 우리는 상당한 인적자원과 기술축적과 자본이 있으며, 반도국가이며 해륙국가의 위상을 가지고 있다.

　나라 전체적으로 의지를 결집하여 목표를 세우고 5년 내지 10년간 꾸준히 노력하면 반드시 성과가 나온다. 문명국가의 5년은 매우 중요하다. 우리는 가진 것도 별로 없이 전망도 불확실한 상황에서 허허벌판에 제철소를 짓고 조선소, 자동차공장, 중장비공장, 전자공장, 화학공장, 원자력발전소를 지었다. 이것들이 지금 세계일등이거나 이에 근접하고 있다. 이를 민족적 우수성 때문이라고 평가하기도 한다. 이러한 산업을 시작할 때는 누구도 이렇게 되리라고 생각하지 않았을 것이다. 그때 외국의 전문가들은 그런 것은 성공할 수 없으니 다른 것을 해보라고 권고했다. 그래도 우리는 국력을 모아 그러한 산업을 일구었다. 어려울 것이라고 생각했던 것, 생각지도 못했던 것들을 해내는 것이 혁신이며 그것이 성공해야 개인과 기업과 국가가 성장한다.

　우리가 현재에 안주하거나 패배의식에 빠지면 퇴보하게 된다. 상식은 허상일 수도 있고 괴물일 수도 있다. 그러한 것에 우리 국민이 포로가 되어 무력감에 빠지거나 끌려다니며 겁먹고 자포자기해서는 안 된다. 인간은 가상의 현실을 생각으로 창조하고 그것을 실제 현실로 만들어 가는 능력을 가지고 있다. 통일국가의 국민이 어떠한 미래를 사색하고 계획하느냐가 대단히 중요하다. 통일국가는 국민정신을 긍정적이고 진취적이며 미래지향적 방향으로 이끌어야 한다.

국가지도자는 국민들이 소극적이거나 현실에 안주할 때는 이에 맞서서 바로잡고자 하는 용기가 있어야 한다. 국가지도자의 가장 중요한 일은 국가의 분위기를 만드는 것이다. 그는 잘못된 것에 맞서고 옳은 방향을 제시하여 이끌어 가며 국가적 결속을 다져야 한다. 국가의 지도자가 자기의 이익을 위해 옳지 않은 일에 영합하는 것은 매국행위이다. 위선자 기회주의자가 국가지도자로 돼서는 안 된다. 좋은 게 좋다는 식의 흐리멍텅한 사람도 국가지도자로서는 부적격이다. 심성이 포악하고 싸우기를 좋아하는 사람도 지도자감은 아니다. 국가지도자들이 방향감이 없고, 기업은 혁신을 회피하고, 사람들이 나태하고 먹고 마시고 놀고 즐기는 것만 일삼는다면 나라는 쇠퇴한다. 나라가 쇠퇴할 때는 사람들이 과거를 들추고 남 탓하며 잘되는 사람을 시기하고 훼방하며 기회주의자들이 득세한다. 지식인들은 나라가 어떻게 가는지 날카롭게 관찰하고 잘못될 때는 경종을 울려야 한다.

세계일등경제는 기업에 의하여 구현된다. 통일국가는 혁신의 환경을 만들고 위험을 줄여, 사람들이 창업하게 만들고 기업들이 혁신에 뛰어들도록 한다. 부문별 산업과 기업은 원천기술을 갖고 있어야 하고 지식과학을 기반으로 기업을 운영한다. 기업은 첨단과학을 응용하고, 신기술 신분야에 투자하고, 개방과 제휴를 하고, 시장에 최적으로 적응해야 한다. 기업의 조직과 경영은 경쟁적이어야 한다. 모든 분야에서 경쟁이 없으면 나태하고 오만해 지면서 쇠락의 길을 걷게 된다.

일등경제가 되기 위해서는 기업들이 개방체제를 유지하여 세계적 차원에서 경쟁해야 한다. 우리 기업들이 글로벌 스탠다드를 받아들이고 이를 장악해 나간다. 세계적으로 잘 나가던 기업들이 일등의 신화와 고립주의에 빠져 외부의 정보를 무시하다 쇠퇴했다. 기업들이 세계 경쟁을 하면 살아남기 위해 첨단기술을 찾게 되고 혁신한다. 그 결과로서 기업들은 세계 최고의 경쟁력을 갖추게 된다. 기업이 국내 시장의 지배자가 되어 안주하고자 하는 경우에는 나라는 외국기업을 끌어들여서라도 경쟁하게 해야 한다. 통일국가는 독점금지를 제도화한다. 정부가 개방만 해놓고 방임해서는 안 된다. 나라가 개방을 해놓고 방임해 버리면 국내산업을 황폐하게 할 수 있다. 나라는 개방을 통해 산업이 발전하고 국부가 커지고 일자리가 늘어나도록 정책을 편다.

통일국가는 산업의 균형적 발전을 추구한다. 국제경쟁에서 비교우위의 특정 산업만 발전시키는 것은 매우 위험하다. 서비스 산업의 진흥을 통해 고용을 확대하는 것은 중요한 일이다. 그러나 1, 2차 산업이 뒷받침되지 않는 서비스산업은 경기부침에 취약하고 고부가가치를 생산하는 데 한계가 있다. 통일국가는 1, 2, 3차 산업이 상호 상생하며 균형적으로 발전하도록 한다. 특히 과학기술에 기반을 둔 제조업을 튼튼하게 유지한다. 통일국가의 경제정책은 거시 경제정책뿐만 아니라 미시 산업정책이 똑같이 중요시되어야 한다. 세계적 경향을 보면 금융산업의 자율성을 강화하고 있다. 그것이 잘못된 것은 아니라 할지라도 그것이 거대 금융기관과 자본의 이기적 이윤을 확보를 위한 이데올로기가 되어서는 안 된다. 금융도 국민경제의 건전한 발전을 위해 역할을 해야 한다. 금융기관은 자본이 산업 투자와 고용 창출에 기여하도록 한다. 금융기관이 소비금융 소매금융, 단기 이익 추구에 매달리게 되면 오히려 산업 발전에는 해가 될 수 있다. 장기 투자를 뒷받침할 산업은행이나 기술보증기금 신용보증기금 기업은행 수출입은행 등은 정책금융기관으로서 역할을 더 강화할 필요가 있다. 정책금융이 없었다면 중요 산업과 기업은 성공할 수 없었다.

어떤 산업을 사양 산업으로 규정하는 것은 부적절하다. 그 산업이 첨단 과학기술과 디자인과 문화를 도입하면 첨단산업이 된다. 모든 제품은 일류가 있고 삼류가 있다. 같은 품목이라도 선진국의 제품과 후진국의 제품이 다르다. 제품의 수준을 결정하는 것은 디자인과 실용성과 기능성의 차이이다. 그 배경에는 창의성과 과학기술, 그리고 사람에 대한 배려가 있다. 기업들은 세계 일류제품을 공부하고 이를 응용하여 더 좋은 제품을 생산할 수 있어야 한다.

통일국가는 과학기술의 발전을 촉진한다. 과거에는 땅이 넓고 비옥해야 부국이었다. 산업화 시대에는 철강과 석탄이 많이 매장되어 있는 나라가 부국이었다. 현시대에는 과학기술이 국력을 구성하는 가장 중요한 요소이다. 통일국가는 과학기술의 발전과 과학기술인의 양성 및 과학기술의 산업화를 촉진한다. 정부는 재정금융정책뿐만 아니라 정책자금과 연구개발비를 과학기술 발전을 위해 집중 투자한다. 선진국은 신기술 신물질 신산업 신약의 개발과 육성을 위해 연구개발비를 쓰며 사기업이 그러한 산업에 뛰어들 수 있는 기반을 마련한다. 신산업의 발전은 국민경제를 성장시키고 고용기회를 확대할 것이다. 통일국가는 장래 국가적으로 필요하나 위험부담이 있는 산업의 성장을 촉진하기 위해 국가 연구개발비를 투입한다. 과거 정부가 CDMA 표준을 채택함으로써 디지털산업과 IT기술에서 앞서나갔다. 8천만 인구가 밀집되어 살고 있는 통일국가 한반도는 신기술 제품을 시험하고 상용화하기 좋은 환경이다. 선례에서 알 수 있듯이 신기술의 산업화를 위해서는 국가의 역할이 중요하다. 국가는 신기술의 산업화를 선도해 나간다. 나라는 신기술을 적용한 제품을 개발한 기업이 있을 때는 이를 상업화할 수 있도록 지원한다. 인프라 건설, 산업 표준 채택, 보급을 위한 보조금 지원 등의 방법을 동원한다. 통일국가에서 먼저 상용화에 성공한 신기술은 세계에서 우위를 갖고 확산될 수 있다. 이것이 세계표준이 될 수 있다.

통일국가는 각 산업 부문별로 대학과 출연연구소, 산업연구소, 직업훈련기관, 기업, 시장을 유기적으로 결합시킨다. 이러한 산학연 결합체는 자율성과 창의성 협동성을 바탕으로 끊임없이 혁신한다. 그 결과 새로운 산업, 새로운 상품을 창출한다. 현장과 동떨어진 연구는 공허하고, 연구가 뒷받침되지 않은 현장은 낙후하게 된다. 시장에 맞추지 못하는 기업은 생존할 수 없다. 각 연구소 간에는 협동화 체계를 갖추어 상호 개방하고 상호 학습이 일어나도록 한다.

통일국가는 산학협력을 권장한다. 그리하여 창의적인 연구결과를 산업현장에 적용시킨다. 기업은 일류의 원천기술을 확보한 첨단기업이 되며, 자기가 만든 제품은 세계일등이 되도록 한다. 신기술에 의한 기업의 혁신을 촉진하기 위해서 신기술 적용에 관하여는 규제를 없앤다. 규제가 필요하더라도 선 규제가 아닌 후 규제 제도를 정립한다. 일등경제를 이룩하면 사람들은 일자리를 유지하고, 일자리의 품질을 높일 수 있다. 기업은 신기술보다는 이미 검증되어 산업화된 기술을 선호할 수 있다. 그렇게 되면 영원히 2등이다. 나라는 경쟁과 개방, 여러 가지 정책수단을 사용하여 기업들이 2등에 안주하지 않도록 유도하고 격려한다. 중소기업은 산학연 체제를 통해 기술을 확보하고 우수 인력을 양성한다.

통일국가는 일등경제를 이룩하기 위하여 인재를 양성하고 사람들을 보호한다. 시대변화에 맞추어 교육 내용을 새롭게 하고 학생들의 진로 지도를 한다. 나라는 지방자치단체, 기업과 협조하여 직업훈련소를 설치한다. 직업훈련소는 연구기관 및 기업현장과 긴밀하게 소통하여 교육의 질적 제고와 산업의 선진화를 추동하는 동력이 된다.

나라 전체적으로 기초연구, 응용연구, 직업훈련, 기업 및 산업현장을 상호 일관 체제로 연계한다. 나라와 기업과 직업훈련소는 유기적으로 협조하여 부문별 인력 수요와 필요한 직무수준을 설정하고 이러한 수요에 맞춰 교육을 실시한다. 직업훈련소는 산업별 지역별로 설치한다. 직업훈련소는 신규 취업자뿐만 아니라 재교육과 직업전환 교육 대상자까지 교육한다.

직업훈련소는 노동시장의 안정성과 유연성을 뒷받침하는 제도이다. 직업훈련소에서는 재교육이나 직업전환 교육을 받는 사람에게 수당을 지급한다. 직업훈련소는 교육생들의 취업을 지원한다. 취업을 개인의 역량에만 맡겨두면 사람에 따라서는 그것이 큰 부담일 수 있다. 직업훈련소 제도를 통해 실업한 사람들이 극단적인 가난으로 연결되지 않도록 하며, 재취업의 기회를 얻도록 한다. 통일국가는 실업失業의 개념을 직업전환으로 바꾼다. 직업훈련소는 사람들의 직업전환을 관리하도록 한다. 연구와 직업훈련과 산업현장을 일관체계로 엮는 것은 일등경제를 이룩하고 사람들을 보호하는 생태계를 만드는 일이다.

통일국가는 우수한 인재들이 글로벌 경쟁에 나서도록 격려한다. 이들이 국제경쟁을 기피하며 국내경쟁에 안주하는 것은 바람직하지 않다. 이들이 국제경쟁에 참여하도록 장려하는 인센티브와 제도를 만든다. 통일국가의 인재들은 시작부터 세계를 상대로 당당하게 경쟁하겠다는 마음을 가져야 한다. 여러 분야에서 척화비를 세워놓고 개방과 세계화의 흐름에 격렬하게 저항하는 경우가 있다. 그것이 진지하고 결연하며 그럴만한 이유도 충분하지만 그렇더라도 그것은 길이 아니다. 그것은 의도하지 않았더라도 결과적으로 기득권을 보호하는 것이다. 그 대가는 해당 분야가 국제경쟁에서 퇴출되고 일자리는 황폐화되는 결과를 가져올 것이다. 개방을 하면서 진취적으로 대안을 마련하는 것이 지혜롭다.

기업이 일등이 되는 정통적인 방법은 창의성과 기술개발이다. 동종 산업에서 일등을 하고 있는 외국기업과 전략적 제휴를 통해 신속하게 수준을 일등으로 높이는 것도 방법이다. 사람들은 많은 경우 전략적 제휴를 한다. 세상에 알려지지 않은 또는 아직 인정받지 못한 새로운 분야나 신기술, 신물질을 개척해서 산업화하는 방법도 있다. 새로운 시장을 개척하는 것도 일등으로 가는 길이다. 모든 산업은 거대해서 관성의 법칙이 작용한다. 그러나 세상은 시시각각으로 변한다. 이러한 여러 가지의 변화에 신속히 적응하여 일등으로 올라서는 것도 중요한 전략이다. 벤처기업의 육성은 이러한 점을 고려해야 할 것이다. 융합을 적절하게 하는 것도 일등이 되는 길이다.

통일국가는 4차 산업혁명에 적응하는 정책을 세운다. 이제 세상은 산업화 시대와 정보화 시대를 지나 꿈의 시대로 진입하고 있다. 전혀 새롭게 펼쳐지는 꿈의 시대에 우리는 신기술, 신소재, 신개념의 신상품을 갖고 우리의 산업 수준을 높이고, 세계를 상대로 우리의 꿈을 펼칠 기회를 맞았다. 국가가 미래를 대비하는 10년 계획을 세워 일관성 있게 노력하면 반드시 좋은 결과가 있을 것이다.

경영능력이 있는 사람이 기업을 경영해야 한다. 특히 대기업은 경영자가 어떻게 하느냐에 따라 기업의 운명과 종업원의 운명이 바뀌고 국가경제에도 심대한 영향을 미친다. 기업의 역사가 오래됨에 따라 세습 경영자가 속출하고 있다. 그들의 경영 능력을 냉정하게 평가하는 기업문화를 정착시킬 필요가 있다. 경영자는 지능과 지식이 있어야 한다. 경영자는 세계정세를 이해하고 그것이 기업에 어떤 영향을 미칠 것인지를 판단해야 한다. 경영자들의 안목과 능력, 자질을 키울 수 있는 교육체제를 갖출 필요가 있다. 능력이 없거나 세상 물정을 모르거나 인성이 좋지 않은 사람이 대기업을 경영하는 것은 바람직하지 않다. 이것을 외부에서 조언할 수 있는 기업 평가기관을 만든다.

대기업은 공공의 책임이 있다. 우리나라 대기업은 개인의 창의와 노력만으로 만들어진 것은 아니다. 대기업의 시작과 성장을 국가가 뒷받침했고 거기에 국민들의 피와 땀이 배어있다. 대기업은 많은 사람을 고용하고 있다. 대기업은 국민기업 민족자본으로서의 성격을 가지고 있고 공공성이 강하다. 이것을 개인이 자기 재산을 다루듯 마음대로 할 수 있다고 생각하는 것은 잘못된 것이다. 대기업이 망하거나 흔들리면 국가경제가 멍들게 된다. 통일국가는 나라의 중요한 기업이 외국투기자본의 먹잇감이 되도록 방치해서는 안 된다. 투기자본이 우량의 대기업을 접수하기 위해 대기하고 있다. 투기자본은 장기투자나 위험부담이 있는 투자보다는 단기 수익을 내는 것을 선호한다. 대기업이 주식배당과 주가 올리기에 신경 쓰면 대기업으로서의 역할을 잃게 된다. 금융당국은 대기업이나 중요한 기업이 국제 투기자본에 넘어가지 않도록 관심을 기울인다.

건전 재정정책

통일국가는 균형재정을 지향한다. 국가재정이 건전해야 나라의 과제를 해결하고 위기에 대처할 수 있다. 나라의 경제정책은 국민들의 민생을 보장하고 국민들이 골고루 잘 살 수 있도록 하기 위한 것이다. 부의 편재가 심하고 불평등의 골이 깊으면 국가는 무력해진다. 통일국가는 재정정책, 금융정책, 산업정책 등 정책 수단을 통해 국민

생활의 균형적 발전을 추구한다. 통일국가는 국가 전체의 경제흐름을 장기투자와 기술개발과 고용창출이 이루어지도록 확장적으로 유도한다. 통일국가는 경제 주체들의 활력을 북돋아 주면서, 국가경제의 건전한 발전을 유도한다. 튼튼한 재정이 뒷받침돼야 나라가 이러한 일을 할 수 있다.

나라는 성장동력 창출과 경제활력을 살리기 위해 적자재정을 할 수도 있다. 그러나 국가부채는 그 목적이 무엇이든 정책담당자들과 현세대의 책임의식을 무디게 한다. 과도한 국가부채는 장차 금융정책과 재정정책을 펼 수 없게 함으로써 정부를 무능하게 만든다. 과중한 국가부채는 국가경제의 활력을 약화시키며 국가위기를 가져올 수 있다. 한번 늘어난 국가부채는 줄이기가 매우 힘들다. 그것은 미래세대에게 부담이 된다. 통일국가는 균형재정을 기본원칙으로 하는 국가 균형재정법을 만든다. 재원이 수반되는 법령의 제정은 반드시 재원 마련 대책을 마련하여 추진한다.

국가경제가 충격적 위기를 맞는다든가 활력을 잃었을 경우에는 적자재정이 불가피하다. 이 경우 수년 내에 균형재정을 회복하고 국가 부채를 축소할 수 있도록 설계하여 재정적자를 예외적으로 적용한다. 개인이나 국가나 수입보다 지출이 많은 것은 위기를 내포하고 있는 것이다. 통일국가는 초기 각종 통합비용과 사회보장비와 공공투자를 위해 많은 재원이 필요하다. 통일국가 초기 5년간은 확장재정을 실시한다. 그 기간 동안 국가부채가 추가로 국민총생산의 10% 범위안에서 늘어나도록 관리하고 그 후 25년간 이 부채를 모두 상환하는 방향으로 재정계획을 세운다. 통일 후 5년이 지나면 국가의 경제가 본격적으로 성장하여 재정지출을 감당할 세수가 확보될 것이다.

균형재정을 위해서는 담세율을 높여야 한다. 통일국가의 담세율을 점차로 높여서 국민총생산의 25%까지 이르게 하고, 사회보장 기여금은 GDP의 5% 정도로 한다. 공공지출의 비중을 GDP 30% 정도로 한다는 것이다. 크게 봐서 국민 생활의 70%는 자기 책임으로, 30%는 공적 부조로 해결한다는 정신에 따른 것이다. 공공지출의 비율을 어느 정도로 할 것이냐는 정치철학적 논쟁거리이다. 민간의 창의와 자율을 보장하고 조장한다는 차원에서 국가의 역할이 너무 커지는 것을 경계한다. 통일국가는 국민총생산 30% 정도의 공공지출을 통해 공공사업을 하고 국민생활의 환경을 조성하고 기초생활을 보장하며 사회안전망을 운영한다. 통일국가의 공공지출이 국민총생산의 1/3을 초과하는 경우 아주 심각한 논의가 있어야 한다. 공공지출이 커지는 것은 국가의 권력이 커지고 있음을 의미하기 때문이다. 국가권력이 과도하다면 이것은 바람직한 현상이 아니다. 공공지출은 한번 늘어나면 줄이기 힘들다.

나라가 국민 생활을 책임지는 비중을 높이는 것은 좋은 일이고 많은 사람이 바라는 바이다. 선거 때마다 일어나는 포퓰리즘은 그 반영이다. 그것이 좋은 일이기는 하지만 과연 옳은 일인지에 대해서는 맹자의 다음의 구절을 참고한다. 사람들을 수레로 태워 물을 건너게 도와주는 것은 은혜로운 일이다. 큰 다리를 놓아 백성들이 물 건너는 고통을 겪지 않게 하는 것은 나라가 하는 일이다. 이것은 모든 사람에게 공평하다. 정치하는 사람이 사람마다 다 기쁘게 해주려 한다면 날마다 그 일만을 해도 부족하다. 복지와 공공부조, 재정투자가 늘어나면 이것은 곧 세금인상으로 직결된다. 사람들이 이에 대해 철저하게 인식해야 무책임한 공약 남발이 없다.

국가재정을 확충하기 위해 소득세 감면 대상을 대부분 축소하고 국민개세皆稅주의를 실현한다. 소득이 있는 사람의 50% 정도가 감면 대상이라면 개세주의에 어긋나는 것이다. 통일국가는 연금소득을 제외한 모든 소득자에 대해서 1%의 세율을 적용하는 데서 부터 시작하여, 고소득자에게는 최고세율 45%까지 누진제를 적용한다. 소득세의 누진구간을 세분화한다. 3억 원 소득자나 100억 원 소득자가 같은 세율이라면 정상적인 누진세가 아니다. 충분한 생활비 이상의 비근로소득이 있는 사람에 대해서는 그 초과분에 대한 세율을 상향 조정한다. 일상의 대부분 거래를 카드결제와 계좌이체 등 비현금 거래로 유도한다. 고액권 화폐가 필요 없어질 것이다. 지하경제와 음성거래도 사라질 것이다. 근로소득세는 사람이 근로를 통해 재화를 생산한 대가에 대한 세금이다. 앞으로 기계가 사람을 대신하여 재화를 생산하는 비중이 증가한다. 기계가 부가가치를 창출한 것에 대한 징세로봇세도 고려한다.

통일국가는 토지의 공공성과 토지 세제를 강화한다. 토지는 특별한 재화이다. 그동안 토지를 특별하게 관리하지 못해서 토지가 빈부격차를 심화시켰다. 특히 성장하는 경제에서는 토지의 공공개발로 인한 불로소득이 부의 편중을 가져왔고 사회정의를 흔들었다. 통일국가는 외교안보를 고려하여 외국인의 토지 소유를 금지한다. 토지가 필요한 외국인에게는 국유지를 임대하거나 국가가 매입하여 장기임대한다. 통일국가는 사유지에 대해서 공공사업과 공공의 이익을 위해 필요한 경우 소유권 행사를 제한한다. 재정을 투입해 공공개발을 하게 되면 인근 토지 가격이 크게 상승한다. 지주가 그러한 지가상승의 이익을 모두 불로소득으로 차지하는 것은 불공정하며 자기책임의 원칙에도 맞지 않다. 이 경우 전국 평균 지가상승보다 높은 초과이익의 상당부분을 세금으로 내는 것이 공정하다. 토지 가격이 높은 것은 국가경쟁력을 약화시키고 주거비 임대료 등 국민 생활을 전반적으로 어렵게 한다. 나라는 토지가격 상승을 억제하고 토지에 대해서는 상속세율도 높인다. 과도한 불로소득에 대해서는 세금을 강화함으로써 사회적 불평등 심화를 예방한다. 통일국가는 택지와 농지 외에 국유지를 개인에게 매각하지 않는다. 나라는 토지의 공공 개발 이익세, 상속세 등 토지 관련 세금을 물납으로 받아 국유지를 확대한다. 국유지의 확대는 공공사업의 비용을 줄이고 부의 불공정 배분도 방지할 수 있다.

나라는 재정정책뿐만 아니라 이자율, 환율, 소비 및 투자, 공공 지출 등 정책수단을 통해 국가경제의 건전한 발전을 기한다. 경제가 점진적으로 성장하고 지속가능하며, 형평성 있게 분배가 이루어지도록 한다.

3

통합과 확장을 통한
고도성장과 고용 증진

도전받는 사람의 일자리

통일국가는 인구 8천만 규모로서 약 4천만 개의 일자리가 필요하다. 고용증진은 국가정책의 핵심이다. 현시대에 만만찮은 도전이 밀려오고 있다. 첫째, 중국, 인도, 동남아, 아프리카 등 거대 인구 국가들이 산업화하고 있는 것이다. 이 나라들은 모든 면에서 우리의 산업을 공략하고 있고 우리는 이러한 공격을 막아낼 차별적인 자원과 지식 기술이 충분치 않다. 둘째, 세계화의 물결은 피할 수 없는 우리의 환경이다. 노동을 포함하여 모든 생산요소가 국경을 넘어 자유롭게 이동하고 있다. 낮은 기술이든 높은 기술이든 세계를 상대로 문을 열고 경쟁해야 한다. 노동자들은 다른 나라의 노동자들과 경쟁해야 한다. 셋째, 과학 기술의 발달은 세계를 바꾸고 있다. 과학의 힘으로 이제는 한 사람이 일해서 백 사람을 먹여 살릴 수 있게 되었다. 여러 기술이 융합하여 사람들을 밀어내고 있다. 인간의 근육활동을 기계가 대신한 지는 오래됐다. 이제는 인공지능이 인간의 두뇌활동까지 대치할 것 같다. 가치와 재화를 생산하는 사람의 설 자리가 좁아지고 있다.

통일국가는 이러한 도전을 이겨내야 한다. 첫째, 기존 산업의 경쟁력을 높여 세계시장에서 점유율을 높여나간다. 전 세계가 각 기업의 시장이며 전 세계의 기업이 모두 경쟁 대상이다. 이러한 세계경쟁에서 우위를 확보하는 것이 그 기업과 노동자들이 생존하는 길이다. 세계 각국은 자국의 일자리 문제 때문에 세계화와 개방체제에 제동을 걸 수 있다. 통일국가는 보호주의하에서도 세계시장을 유지할 수 있는 경쟁력을 키워나가야 한다. 둘째, 신산업을 개발하고 육성하는 것이다. 여기에는 위험부담이 따르고 많은 투자가 필요하기 때문에 대기업들이 그 역할을 해 주어야 한다. 나라는 신산업의 불확실성을 낮춰 주는 방향으로 선도적 기술개발을 하고 기업들이 투자할 수 있는 징검다리를 놓아 준다. 셋째, 직업의 개념을 바꾸어 새로운 인간 활동 영역을 직업현상으로 받아들이고 그 직업의 품질관리와 지속성을 확보한다.

실업률, 특히 청년 실업률이 높은 것은 세계적인 현상이다. 일자리가 줄어드는 것은 세계화로 인한 전 지구적 경쟁과 과학기술의 발전 등 문명사적 요인이 크다. 여기에 금융자본의 이윤극대화 추구 등의 시장 요소가 작용하고 있다. 인류사회 전체가 직면한 일자리 문제를 해결하기 위해 전 세계적 협력이 필요하다. 그러한 국제적 협력이 시작되기 전까지는 우리 스스로 생존의 길을 찾아야 한다.

통일은 국민경제의 확대와 일자리 증가를 가져올 것이다. 통일은 우리의 사고와 생활을 미래로 열어갈 것이다. 이는 국민과 국토가 확대되고, 한반도와 주변 지역이 융합되는 계기가 된다. 이러한 것들이 어우러져 국민경제를 확대시킨다. 통일은 경제의 도약을 통해 일자리의 공급을 늘리고 일자리의 품질을 제고할 수 있는 기회이다. 그러나 신문명과 세계화로 인해 일자리 증가는 한계가 있다. 나라는 고용환경의 변화를 감안하여 일자리 대책을 마련한다. 일자리 나누기, 임금 피크제, 파트 타임 고용의 제도화 등 개인의 수요와 사회의 변화에 적응하는 고용형태를 도입한다. 그리하여 가급적 많은 사람이 안정적인 소득을 얻도록 한다.

남북 간 통합경제 구축

남북 간 통합경제는 경제의 규모가 커지는 정도를 넘어 차원이 달라진다. 통일되면 남북 간 기반 시설이 연결된다. 통일국가의 인프라 표준은 국제적 기준을 따른다. 남부지역의 인프라 투자는 과잉상태다. 투자 효율이 낮은 데에도 정치적 이유로 투자가 이루어지는 경우가 있다. 반면 북부지역에는 기반 시설이 낙후되어 있고 밀도가 낮다. SOC 건설에 과잉 투자하는 것이나 과소 투자하는 것이나 모두 국가경제를 침체하게 만드는 요인이 된다. 통일은 인프라 투자의 경제성을 높일 것이다. 북부지역에 투자기회가 열리면 세 가지 측면에서 효율성이 높아진다. 한계효용이 높은 지역에 투자함으로써 투자의 효율성이 높아지게 된다. 남북으로 확대된 국토로 인하여 인프라 측면에서도 규모의 경제가 실현된다. 철도의 경우 분단된 상태에서 투자 대비 효율성이 상대적으로 낮았다. 다른 기반 시설도 마찬가지다. 하나로 이어진 한반도의 인프라가 대륙과 해양을 잇는 허브가 됨으로서 부가가치가 높아진다. 한반도가 경제협력의 허브가 되면 동북아와 세계

경제를 활성화시키게 된다.

통일국가는 우선 북부지역의 SOC 건설에 집중 투자한다. 북부지역에 투자하는 것은 북부지역에 자원을 배분하는 것이며, 이 지역의 산업을 진흥하여 북부지역 인구의 현지 취업을 촉진한다. 북부지역 인프라 건설을 위한 물자는 남부지역에서 공급된다. 남부지역도 경제가 활성화된다. 인프라 투자는 국가의 능력을 향상시키며 산업을 활성화한다. 통일국가는 개발국가로서 인프라 투자수요가 많다. 통일 후 상당기간 국가예산의 20%를 경제개발비로 배분하여 기반 시설 건설에 투자한다. 남한의 경우 한때는 경제개발비가 예산의 30% 정도였다. 선진국이 되면 국가예산에서 SOC 투자비용을 줄이는 경향이 있다. 통일국가는 상당한 기간은 이 부분에 많이 투자하여 나라의 경제성장을 뒷받침한다.

통일국가의 모든 인프라 건설은 4차 산업혁명시대의 경제를 뒷받침할 수 있는 새로운 기술을 적용한다. 스마트 시대에는 인프라의 양과 질이 산업시대와는 달라질 수 있다. 스마트 시대에는 생산과 소비, 직장과 주거공간이 근접하여 교통 물류가 산업시대와는 개념이 달라질 수 있다. 새로운 인프라를 건설할 때는 다른 나라의 스마트 인프라를 검토한다. 또한 4차 산업혁명의 구조를 잘 아는 사람들이 참여하여 미래형 인프라를 건설한다. 통일국가의 인프라 투자는 신규 건설과 유지·관리·재생의 과정이 순환된다. 남북 간 인프라 순환투자가 계속됨으로써 한반도는 세계 최고 수준의 인프라를 갖추게 된다. 통일국가는 지속적으로 경제의 활력을 유지할 것이며 생산성이 세계에서 가장 높은 산업지대가 될 것이다.

통일 후 북부지역에서의 인프라 투자 중 가장 우선해야 할 분야가 치산치수이다. 사방공사와 산림녹화를 조속히 이룩하여 산사태와 토사유출을 방지한다. 산림녹화를 위해서 가장 중요한 것은 석탄 가스 석유를 가정 연료용으로 보급하는 일이다. 북부지역의 산림은 전부 국유림이다. 통일국가는 산림경영을 통해 경제적 가치를 높이고 고용증대를 이룩한다. 산림에서 경제적 가치를 생산할 수 있는 여러 가지 활동, 즉 육림, 약초, 특용작물, 관광… 등 경제활동을 추구한다. 지방자치단체가 구역별로 영림단을 조직하거나 민간 조림사업자에게 장기임대하여 고용을 창출한다. 국토의 2/3를 차지하는 산지의 경제 성을 높이기 위하여 임산물을 이용하는 산업을 개발한다.

국가자원 중 가장 중요한 것이 수자원이다. 수자원은 우리의 생명 과 직결된다. 한반도는 계절별 강수량의 편차가 심하여 가뭄과 홍수 피해를 당해왔다. 현재 한반도는 물 부족 국가이다. 앞으로 지구 기후 환경 변화로 극심한 가뭄과 대규모 홍수가 번갈아 가며 나타날 수 있 다. 지금도 그러한 조짐이 있다. 통일국가는 7년 대한大旱은 물론 천년 빈도의 홍수에 대비하여 수자원을 관리한다. 전국적으로 수자원을 가급적 많이 확보하고 깨끗하게 잘 관리한다. 산간지역과 상류지역에 댐과 저수지, 방죽을 건설하고 하천에 보를 설치한다. 이러한 시설은 우기에 홍수를 예방하고 깨끗한 물을 많이 저장하여 건기에 방류한 다. 전국토의 큰 강과 하천과 지천, 시내, 개울, 도랑을 준설 정비하고 사시사철 항상 깨끗한 물이 흐르게 한다. 나라는 중요한 강의 상류 지대에 다목적 댐을 건설한다. 댐마다 1억 내지 30억 톤소양강댐의 경우 29억 톤, 한반도의 1년 강수량 약 3,000억 톤의 저수 용량으로 건설하여 홍수 조절 과 용수공급의 역할을 하게 한다. 대규모 댐을 막을 수 없는 동해안 지역에는 작은 강 상류에 저수지를 크게 만들어 물을 저장한다. 생활 하수와 축산폐수 산업폐수를 모두 집결하여 정화하고, 정화된 물을 재활용하거나 자연 순환시킨다. 국가와 지방자치단체는 오염된 물이 하천으로 흘러들지 않도록 수질 정화체제를 갖추고 이를 관리한다.

통일국가는 지표수를 깨끗하게 유지함으로써 지하수의 생태를 보호한다. 지하수는 가급적 개발을 규제한다. 수자원을 관리하기 위한 수자원 저장 시설댐, 저수지, 방죽, 보, 둠벙 등과 물의 이동통로큰 강, 지천, 시내, 개울, 도랑 등 수자원 인프라는 주변 지역까지 잘 개발하여 관광자원으로 만든다. 압록강, 두만강, 청천강, 대동강, 예성강, 임진강, 한강, 금강, 낙동강, 영산강, 섬진강 등 큰 강은 천년 빈도의 홍수에 대비하고, 내륙수운이 가능하도록 정비한다. 내륙의 수운은 물류에도 중요하고 관광자원으로서 가치가 높다.

벼농사를 짓는 논은 인공습지이다. 논농사는 전국적으로 총량 수십억 톤에 달하는 수자원을 보존하고, 수질과 대기를 정화시키는 기능을 한다. 벼 수매가격을 단순히 식량의 수급만 고려하여 정하는 것은 단견이다. 환경보전기여금을 지급하여 논농사를 보호한다. 치산치수 사업은 기본적으로 국가가 주도하되 경제성을 높이고 일자리를 창출하는 방향으로 관리한다.

통일국가는 남북 간의 산맥과 수로, 철도·도로·에너지·통신 인프라 등 네트웍을 연결한다. 북부지역의 철도·고속도로·에너지·통신 인프라는 관련 공기업 또는 민간기업이 자기 자본 또는 장기 융자를 통해 건설하도록 권장하여 기업의 투자를 촉진하고 국가의 재정부담을 줄인다. 철도나 고속도로, 에너지 통신 인프라 건설비는 사용자로부터 사용료를 받아 회수하도록 한다. 국도와 지방도는 기존 도로망을 살리되 도로의 폭을 넓히고 선형을 직선화한다. 간선도로 옆에는 사람과 자전거 농기계 우마 등이 다닐 수 있는 보조도로 및 부대시설을 병행하여 건설한다. 동해안과 서해안 고속도로는 일부구간 속도 무제한 고속도로로 건설한다. 북부지방 인프라의 노선과 부지는 국유지임을 감안하여 경제성이 가장 높은 방향으로 선정한다. 북부지방의 고속도로와 일반도로를 종횡으로 연결하며, 철도, 고속도로, 국도 및 항만 해운을 통해 산업단지의 물류가 원활하도록 한다. 철도와 도로는 중국·러시아의 철도·도로와 연결한다. 통일국가는 북부지방을 나라의 신산업지대로 만든다.

통일국가는 남북의 전력망을 통합하고, 전력을 자급한다. 북부지역에 원자력, 수력, 화력 발전 단지를 건설한다. 원자력 발전소는 태천과 신포지구에, 수력발전은 다목적 댐과 기존 수력발전소에 고효율의 발전기를 설치하고, 화력 발전은 기존 시설을 개보수한다. 석유 가스 석탄 등 에너지 자원의 수입은 어느 특정 국가에 편중되지 않도록 조정한다. 태양광 발전 등 신재생 에너지의 효율을 높여 에너지의 무한 공급을 추구한다. 예비전력은 수소에너지를 생산하는 방향으로 상업화하여 에너지 자급율을 높인다. 신재생·원자력·화력·수력 등 발전원의 적정 배분으로 전력공급의 안정성을 보장한다. 전국적으로 새로 건설하는 주택이나 산업시설은 태양광 발전을 적용한다. 이때에도 건축물의 배치와 구조, 색상을 아름답게 설계한다.

통일국가의 국토 이용의 기본개념은 세계화 시대에 맞게 개방적이고 역동적이어야 한다. 국토개발은 해안 중심으로 산업과 인구가 배치되도록 한다. 해안지대에 해상 공중 육상 물류 인프라를 구축하고 이를 바탕으로 산업단지를 배치한다. 산업단지 인근에는 배후단지를 조성하는 도시배치계획이 좋을 것이다. 내륙은 산간과 하천, 평야를 중심으로 자연환경을 보존하면서 생명산업과 관광산업을 발전시킨다. 농어촌 주거환경의 현대화가 필요하다. 농어업 인구가 감소하여 농촌마을의 소멸로 이어지고 있다. 이러한 점을 감안하여 농어촌 주거를 읍내로 집결시켜 나간다. 이렇게 하는 것이 주민에게도 좋고 국가에게도 좋다. 남아있는 농어촌 주택은 전기 상하수도 가스 등 기반시설을 갖추고 위생적으로 잘 정비한다. 주택의 기본구조를 튼튼하게 하고 외관을 아름답게 만들며 내부시설을 청결하고 편리하게 한다. 앞으로 농촌주택은 관광객들에게 민박으로 제공되거나 second house로 활용될 수 있다.

세계가 국가 간 경쟁이 아닌 도시간 경쟁시대로 가고 있다. 통일국가는 경쟁력을 갖춘 도시를 발전시켜 세계적인 경쟁력을 갖춘다. 앞으로는 양호한 인프라를 갖춘 도시 중심의 집적현상이 불가피하다. 전국의 요소요소에 골고루 거점 도시를 정하고 이를 중심으로 주변지역이 보완 발전하고 상생한다. 이 결합이 지방자치단체의 기본 구조가 되도록 한다.

대규모든 소규모든 모든 토목, 건설, 건축공사에 실명제를 도입한다. 작은 규모의 공사는 기념판을 만들고, 일정 규모이상의 큰 공사에는 반드시 기념공원을 만들어 그 공사의 연혁과 1개월 이상 그 공사에 참여한 모든 사람의 이름과 그 사람의 역할 및 공적을 기록한다. 준공시에는 그 공사에 참여했던 사람들을 모아놓고 준공식을 갖도록 한다. 이는 공사에 참여한 사람들을 존중하고 그들의 노고를 격려해 주는 의미를 갖는다. 이렇게 하면 참여한 사람들이 더 책임감과 보람을 느끼게 될 것이다. 외국인이 참여했다면 그들의 이름도 기록한다. 언젠가는 그들이 그 기록을 찾아 관광하러 올 것이다.

통일국가는 비무장지대 DMZ를 개발한다. DMZ를 보존하자는 주장을 하는 사람들이 있다. 이 지역은 사람의 손길이 닿지 않아 자연생태계의 보고이며, 관광자원이 될 수 있다는 이유에서이다. 일견 타당한 주장이기는 하나 통일국가를 위해서 비무장지대를 그대로 둘수는 없다. 비무장지대는 남북 간 분단과 전쟁과 대결의 현장이다.

통일국가는 분단과 대결의 흔적을 지우고, 국민들이 분단의 기억을 잊게 해야 한다. 이것이 국가 재분단의 위험성을 줄이는 길이다. 남북분단선이 그대로 남아있는 것은 다른 나라 사람들의 구경거리로는 좋을지 모르지만, 통일국가를 위해서는 좋지 않다. 물리적 분단선이 그대로 남아있게 되면 그것은 사람들에게 분단의 과거를 회상하게 만든다. 그것은 일반적인 인간의 경험이다. 통일국가는 남북한이라는 관념과 그 흔적을 지워야 한다. DMZ는 한반도 국토의 중앙에 자리잡고 있다. 이것은 분단시대에 국토개발의 중대한 장애요소였다. 이 지역은 과거 한반도에서 가장 활기차고 발달한 지역이었다. 이 지역을 개발하지 않고는 한반도 전체의 개발을 생각할 수 없다. DMZ 일부를 기념공원으로 만들어 역사의 교훈으로 삼고 관광지로 활용할 수 있다. 그러나 비무장지대 전체 또는 많은 부분을 보존하는 것은 국가 재분열을 자극할 수 있는 위험성이 있어 부적절하다. 비무장 지대 개발 이익의 사유화를 방지하기 위해 DMZ 전체를 국유지로 관리한다.

산업의 체계 관리와 고용 증진

통일국가는 우리의 산업을 전면 업그레이드시킨다. 이를 통해 좋은 일자리를 창출한다. 좋은 일자리는 좋은 기업이 만든다. 통일 후 나라가 과거의 산업시설에 매달리거나 우선 손쉬운 길로 나아가 산업의 선진화가 지체되는 일을 경계해야 한다. 통일국가는 산업을 발전시키고 고용을 증진하며, 그 일자리의 질을 높이는 데 초점을 두고 정부조직을 구성하고 정책을 추진한다. 국가와 국민들의 활동을 산업으로 분류하면 기반산업, 생명산업, 지식기반제조산업, 첨단과학기술산업,

통상산업, 문화산업, 환경산업, 건설산업, 관광산업, 복지산업, 서비스산업 등이다.

기반산업은 철도 도로 항만 공항 등 교통산업이 있고, 유무선 통신산업이 있으며, 주택과 도시기반, 산업단지 건설 등 국민활동 공간 조성 산업이 있고, 에너지산업과 지하자원 등 광물자원산업이 있으며, 수자원 관리산업이 있다. 기반산업은 국가경제적 필요성과 공공성이 커서 많은 부문에 걸쳐 공기업이 수행한다. 공기업의 경영자는 국제적 안목과 신기술과 경영에 대한 전문지식을 갖고 있어야 한다. 나라는 그 분야에서 전문성과 리더십을 갖춘 아주 유능한 사람을 공기업의 경영자로 임명한다. 공기업을 정치적 이벤트성으로 경영하려는 사람이 있는데 그렇게 되면 나라에 큰 손해를 미친다. 공공부문의 인프라는 매우 중요하기 때문에 나라가 관여하는 것이다. 공기업 경영을 잘못하면 국가경제는 멍들게 된다.

통일국가는 공기업에 경영평가위원회를 만들어서 경영자를 추천하고 평가하며 정치적 논공행상 인사를 견제한다. 공기업 경영자는 그 임기를 3년 이상 보장하여 책임경영을 하도록 한다. 경영평가위원회는 그 공기업과 관련 있는 단체와 학계에서 일정한 자격을 정하고 그에 맞는 인사를 추천하여 구성한다. 경영평가위원회를 구성하는데 정치와 정부의 영향 받지 않도록 한다. 경영평가위원회의 구성원은 그 공기업의 경영자가 되거나 이사 감사 고문 자문 등 이해관계를 구성해서는 안 된다.

생명산업은 식량 과수 채소 등 식재료산업을 비롯하여 축산 및 동물자원산업, 원예 등 식물자원산업, 산림 및 임산자원산업, 의약품산업, 발효 미생물산업, 식품가공산업, 요식산업 등이 있다. 생명산업은 생명을 다루는 지식산업이며 무에서 유를 창조하는 산업이다. 생명산업은 최첨단 산업이며 그만큼 고부가가치를 창출할 수 있다. 쌀농사와 임산자원은 자연환경 보호를 위해서도 중요한 인프라이다. 통일국가는 미래의 식량안보를 위해서도 식량생산의 기반을 유지한다. 미생물과 바이러스 등은 현재 산업의 대상이 아니다. 그것들이 가지고 있는 기능적인 것을 발견하고, 역기능을 통제하면 이것을 고부가 가치산업으로 만들 수 있다.

통일국가는 생명산업의 과학화를 주도하고 혁신을 유도한다. 첨단생명공학은 거대 연구개발이 필수적이다. 나라는 부문별로 연구소를 지원하거나 만들어 연구를 촉진함으로써 생명공학의 발전을 촉진한다. 생명공학 기업은 외국의 선진기업과 전략적 제휴를 추구한다. 농업은 첨단산업이다. 농업의 현장을 보면 영세하고 노령화돼 있다. 나라는 영농조합, 영농회사, 영농단을 만들어 농업의 규모를 키운다. 청년들이 농업에 뛰어들어 농업의 혁신과 과학화, 국제화를 주도하도록 한다. 많은 사람이 식당요식업을 자영업으로 운영한다. 이들을 보호하여 중산층으로 살아갈 수 있도록 한다. 골목상권 보호 차원에서 대기업의 진출을 억제하고 각 식당의 품질과 위생 및 서비스 질을 향상시킬 수 있도록 지원한다. 식당요식업의 협회 기능을 활성화해서 해당 산업의 선진화를 주도하고 공동체를 형성하도록 한다. 식당 요식업은 관광산업으로도 발전시켜 나간다.

통일국가는 농업과 의료산업을 수출산업으로 발전시킨다. 나라는 생산자들과 협력하여 농축산물의 품질과 식품안전성을 최고로 높인다. 세계인은 우리나라의 농축산물을 명품으로 선호할 것이다. 이를 일본, 중국, 인도, 동남아, 중동의 고소득층을 대상으로 하는 수출산업으로 발전시킨다. 우리의 의료기술을 수출한다. 외국의 환자가 방문치료를 받는 것이나 병원을 통째로 수출하는 것이다. 의료기술을 수출하면 의약품도 동반 수출할 수 있다.

지식기반 제조산업은 소재산업, 부품산업, 기계산업, 전자산업, 화학산업, 의류봉제산업 등 전통적으로 말하는 공업이다. 각종 경공업과 정밀기계공업, 중화학공업으로도 분류할 수 있다. 지식기반 제조업은 현대의 경제건설이나 고용 측면에서 가장 중요한 산업이다. 사람들은 생활을 위해 필요한 것을 대부분 생명산업과 제조업에서 얻는다. 제조업은 생활필수품과 밀접한 관련이 있어 수요가 많고 소멸될 수 없다. 오늘날 제조업은 모두 세계시장을 상대하며 그만큼 규모도 커졌다. 1등을 하면 후발국과 차별성을 유지하면서 확고한 영역을 확보할 수 있다. 섬유의류산업, 기계공업, 중장비공업, 화학공업, 철강산업, 자동차산업, 조선산업, 전자산업, 항공산업, 세라믹산업, 소재 및 부품산업 등이 1등을 하면 튼튼하게 유지되고 세계시장에서 큰 지분을 갖게 될 것이다.

첨단 과학기술산업에는 원자력산업, 신기술 에너지산업, 생명공학산업, 나노기술산업, 신물질 신소재산업, 로봇산업, 정보기술산업, 소프트웨어산업, 항공우주산업, 정보보안산업, 전파통신산업, 기타 등등 열려있는 산업이다. 통일국가는 첨단 과학기술산업에서 활로를 찾고 앞서나가는 것이 중요하다. 첨단 과학기술은 가끔 기존 과학기술을 무력화시킨다. 철제무기는 청동기 무기를 무력화시켰고, 원자탄이 재래식 무기를 무력화시켰다. 통일국가는 첨단 과학기술의 탐구와 개발, 이의 산업화에 국력을 기울여야 한다. 통일국가는 국가 차원에서 세계적 연구동향을 파악하고 교류하면서, 첨단 과학기술을 보호하고 발전시켜 나간다. 정부는 첨단과학기술로 앞서갈 수 있는 부문에 대해서는 신속히 표준을 정하고 인프라를 건설하며 상업화를 지원한다.

통일국가는 세계제일의 산업단지이며 명품 생산국이 된다. 세계는 한때 미제 일제 독일제를 명품으로 인정했다. 메이드 인 코리아가 그 나라들의 제품보다 앞서는 최고의 명품이 되도록 한다. 통일국가는 제조업을 진흥한다. 제조업이 쇠퇴하면 나라의 기운이 빠진다. 통일 국가는 통일의 이점을 살려서 산업의 입지를 재배치한다. 산업의 연관 효과와 집적과 융합, 인프라, 국제협력, 국내외 시장접근 등을 고려하여 산업을 배치한다. 전국의 해안지역을 중심으로 각종 산업을 배치한다. 지역별로 지역특성을 살린 산업을 유치하여 산업단지를 조성한다.

통상산업은 국내외에서 이루어지는 투자 및 상업활동과 유통업을 말한다. 국제 투자 통상산업, 수출입산업, 전자상거래산업, 물류산업, 시장유통산업, 골목점방산업 등이 있다. 유통업은 체계와 시설을 현대화하고 투명도를 높인다. 유통업은 소비자와 생산자의 접근성을 높이고 편익을 제공하도록 한다. 전국적으로 거미줄처럼 퍼져 있는 동네수퍼를 IT기술을 이용하여 현대적 유통체계로 발전시킨다. 동네수퍼가 잘 유지되는 것은 중산층 보호와 동네의 연대성 강화에도 도움이 된다. 통상산업에서 가장 중요한 것은 세계상인을 양성하는 것이다. 세계를 상대로 하는 통상산업은 규모가 큰 부의 창출공간이며 고용기회이다. 통일국가는 세계를 뛰어다니며 세계의 유통을 책임지겠다는 유능한 상인을 많이 양성한다. 국제 통상의 육성을 위해 세계에 흩어져 있는 교포상인들과 연계체제를 갖추는 것도 필요하다. 전자상거래가 중요한 상업 활동이 됐다. 전자상거래는 세계 각국의 구매력 있는 사람들에게 접근하는 것도 유리하다. 통일국가는 전자상거래를 활성화하고 신뢰도를 높이며 물류를 신속히 보장한다.

지식기반 서비스산업은 금융, 법률, 회계, 의료, 교육, 연구, 학술산업

등이 있다. 생활서비스산업은 관혼상제, 청소, 이미용, 목욕, 세탁, 차량 및 기계 정비, 보수 수리, 건물관리 등이 있다. 공공 서비스 부문은 국가 및 지방 공무원, 각종 공기업, 학교, 보건, 의료기관이 수행하는 국민 생활의 안전과 수요를 충족시켜야 하는 부문이다. 통일국가에서 지식기반 서비스산업은 고용 창출의 새로운 보고이다. 통일국가는 동서양을 아우르는 금융, 회계, 법률, 물류 서비스 수요가 커질 것이다. 통일국가는 인구밀도가 높고 정보화 인프라가 잘 건설되어 있으며, 교육수준이 높은 나라이다. 지식기반산업을 뒷받침할 수 있는 정도로 외국어를 능통하게 하고 전문지식을 가진 사람도 많다. 인공지능의 발달로 언어장벽도 낮아지게 된다. 나라의 위상도 많이 높아졌다.

통일국가는 지식기반 서비스산업에서 세계의 선도적 지위를 차지해야 한다. 이렇게 해야 우리나라가 해륙국가로서 세계의 중심에 설 수 있다. 통일국가는 아시아 지역의 금융, 회계, 법률, 물류의 허브가 된다. 은행, 보험, 증권, 펀드 등 금융산업은 산업의 핏줄로서 제 기능을 다해야 하며 세계시장에 적극 진출하여 높은 부가가치를 창출한다. 금융산업은 투명성을 높여 소비자 감시가 이루어지도록 한다. 또한 국제 투기자본이 국내산업을 좌지우지할 수 없도록 방어한다. 세계적으로 경제발전이 이루어지고 있는 상황은 금융산업에 기회를 제공해 주고 있다. 이 기회를 잘 살려 많은 부가가치를 얻어야 한다.

건설산업은 해내외의 지상과 지하, 해상과 해저의 각종 구조물 및 기반시설의 설계, 시공, 감리, 사후 관리산업 등이 있다. 통일국가에서 건설산업은 황금기를 맞게 됐다. 건설산업은 시공능력과 함께 설계 능력 감리능력을 높이는 것이 필요하다. 설계 시공 감리의 각 부문에서 인재를 확보함으로써 건설산업의 발전과 고용확대를 추구한다.

현시대의 건설은 디자인과 문화예술이다. 세계건설 시장에서 성공하기 위해서는 각 지역의 문화와 건설을 조화시켜야 경쟁력을 가질 수 있다. 따라서 건설 인력들이 문화인의 의식을 가지고 있어야 하며 해외 문화의 소양을 갖게 하는 것이 필요하다. 건설산업의 발전을 뒷받침하는 것은 건설자재이다. 가장 우수한 건설자재를 개발하고 제조기술을 육성한다. 건설공정과 건설자재를 통해 부실공사를 원천봉쇄한다.

환경산업은 수질관리산업, 대기관리산업, 기후산업, 폐기물산업, 자연보전산업, 자연활용산업, 생물 다양성 산업 등이 있다. 관광산업은 여행객 모집, 관광정보, 안내, 안전, 운송, 숙박, 관광자원 개발, 식음료, 유희, 치유, 기념품 등의 산업이 있다. 복지산업은 보육, 양노, 취약아동 및 취약 청소년보호 교육, 취약성인보호 관리, 상이자보호 등이 있다. 각 산업은 부문별로 보통은 수백만, 많게는 천만, 적게는 수십만 단위의 고용을 창출하고 국민경제에 기여할 수 있도록 해야 한다.

모든 산업은 도전을 맞고 있다. 도전을 이기기 위해서 기존 산업은 신기술을 받아들여 플랫폼을 환골탈태한다. 플랫폼 자체를 포기해버리면 그때까지의 투자가 매몰되고 실업이 늘어난다. 플랫폼을 유지하면서 신기술을 적용하여 첨단산업으로 전환한다. 통일국가는 대기업, 중소기업, 자영업을 그 역할에 부합되도록 발전시켜 나간다. 모두가 중요한 국가의 자원이다.

직업을 가진 사람은 직업윤리를 확고히 가져야 한다. 사람은 자기가 하는 일을 통해 사회와 연결되어 있다. 따라서 자신의 일이 공동체 유지와 사회발전을 위해 어떠한 의미를 가지고 있는지 이해한다. 사람들이 직장과 직업을 존중하고 책임을 다하도록 한다. 또한 맡은 일을 잘 할 수 있도록 지식과 능력이 있고, 고객에 대한 존중과 배려가 있어야 한다. 직업훈련소는 사람들에게 직업윤리와 자긍심, 기능과 지식, 업무처리 노하우, 고객관리 방법을 교육하고 재교육하며 자격증을 주도록 한다. 모든 직업에서 그 종사자는 단 며칠이라도 교육을 받고 자격증을 받은 후에 관련 매뉴얼을 갖고 일에 종사할 수 있도록 한다.

통일국가의 정부조직은 각 산업의 진흥과 고용증진 차원에서 정책을 수행한다. 통일국가의 정부조직에 각 산업을 담당하는 부서를 둔다. 정부 산업 각 부서는 산업의 국내외 동향을 파악하고 국가의 산업 방향을 정한다. 이러한 방향에 따라 기업을 유도하고 자원을 배분한다. 정부 각 부서가 수행해야 할 또 하나의 중요한 일은 해당 산업에서 고용을 증진하고 고용의 안정성을 유지하는 것이다. 통일국가는 산업별로 기초연구와 응용연구, 직업훈련, 산업현장, 시장을 연계한다. 이러한 연계체계 내에서 상호 교류하면서 변화를 서로 감지하고 그러한 변화에 적응하기 위한 공감대를 형성한다. 이러한 공감대를 바탕으로 신기술을 개발하고 인적자원을 육성하고 재교육하고 직업전환을 체계적으로 실시한다. 이러한 연계체제는 산업의 수준을 높이고 일자리를 창출하며, 직업전환 수요를 관리함으로써 직업의 안정성을 강화한다. 그 연계체제가 거대한 고용체계를 형성한다. 인공지능의 4차 산업혁명은 우리의 삶의 형태를 송두리째 바꿀 것이다. 시대의 변화에 따라 고용 일자리의 많은 부분이 사라지게 될 것이다. 새로운 문명사회에서 새로운 직장과 직업을 창출하는 일을 국가와 기업과 개인이 꾸준히 해야 한다.

산학연産學硏의 일관체제에서 특수 전문분야 종사자들이 한통속이 되어 버리면 대책이 없다. 서로 밀어주고 봐주면서 견제 장치가 없으면 부패하고 무능해 지면서 국가적 환란을 가져올 수 있다. 무엇이 잘못돼도 체크가 되지 않기 때문이다. 어느 분야든 경쟁과 견제와 투명성이 보장될 수 있도록 연구와 교육과 직업훈련과 직장과 시장이 적절한 긴장관계를 유지하도록 한다.

제6장

아름다운 문화국가

1

문화국가의 방향

아름다운 문화국가의 길

"나는 우리나라가 세계에서 가장 아름다운 나라가 되기를 원한다. 가장 부강한 나라가 되기를 원하는 것은 아니다 ⋯ 우리의 부력富力은 우리의 생활을 풍족히 할 만하고, 우리의 강력强力은 남의 침략을 막을 만하면 족하다. 오직 한없이 가지고 싶은 것은 높은 문화의 힘이다." 김구 선생의 백범일지에 나오는 구절이다. 통일국가는 문화국가이다. 통일국가는 경제력이나 군사력으로만 강해지는 것이 아니라 문화의 힘, 지식의 힘, 정신의 힘으로도 강해지는 나라이다.

통일국가의 문화는 인간존중의 정신에 기반을 두고 있다. 그렇기 때문에 아름답다. 세상에서 사람의 생명이 최우선이다. 하늘의 도는 천하의 생명을 살리는 데 있다고 했다. 나라는 사람들의 삶을 존중한다. 사람의 생로병사가 모두 존엄하다. 산 사람은 물론 죽은 사람의 유골과 명예까지도 소중하다. 나라는 선인先人들의 삶과 유산과 유물을 존중하고, 후손들의 삶도 존중하며 그들의 삶의 조건까지도 배려한다. 나라는 사람들이 외부로부터 어떠한 위협을 받지 않도록 한다. 통일국가는 사람들이 배우고 생각하는 생활을 할 수 있는 나라이다. 통일국가는 모든 차별을 배제한다. 사람들은 빈부귀천, 남녀노소, 종교와 신념, 신체적 특성 등 어떤 이유에 의해서든 차별받아서는 안 된다. 모든 사람이 존엄하고 평등하다. 사람들은 자신의 존엄성을 인식하며 다른 사람의 존엄성도 존중해야 한다. 사람들과 관련되는 것이나 공동체와 관련되는 것, 나라와 관련되는 것은 모두 사람들의 문화적 사유에 의한 산물이다. 사람들이 그러한 문화 하나하나를 하찮게 생각하기 시작하면 모든 것이 하찮게 된다. 그렇게 되면 사람들이 비루해지며 공동체는 황폐해지고 나라는 해체된다. 문화는 소멸되고 사람들은 원시시대로 돌아간다. 통일국가는 그 모든 것을 귀하게 생각하고 존중하는 문화국가이다.

과학기술의 진보에 따라 인류사회는 물질적으로 풍요롭다. 사람들은 이것으로 인해 새로운 시대를 열어갈 기회를 맞았다. 반면에 사람들이 스스로 한 차원 더 높아지지 않으면 물질문명에 지배될 위험성도 있다. 사람들이 물질적 풍요에 탐닉하다 보면 천박해지고 인지가 쇠퇴하여 인류가 몰락할 위험성도 있다. 통일국가가 추구하는 아름다운 문화는 인간중심, 인간존중의 문화를 진작하는 것이다. 과학기술의 발달과 물질의 풍요는 이를 위한 기반이다. 학문, 제도, 정책, 인프라, 과학기술은 모두 인본주의, 인간 존중을 실현하고, 인지의 발달을 돕는 방향으로 작동해야 한다.

통일국가의 문화는 정의를 추구한다. 사람들이 옳고 바른 것을 추구하고 도의사회道義社會를 만든다. 고전에 이르기를 천하에 도가 서 있으면 사람들이 정치를 걱정하지 않고 편안하다고 했다. 도의사회는 도덕이 살아있고 법이 공정하다. 도덕과 정의는 공동체의 뼈대이다. 어떤 공동체든 도덕과 정의가 무너지면 부패한다. 그리고 이내 그 실체가 드러난다. 겉으로 아무리 아름답고 멋있는 것이라도 그 내면에서 도덕이 무너졌다면 그것은 위선이고 쓰레기이다. 도의사회는 편법과 반칙이 통하지 않고 질서가 있다. 사람들은 스스로 성실하고 정직하며 근면하고 신의를 지킨다. 그들은 부모에 효순하고 타인을 배려할 줄 안다. 사람들이 약자를 보호하고 국가적·사회적 책임을 피하지 않으며 공공의 것을 존중한다. 정상적인 보통 사람은 이러하다. 도의사회를 이룩하기 위해서는 나라의 역할이 절대적이다. 사람들은 이기적인 속성이 있기 때문에 이익이 앞에서 흔들릴 수 있다. 모든 사람들이 이익만을 쫓게 되면 사회는 혼탁해지고 나라는 망한다. 공동체가 유지되고 바로 서기 위해서는 나라가 옳고 바른 기준을 정해 놓고 이를 일관되게 지켜야 한다. 나라가 정의를 우선하지 않으면 정의는 지켜지지 않는다. 나라가 정의를 지킬 수 있기 위해서는 사람들이 먹을 것을 걱정하지 않아야 한다.

나라가 바로 서기 위해서는 바른 사람이 나라와 사회의 지도적 위치에 있어야 한다. 일신의 영달을 위해 법망을 피해 못된 짓을 하는 사람, 자신의 이익을 위해 남을 처참하게 짓밟는 사람, 공동체의 가치를 침해하거나 나라를 팔아먹은 사람들이 잘살 수 있는 사회는 바른 사회가 아니다. 현실에서는 악화가 양화를 구축하는 경우가 많다. 사회를 바로 잡는 방법은 투명도를 높여 공공의 감시가 작동하도록 하는 것이다. 사회의 투명성과 공공 감시가 사회의 수문장이 되어야 한다. 나라는 정의에 기초하여 불편부당하게 사회질서를 잡아야 한다.

통일국가의 문화는 순리에 따르고 조화를 이룬다. 사람들이 서로 조화하며, 인간과 자연이 조화를 이루고, 천지가 조화하여 상보 공존한다. 인간은 양면성을 가지고 있되 기본적으로 좋은 것善을 지향한다. 이것은 자연 현상이며 순리다. 역사에서 순리를 무시하고 특정한 사상과 권력에 맞추기 위해 억지로 인간을 개조하려는 일이 있었다. 이것은 역천逆天이었으며 역천자는 망했다. 앞으로도 역천자는 망할 것이다. 통일국가는 순리에 기초하여 국가공동체의 정치질서를 만든다.

통일국가의 문화는 개방적이다. 폐쇄는 인간과 공동체를 암우하게 만든다. 사람들이 폐쇄적이면 경직되고 시야가 좁아진다. 폐쇄는 정치적 독재와 경제적 낙후와 사회적 폐습과 문화적 퇴보를 가져온다. 폐쇄는 특권층의 기득권을 유지하고 부조리를 온존시킨다. 폐쇄사회에서는 미신과 도그마가 판친다. 폐쇄는 자신을 죽이고 소속집단을 죽이며 나라를 망하게 하는 길이다. 조선은 민본과 실용주의를 바탕으로 출발한 위대한 나라였다. 그러나 사상적 독선과 쇄국정책의 결과로 이념의 도그마에 빠지고 정체되다 망했다. 인간사회는 외부와 교류하고 협력해야 발전하고 새로워진다. 개방은 사람들을 상호 학습하고 융합하게 만들기 때문이다. 개인이든 나라든 보호막을 쳐놓고 배타적이어서는 안 된다. 통일국가는 외부와의 교류를 통해 사람들의 식견을 높이고 국가의 경쟁력과 생산성을 높인다. 나라든 개인이든 사고의 순혈주의와 동종교배를 경계해야 한다.

통일국가의 문화는 상대주의를 지향한다. 통일국가는 국가의 통합을 위해 관용과 문화적 상대주의가 특별히 중요하다. 사람들이 정치 경제 사회 문화 학술 사상 등 모든 분야에서 독단을 경계하고 배척한다. 사상적 일원주의는 특정 계층의 이익에 봉사하고 다수의 자유와 이익을 침해한다. 그것은 사회를 퇴보시키고 나라를 망쳤다.

사람들은 다원성과 다양성을 인정하고, 다양성 속에서 학습하는 자세를 가져야 한다. 사람들은 의견과 사상과 문화를 선악으로 구분하지 말고 나와 다른 것을 인정할 수 있어야 한다. 사람들이 이치에 어긋나거나 천박해지는 것은 다원주의 정신과는 거리가 멀다. 통일국가는 다양성을 바탕으로 나라를 운영한다.

통일국가의 문화는 과학을 중시한다. 인간은 강하지만 때때로 약한 측면이 있다. 옛날 사람들은 자연의 위력이 두려웠다. 천재지변과 기근과 질병 앞에서 그들이 믿고 의지할 곳은 하늘이었다. 상고시대에 한민족 사회에서는 샤머니즘이 번창했고, 영고나 동맹, 무천 등 제천의식이 있었다. 한민족은 원래 종교성이 강한 것 같다. 한민족의 경천사상과 깊은 종교성은 한민족의 역사 속에서 계속됐다. 한민족의 깊은 종교성이 잘못되면 미신으로 빠질 수 있다. 미신은 인간의 약한 면을 파고들어 인간을 지배한다. 세상의 일은 미신적이지 않다. 이 세상의 모든 일은 인과관계가 분명하다. 과학은 객관적 실체와 추상적 사물에 관한 이치를 밝혀 인간의 시야를 밝게 한다. 과학정신이 있는 사람은 미혹에 빠지거나 거짓에 현혹되지 않는다. 통일국가는 인간과 사회와 자연의 모든 현상에 대하여 과학정신으로 접근한다.

통일국가는 인간의 양심과 교양에 기초한 규범이 지배하는 문화국가이다. 사회질서는 법률과 강제, 관행과 체면 등과 같은 외적 규제로 유지된다. 또한 개인의 양심과 교양에 기초한 내적 절제와 자제를 통해 구성된다. 고대로부터 덕치와 법치의 논쟁이 있었으나 법치만으로 사회를 유지하고자 하는 것은 어리석다. 법치 만능이 되면 공안통치가 되고 정당한 공론이 형성되지 않는다. 법이 강할수록 사람들은 법망을 피하는 길을 찾을 것이다. 나라는 법치를 통치의 근간으로 하지만 그 근저에는 덕치가 있어야 한다. 덕치란 인간의 선한 본성을 기초로 하는 것이다. 사람들이 남을 배려하여 언행하고, 자신의 이익을 과도하게 추구하지 않으며, 공동체의 공공성을 존중한다. 통일국가는 외적 규제와 함께 인간의 자율성을 바탕으로 사회질서를 유지한다.

문화국가를 위한 국가의 역할

한민족은 통일을 이룩함으로써 나라다운 나라를 만들 수 있게 됐다. 분단국은 나라다운 나라가 될 수 없었다. 국민과 주권과 영토가 온전하지 않은데 이것을 제대로 된 나라라고 할 수는 없었다. 분단국에서는 나라가 무슨 일을 해도 아쉬운 점이 있었다. 민족 내부에서 남북으로 편을 갈라 서로 싸움으로써 자기를 소모했다. 이러한 나라가 안으로든 밖으로든 제대로 구실을 할 수 없었다는 것은 자명했다. 한민족은 통일을 이룩하여 분단과 전쟁과 대결의 분단사를 끝냈다. 경제적으로도 상당한 역량을 갖췄다. 통일국가의 모든 주민은 남북의 출신을 불문하고 나라의 주인이며 평등하다. 남북의 모든 주민은 통일국가에 강한 귀속감을 가진다.

통일국가는 나라의 기본가치를 지킨다. 나라는 주권을 수호하고 영토를 보전하며 국민의 생명과 자유, 인권과 재산을 보호하는 일에 한 치의 어긋남도 없다. 나라는 정의를 세우고 사람들을 평등하게 대하며 공공질서를 유지한다. 나라는 모든 일에 있어서 공공성과 공익성, 공정성을 추구한다. 나라는 적법절차를 지키며 효율성을 추구한다. 국가의 사무를 행하는 사람들이 이러한 가치와 규범들을 주문처럼 외우며 본능적으로 지켜야 한다. 통일국가는 나라의 가치를 수호하기 위해 그 주인인 국민에게 특정한 의무를 부과하며, 때로는 국민에게 생명을 내걸 것을 요구하기도 한다. 통일국가는 국민의 민생을 보장한다. 사람들의 민생이 보장되지 않으면 문화가 황폐해지고 법과 도덕과 인륜이 무너진다. 먹을 것이 없는 사람에게서 도덕을 바랄 수는 없다. 천하의 도는 민생을 챙기는 데서부터 시작한다.

통일국가는 국민의 정신적 문화적 활동을 진작시켜 나간다. 그동안 전쟁의 위협 때문에 또는 가난을 극복하는 과정에서 많은 것들이 무시되거나 없어졌다. 현실과 돈을 무시하면서 탁상공론에 빠지고 공리공담을 일삼는 것은 좋지 않다. 물질과 돈 앞에서 인륜과 염치와 자존이 무너지는 것도 옳지 않다. 통일국가는 산업발전에 힘쓰면서 동시에 정의를 수호하고, 공동체를 유지하기 위한 선한 가치를 지향한다.

통일국가는 사람들의 생각하는 힘을 키운다. 나라는 과학과 기술 수준을 높이고 사람들의 창의력을 고취하여 지속 가능한 발전을 추구한다. 사람들은 자연상태에서 객관적으로 존재하는 사물과 현상을 연구하여 미혹에서 벗어났다. 또한 고도의 사유를 통해 추상적 사물을 창조하고 그 생각을 공유함으로써 지구를 지배했다. 우리가 인식하고 있는 국가와 사회의 제도와 개념은 인간의 사유에 의해 창조된 사물이다. 과학이란 이러한 활동이다. 어느 나라에 가보면 시정市井의 평범한 사람도 공공의 문제에 대해 수준 높은 토론을 한다. 생각하는 국민이기 때문에 그것이 가능하다. 지난날 함석헌 선생은 생각하는 백성이라야 산다고 했다. 나라는 사람들에게 생각하는 힘을 키울 수 있도록 한다. 나라는 문사철文史哲과 음미체音美體와 기타 문화적 활동을 권장한다. 나라가 학문과 예술을 진흥하면 사람들의 생각을 키우고 국가의 문화 수준이 높아지며 인간의 소외를 막을 수 있다.

통일국가는 제도를 선진적으로 만들고, 이를 잘 지켜 신뢰성과 예측가능성을 높인다. 사람들이 공중도덕과 법률을 준수하는 정도가 나라의 수준을 말해주는 척도이다. 나라는 거리 질서를 확립할 수 있도록 인프라를 구축한다. 나라는 사람들이 범죄의 유혹에 빠지지 않도록 한다. 우선 사람들이 생계형 범죄를 저지르지 않도록 기초생활을 보장한다. 그리고 절도, 강도, 날치기, 폭행, 성범죄 등을 예방할 수 있는 인프라를 강화한다. 누구든지 범죄를 저지르면 반드시 발각된다면, 제정신인 사람은 범죄를 저지르지는 못할 것이다. 나라는 사람들이 죄의 함정에 빠지지 않도록 한다. 나라는 법을 위반하여 공동체의 안녕질서와 타인의 권익을 해치는 행위를 적절하게 규제한다. 사회의 기강을 확고하게 다져야 민주주의를 할 수 있다. 사람들이 자기 마음대로 하는 것이 자유나 민주주의가 아니다. 시민은 양식으로서 사회기강을 유지하도록 하고, 국가는 법으로써 사회질서를 확립한다. 기초질서와 사회기강이 흐트러지면 국민 생활이 불편해지고 국민정신이 낙후된다. 잘못에 대한 관용이 남발되면 기강이 문란해지고 사회의 수준이 떨어진다. 통일국가는 나라의 기강과 법질서를 엄정하게 지키는 문화를 형성한다.

통일국가는 사람들의 공공성을 진작한다. 국가공동체를 유지하고 발전시키기 위해서는 사람들이 국가공동체를 중요하게 생각하고 타인을 배려해야 한다. 사람들이 공공의 일을 존중하고 미래에 대비한 투자에 협력해야 한다. 어떤 사람들은 공공사업 추진에 격렬하게 저항하면서 과도하게 사익을 추구한다. 이렇게 해서는 국가공동체를 문화국가로 만들 수 없다. 사람들이 도를 넘는 이익을 얻기 위해 투쟁하면 공동체는 물론 자기 자신이 황폐해진다. 나라의 요소요소에 그러한 일이 있다. 통일국가는 사람들의 사익을 보호하되 과도한 사익 추구에 대해서는 단호하게 대응하여 사회적 비용을 낮춘다. 그것이 공화국의 정신이다. 통일국가는 어떤 직역의 패거리 집단이나 전관예우나 관피아의 관행을 폐기한다. 끼리끼리 밀어주고 이끌어 주면서 사익을 추구하는 것은 구조적 부패이다. 그러한 구조적 부패는 자기들끼리는 좋겠지만 반드시 타인의 이익을 부당하게 침해한다. 나라가 이를 묵인하고 방치하는 것은 불의와 타협하는 것이다.

통일국가는 신뢰 사회를 지향한다. 사회의 투명도를 높여 공동체의 공공성과 건강성을 강화한다. 사생활의 비밀보호는 중요하다. 그러나 사생활 보호를 명분으로 음험한 지대가 자라나는 것을 막아야 한다. 사회생활에서 거짓과 선전선동이 발붙일 수 없도록 한다. 사람들이 거짓말을 하지 않고 약속을 철저하게 지켜야 한다. 통일국가는 거짓말 규제법을 만들어 공공생활에서의 악의적인 가짜 뉴스에 대해서는 이를 범법행위로서 다스린다. 사회에서 불의와 반칙, 불합리와 부조리가 발붙일 수 없도록 한다. 그러한 행위를 한 사람들을 공동체의 공론으로 견제한다.

통일국가는 인류발전에 기여한다. 한민족은 다른 나라의 도움으로 해방됐고 정부를 세웠다. 국제사회의 도움으로 기아에서 벗어나고 질병을 퇴치하며 지식을 쌓고 경제를 발전시켰다. 국제사회의 일원이 되는 데에도 다른 나라들의 도움을 받았다. 통일국가는 다른 나라와 공존공영하기 위해 국제협력에 적극 나서야 한다. 통일국가는 인류 사회의 가난과 질병, 무지를 퇴치하고, 인권을 신장시키는 일에 적극 기여한다. ODA 자금을 활용해서 못사는 나라 주민들의 위생환경을 개선하고 학교를 세우며 유능한 관료제를 구축하는데 힘을 쏟는다. 한 국가가 무슨 일을 하기 위해서는 먼저 관료제가 제대로 정비돼야 한다. 가난과 폭력, 정변과 재해로 인해 생존의 위기에 선 나라와 사람들에게 도움을 준다. 이는 국제정의를 세우고 공존의 생태계를 만드는 일이다. 우리만 잘살면 그만이라는 생각은 잘못된 것이다.

통일국가는 세계 여러 나라의 문화를 받아들여 문화를 발전시킨다. 이를 위해서는 우리의 내실을 다져야 한다. 우리의 내실을 기하면서 다른 나라, 다른 민족, 다른 문화를 존중하고 교류한다. 국학연구기관을 만들어 한민족의 언어를 연구하고 한민족의 역사를 제대로 정리하고 한민족의 문화의 연원을 밝히며 문화의 체계를 연구한다. 문화는 현장을 떠나 상아탑에만 남아 있으면 생명력이 없어진다. 나라는 문화산업을 고급화하고 발전시켜 대중에게 보급한다. 문화산업은 수출산업으로도 유망하다. 통일국가는 외국의 문화를 심층적으로 연구한다. 나라는 세계 각국을 연구하기 위해서 세계지역 연구소를 설립한다. 지역연구소는 동북아시아, 동남아시아, 인도서남아시아, 중동아시아, 태평양오세아니아, 아프리카, 라틴 아메리카, 유럽, 북아메리카 등의 범주를 정해 지역연구를 한다. 지역연구소는 세계 각국별로 작은 나라는 10여 명, 큰 나라는 100여 명의 전문 연구 인력을 확충한다. 지역연구소는 세계 각국의 정치 군사 경제 문화 사회 등 각 분야를 심층적으로 연구하고 이를 해당 국가와 교류한다. 지역 연구소의 연구결과는 국가적으로 활용하여 지역 강국의 자주외교를 뒷받침한다. 지역연구소 연구원은 외교관으로도 봉사할 기회를 갖는다. 지역연구소는 민간외교를 주선하고 이끌며, 기업에게 세계 각국의 경제 정보를 제공하고 경제교류에 대해 자문한다.

지역연구소는 정부와 기업과 학계가 이를 공동으로 설립하고 공동으로 운영한다. 기업도 세계 경쟁력을 갖추려면 외국의 문화를 잘 알아야 한다. 개별 기업이 그러한 연구기관을 만드는 것은 벅차기 때문에 민관이 공동으로 설립하고 연구기관에 실용적인 연구를 요구한다.

기업이 외국과 경제교류를 할 때는 지역연구소의 자문을 받는 것을 관행으로 한다. 지역연구소도 기업에 유익한 경제적 판단을 제공할 수 있는 역량을 갖춘다.

통일국가는 신문명에 대비한다. 문명의 패러다임이 변하고 있고, 이는 필연적으로 국가와 사회의 이념과 제도의 변화로 이어질 것이다. 우선은 일자리 문제부터 대책이 있어야 한다. 현재의 과학기술은 일자리를 창출하여 분배를 추구했던 전통적 정책을 무력화시켜가고 있는 중이다. 이로 인해 사회의 양극화가 점점 심해지고 있다. 재화를 생산하는 일과 서비스를 제공하는 일을 기계가 대체하게 되면 사람들은 고도로 노동집약적인 사회적 활동이나 깊은 문화적 활동이나 학문 세계에서 자신의 역할을 찾아야 한다. 통일국가는 그러한 활동을 분배의 루트로 개발해야 한다. 순수학문과 실용연구와 직업훈련과 산업현장을 연결하는 생태계 체인을 만들자고 하는 것도 신문명 사회에 대비하기 위한 것이다. 나라가 신문명 사회에 대비하지 못한다면 양극화로 인해 사회가 불온해질 것이다.

통일국가는 항상 쇄신하는 나라이다. 모든 제도와 관행은 오래되면 낡게 되고 변화하는 환경에 맞지 않는다. 한편 사람들은 변화를 싫어하는 심성이 있다. 나라가 발전하려면 사람들이 쇄신하고 새로운 기운이 사회에 퍼져 나가야 한다. 이것은 국가가 주도해야 한다. 통일국가는 사회의 계층구조가 고착되지 않도록 한다. 신분사회 형성은 나라의 결속력을 떨어뜨리고 나라를 경직시킨다. 젊은이들과 하층으로 떨어진 사람들이 좌절하고 절망하며 포기하게 되면 국가공동체는 희망이 없다. 이들이 불만스런 현실에 반발하고 정면으로 맞서 싸울 용기를 낼 수 있어야 한다. 나라는 이들이 도전하고 재도전하여 상향할 수 있는 여건을 만들고 지원한다. 국가지도자는 국가공동체가 낡고 무기력해지는 것을 날카롭게 관찰하고 치열하게 대처해야 한다. 개인이든 단체이든, 작은 조직이든 큰 조직이든, 사조직이든 공조직이든, 시골이든 도시지역이든 나라의 요소요소를 외부인의 시각으로 들여다보면 쇄신할 것들이 허다하다. 많은 경우 사람들은 현실에 안주하면서 쇄신의 계기를 만들지 않는다. 이를 타파하기 위해 외부 요인이 작용할 필요가 있다. 사회 각 부문이 보다 선진적으로 쇄신해 가면 국가 전체적으로 엄청난 발전이 이루어질 것이다. 통일국가는 끊임없이 그러한 쇄신을 촉진하고 이끌어 간다.

통일국가는 사회적 이동을 활성화시킨다. 어떤 계층에게든 변화 가능성을 열어 둠으로써 나태하여 타락하거나 절망하여 무기력해지는 상황을 막는다. 나라는 계층차별적인 제도를 찾아내어 이를 혁파한다. 나라는 창출되는 국부가 많은 사람에게 적절하게 분배되도록 한다. 과학기술과 국부의 원천은 국가사회의 발전과정에서 형성되고 누적된 것이다. 그것은 공공재로서의 성격이 크다. 그것에 기반을 두고 창출되는 재화를 소수가 독과점하는 것은 사리에 맞지 않다. 나라는 산업정책과 고용정책을 통해 국부를 적정 배분하고 재정정책을 통해 빈부격차를 줄이도록 노력한다. 나라는 가난의 대물림을 막아야 한다. 국가는 가난 탈출 프로그램을 만들어 가난한 집안의 청년들이 가난에서 탈출하도록 적극 돕는다. 그 청년들에게는 가난이 자기 책임이 아니기 때문이다. 나라는 사회의 역동성을 살리며, 개인이 희망을 가질 수 있도록 노력한다. 통일국가는 공정한 입장에서 그러한 노력을 함으로써 국가공동체가 쇠락하는 것을 막아야 한다.

문화국가의 문화인

　통일국가의 국민은 문화인이다. 사람들은 누구든지 그가 어떠한 처지에 있든 자신이 하늘과 같이 존엄한 존재임을 인식한다. 또한 타인도 그와 같이 존엄한 존재임을 인정하고 존중하는 언행을 한다. 사람들뿐만 아니라 사람들을 둘러싸고 있는 모든 것들이 존귀하다. 그것들이 없다면 사람들은 제대로 살아갈 수 없다. 문화인은 무엇을 대할 때든 정성스운 마음으로 대하고 언행이 또한 그와 같다. 그것들의 존재가 바로 나의 존립을 지탱해 주는 요소들이기 때문이다. 동학의 해월 최시형 선생은 경천敬天 경인敬人 경물敬物을 가르쳤다. 선생은 우주만상이 모두 하늘과 같이 존귀함을 깨닫고 길거리의 돌멩이 하나, 풀 한 포기도 함부로 다루지 않았다. 그는 어린이와 젊은이와 늙은이의 구별 없이, 남자와 여자의 차이 없이, 신분과 재산의 부귀빈천을 가리지 않고 모두를 하느님같이 받들어야 함을 가르쳤다.

　문화인은 정신문화를 중시한다. 사람들이 인류 역사에서 가치 있는 것으로 추구했던 덕목들을 존중하고 이를 실천한다. 각급 학교의 교육과정에 경전이나 고전 강독시간을 넣는다. 경전과 고전은 인류 최고의 사유물思惟物로서 인간의 수준을 높이는 가르침이다. 고전의 가르침은 사람들에게 인간다움의 준거를 제공하며 정체성正體性을 확립하게 한다. 또한 생각을 깊게 하여 인간과 사회의 성숙에 기여한다. 문화인은 여러 성인의 본래의 가르침을 탐구한다. 성현들의 가르침은 청정하며 감동적이다. 사람들에게 빛이 되고 영감을 준다. 그 가르침은 어렵지 않다. 언제나 쉽고 좋으며 옳은 것이었다. 그런데 세상에는 교조주의와 맹신, 상대방을 존중하지 않는 독선과 배타주의, 사실을 불신하는 반지성주의와 광신이 있었다. 그것은 개인숭배와 인권 유린을 가져왔다.

우리는 민족종교의 가르침에 대해서도 많은 관심을 가질 필요가 있다. 조선말 천하 질서가 엎어지고 나라는 기울어 망해 가고 있었다. 이때 이 땅에서는 선각자들이 새로운 도를 열었다. 동학 천도교와 대종교와 증산교와 원불교 등 민족 종교이다. 민족 선각자들의 가르침에서 우리는 이 땅을 사랑하고 도탄에 빠진 백성들을 보살피고자 했던 조상선각자들의 숨결을 느낀다. 대종교는 망국 후 만주와 연해주의 항일독립투쟁을 이끈 정신이자 행동대였다. 일제 식민치하에서 많은 조선 사람들은 민족종교에 의지하여 독립의 꿈을 간직했고 항일운동을 전개했다.

통일국가는 한민족의 전통문화에 대해 자긍심을 갖는다. 우리는 한민족의 긴 역사에서 펼쳐진 정치사상이나 창조된 유무형의 문화유산, 유물 유적을 잘 관리하고 그것들에서 배운다. 나라는 역사를 교육하고 뛰어난 조상들을 숭모하여 민족적 자긍심을 고취한다. 이들이 현재를 사는 사람들에게 방향을 제시해 주고 역할 모델이 될 수 있다. 나라와 사회, 가정과 학교는 사람들에게 항상 바르고 좋은 것을 보고 듣고 느끼고 생각하도록 한다. 통일국가는 새로 건설할 국가 행정의 중심지에 통일국가가 지향하는 가치를 상징하는 기념물들을 세운다. 한민족을 수호하고 문화를 발전시켰던 영웅들의 동상을 전국의 큰 길거리에 번듯하게 세워 기념한다. 이러한 것은 통일 후 국민들이 국가의 정신으로 공유하고 결속을 다지기 위한 것이다.

문화인은 자신의 일에 대해 중요성을 인식하며 긍지를 가진다. 사람들은 각자 자기의 역할이 있고, 사회적 책임이 있다. 사람들은 가정이나 직장, 사회공동체 및 국가에서 자기에게 맡겨진 책임을 다한다. 사람들은 자기가 맡은 일을 함으로써 자기의 삶을 구성하고 사회와 소통한다. 어떠한 일이든 그것은 전체적인 맥락에서 중요한 의미를 가지고 있다. 사람들이 일을 잘한다는 것은 바로 자신의 삶을 값지게 하는 것이며, 공동체의 유지 발전에 기여하는 것이다. 자신이 맡은 일은 돈을 버는 이상의 의미를 갖고 있다. 자신의 일을 존중하지 않는 것은 자기 자신을 존중하지 않는 것이며 스스로의 삶을 파괴하는 것이다. 자신의 일을 제대로 하는 것은 자기의 자존심을 지키는 일이다. 다만 그 일이 자신의 존엄을 해친다거나 타인의 인권을 침해하거나 공동체에 나쁜 일이라면 그것을 일이라고 할 수 없다. 도둑질을 일이라고 할 수는 없는 것과 같은 이치이다.

지식인은 사물을 바르게 보고 바르게 말한다. 지식인은 문화인의 대표이다. 그들은 다른 사람보다 많은 공부를 했고 지식이 더 많다. 다른 사람들보다는 대체로 가진 재산도 많다. 지식인은 과학과 문화 예술을 하는 사람이다. 지식인은 나라와 사회의 일에 대해서 관심이 크고 나아갈 길을 궁리하는 사람이다. 사람들은 그들의 말을 사실로 알아듣고 존중한다. 사람들은 그들의 언행을 본받고자 한다. 그래서 지식인은 사실을 말하고 반듯해야 한다. 그들의 주장은 공동체의 가치를 실현하는데 기여하는 것이어야 한다. 지식인은 용기가 있어야 한다. 옳지 않은 일에 대해서는 이를 거부하는 태도를 보여야 한다. 그래야 나라가 바로 선다.

사실을 왜곡하고 공동체를 훼손하는 주장을 하는 것은 지식인의 자세가 아니다. 돈과 권력을 위해 곡학아세하는 사람은 지식인이 아니다. 지식인은 사실을 알지 못하면서 추정해서 말하는 것을 경계해야 한다. 일반인은 지식인의 주장을 사실인 것으로 받아들이기 때문이다. 지식인의 말이나 저작, 작품은 그의 내면세계의 반영이어야 한다. 겉으로는 정의와 진리와 도덕을 말하면서 뒤로는 온갖 추잡한 일을 다 하는 사람들이 있다. 그런 사람은 위선자이고 비겁하며 사이비이다. 그 이론과 작품이 아무리 멋있고 옳은 주장이라도 그것이 존중받아서는 안 된다. 그러한 사람이 득세하면 나라가 위태롭다.

지금 지식인들에게 급박한 사명이 부여됐다. 지식인들은 새로운 문명을 집중 탐구하여 이 현상들을 해석해야 한다. 크게 봐서 이제까지 사람들은 2천 년 이상 된 문명의 패러다임에서 생각하고 살아왔다. 그 규범은 하늘에 경건했고, 동시에 인간존중과 인간중심이었다. 과학기술이 크게 발전하고 있다. 과학은 생산력을 비약적으로 증가시키고 생명의 신비를 해석하고 있다. 결핍과 생명의 유한성에 기초했던 과거의 규범이 한계에 부닥쳤다. 그것뿐만 아니라 사람들과 관련된 모든 것이 해체되고 있다. 2천 년 이상 인류를 지탱해온 패러다임을 재해석하거나 대체할 새로운 패러다임이 필요하다. 과학기술이 가져오는 혁명의 의미를 해석하고 인류가 나아가야 할 규범을 정립해야 할 시기이다. 모든 면에서 우리의 지식사회가 한가한 상황이 아니다.

2

문화국가의 기반 구축

인재양성

통일국가는 인재를 양성한다. 사물을 잘 아는 것을 명철하다고
하며, 명철해야만 규범을 만들 수 있다는 말이 있다. 여기서 규범은
문화라고 할 것이다. 우리의 의식주와 인간관계의 모든 형태가 문화
이다. 문화의 바탕에는 공동체의 규범과 관습, 학문, 과학기술, 경제
생활, 문학, 예술, 체육 등이 있다. 문화Culture는 자연현상에 의해 영향
을 받기도 하지만 기본적으로 사람에 의해 만들어진다. 문화 현상은
대중들의 언행과 소망이 어우러져 형성되기도 한다. 또는 앞서나가는
사람들이 좋은 성과를 내놓아 새 바람을 일으키고 이에 대한 대중의
동의와 열망이 어우러져 형성되기도 한다. 오늘날은 세계화 시대이고
사이버 세계가 병존한다. 문화의 흐름과 융합이 국경에 의해 제한받
지 않는다.

국제사회의 무한경쟁에서 중요한 역할을 하는 것은 각 부문의

뛰어난 사람들이다. 이들은 치열하게 탐구하여 세계경쟁에서 우리나라를 보호해야 한다. 나라는 이들을 육성하고 잘 활동할 수 있도록 지원해야 한다. 공부 잘하고 좋은 학교에 다닌다고 해서 뛰어난 사람이 아니다. 자기 스스로 현상을 읽을 줄 알며 문제를 발굴하고 해결하며 가치를 창출할 수 있는 특출한 능력을 갖춘 사람이 뛰어난 사람이다.

앞서나가는 사람은 사물을 꿰뚫어 보고 명쾌하게 해석한다. 그들은 천지우주와 인간사회와 자연현상을 관찰한다. 그들은 국가의 사무와 과학기술의 세계, 산업현장, 학문의 세계, 예술의 무대에서 도전하며 무한 경쟁한다. 그들은 자기의 분야에서 사물의 이치를 깨우쳐서 체계화하고 정리한다. 나아가 최고의 지력과 창의성을 발휘하여 그 분야의 수준을 높이는 데 기여한다. 그들의 활동무대는 세계여야 하며 세계적인 경쟁자들과 밀리지 않고 겨룰 수 있어야 한다. 도전하지 않고 안주하는 사람은 엘리트가 아니다. 엘리트는 도전적이며 새로운 일에 잘 대처한다. 이들은 창조적인 일을 발굴해서 국가 사회를 보다 발전적으로 이끌어 간다.

맑고 총명한 청소년들이 이러한 분야로 나갈 수 있도록 국가와 부모들이 배려하고 격려해야 한다. 부모들은 대체로 자기 자식을 범상하고 편한 직업을 갖도록 유도한다. 비범한 자식들에게 그렇게 하는 것은 정도가 아니다. 나라와 사회는 뛰어난 사람들이 엘리트들이 자기의 분야에서 정진하고 존중받을 수 있도록 분위기를 조성하고 격려해 준다. 뛰어난 인재를 대우하지 않고 깎아내리면 그 사회와 나라는 잘될 수가 없다. 통일국가는 그들의 연구와 활동을 격려하고 장려하기 위해 국가과학상을 만든다. 매년 40세 전후의 인문과학 사회과학 자연과학과 공학, 그리고 예술 등 각 분야에서 매우 창의적이고 뛰어난 연구 성과가 있는 사람을 분야별로 1명씩 선발한다. 매년 10~20여 명 선발하여 매년 10억 원의 연구비를 10년간 조건 없이 지원한다.

뛰어난 인재의 교육에 있어서 대학과 대학교수들이 중요한 역할을 해야 한다. 대학은 학생 중에서 스스로 앞서나가는 사람들을 판별하여, 그들을 뛰어난 사람으로 키워낸다. 그들에게 필요한 덕목은 겸손과 봉사와 창조이다. 그들은 자기 분야에서 몰두하여 훌륭한 성과를 내면서도 교만하거나 공동체의 일에 인색하지 않아야 한다. 그들은 나라가 좋고 바른 방향으로 나아가는 데 많은 역할을 해야 한다. 그들에게는 부귀의 유혹에 흔들리지 않으며, 빈천의 고통에 꺾이지 않으며, 무력의 강압에 굴하지 않는 대장부의 기개와 결기가 살아 있어야 한다.

통일국가는 사회의 각 분야에서 공동체와 단체, 조직을 이끌어갈 관리자를 양성한다. 국가공동체는 전체적으로 보면 거대한 조직구조로 되어 있다. 나라가 운영되는 것은 그러한 각종 조직이 제 역할을 하면서 전체적으로는 조화를 이루는 것이다. 작은 조직이든 큰 조직이든 그것을 이끌어가는 것은 사람이다. 각 조직을 이끌어 가는데 핵심적인 역할을 하는 사람들이 관리자이다. 관리자는 상식과 지력과 자기 분야에서의 전문 지식을 가지고 있어야 한다. 또한 자기 조직의 사명을 충분히 숙지하고 그 조직 내의 사람들을 이끌어 갈 수 있어야 한다. 관리자급이 튼튼해야 나라가 튼튼하다. 나라와 각 조직은 체계적인 인력 양성 프로그램을 운영한다.

사람들은 학습을 통해 교양과 전문지식과 능력을 키운다. 그리고 자기의 지식과 생각을 바탕으로 실천한다. 이러한 지식 작업을 세대를 이어가며 축적한다. 개인은 물론 공동체 전체적으로 지식과 상상력이 많아지면 이것은 창의력과 생산력의 증대로 나타날 것이다. 세계화와 지식 정보화의 심화로 인해 경쟁이 지구적 차원에서 전개되고 있다. 세계화는 또한 전 지구적 차원에서 생산력을 급속하게 증진시켰다. 국가 간 생산성 격차의 해소로 인해 경쟁이 심화되고 있다. 이것은 또한 인류 문명사의 전환을 촉진하고 있다. 이러한 대변혁기에 각 개인이 살아남고 나라가 살아남기 위해서는 철저히 준비해야 한다. 사람들이 자기가 하는 일에 대한 전문지식과 기능을 높이고 사회적으로 지적 인프라를 튼튼하게 하는 것이 그 길이다. 통일국가는 국가적 역량을 동원하여 이러한 변화에 대처한다.

학교는 모든 학생이 정보화와 신문명에 대처할 수 있도록 교육한다. 또한 세계를 상대로 활동할 수 있도록 준비를 하도록 한다. 대학은 학생들이 최소한 영어나 다른 외국어의 듣기 말하기 읽기 쓰기를 제대로 할 수 있도록 해서 졸업시킨다. 모든 학교는 그 학교의 최소 학력 기준을 공시하고, 이를 모든 학생이 성취할 수 있도록 교육한다. 나라는 국가 전체적으로 대학과 연구기관과 직업훈련소와 직장을 연계하는 학습체계를 구성한다. 모든 연구기관과 교육기관은 산업현장 등 외부와 연결하고 상호 교류하고 소통하며 학습한다. 이 기관들은 외부와 고립되어 안주하는 사람들을 공동체에 동참시킨다. 모든 국민은 자연스럽게 학습체계에서 살게 되며, 항상 배우고 깊이 생각할 수 있는 능력을 키운다. 이러한 교육체계가 취업과 재취업에 연결되도록 하고, 국민들의 과학과 인문 지식계발의 기회가 되도록 한다. 이러한 학습체계는 산업에 필수적인 핵심기술과 기능, 뿌리 기술을 보존하는 역할도 할 것이다.

통일국가는 나라 안의 폐쇄성을 경계한다. 나라의 어떤 분야에서든 사람들이 폐쇄적인 서클을 형성하여 배타하면서 자기들만의 별천지를 형성하는 것은 옳지 않다. 재산이나 권력이나 지식을 가진 사람들이 더 쉽게 자기들만의 세계를 구축할 수 있다. 이는 일반 대중과 소통을 거부하는 것이며, 딴 나라 사람이 되는 것이다. 딴 나라 사람은 우리의 엘리트가 아니다. 엘리트는 대중과 소통하며 물정을 정확히 알고 공동체의 건강하고 수준 높은 발전에 기여해야 한다.

가정의 보호

통일국가는 가정을 보호한다. 가정은 국가형성의 기초이다. 나라는 젊은이들이 혼인하여 가정을 꾸리고 자식을 낳아 잘 기르도록 지원한다. 그 자식들이 장성하여 새로운 가정을 이루는 순환이 계속되도록 한다. 가정은 가장 작지만 가장 중요한 공동체이다. 가정은 문화와 전통을 담고 있으며 기본적인 인간 생활을 보장하는 조직이다. 가정은 인간 행복의 원천이다. 사람들은 죽어서 천당을 찾을 것이 아니라 살아서 가정을 천당으로 만들도록 노력해야 한다.

가정의 존립이 지금 위협받고 있다. 젊은이들은 결혼해야 한다는 생각이 엷어져서 점점 만혼이나 비혼이 늘어나고 있다. 결혼한 젊은이들도 바쁘거나 경제적 부담 때문에 출산을 기피하여 신생아는 과거의 50%, 30%까지 줄어들었다. 젊은이들이 자기의 삶도 팍팍하여 부모를 부양하지 못해 노인들은 삶의 무게가 커지고 있다.

통일국가는 가정을 보호하기 위해서 많은 노력을 기울인다. 젊은이들이 직업을 갖고 소득을 얻게 해준다. 그들의 결혼을 장려하며 신혼생활의 부담을 덜어준다. 집 없는 신혼부부에게 5년 임대주택을 제공하고, 자녀 출산 시 그들이 희망하면 2~4년 임대 기간을 연장한다. 신혼부부에 대해서 소득세 공제 혜택을 준다. 신혼부부가 임대주택에 거주하는 기간에 재형저축과 주택부금에 가입하도록 권장한다. 그렇게 해서 임대 기간이 끝나면 자기 집을 마련할 수 있도록 지원한다. 그들이 주택을 구입할 때는 장기저리 주택구입자금을 지원한다. 결혼 과정에서 발생하는 허례허식과 혼수품을 최소화하도록 사회적 운동을 전개한다.

나라는 부부가 서로 사랑하고 존중하는 가정문화를 조성한다. 부부는 상대방에 대한 신의를 지켜야 한다. 부부간의 신의는 서로 입장을 바꾸어서 생각하고, 불륜不倫하지 않으며, 상대방을 가장 귀한 존재로서 존중해주는 것으로 지켜진다. 부부간의 신의가 지켜져야 가정이 지켜지며, 가정이 지켜져야 아이들이 제대로 클 수 있다. 행복한 가정이 사회와 국가를 건강하게 만든다. 가정폭력은 나라가 개입하여 이를 저지한다. 다른 나라에서 온 신랑신부들이 많아지고 있다. 이들에 대한 가정폭력이 가끔 끔찍한 형태로 나타난다. 통일 후 당분간은 남북 간에 이질성이 남아있는 상태에서 남북의 젊은이들 간에 혼인이 일어날 것이다. 젊은이들이 다른 문화를 관용해야 한다. 어떤 일이 있어도 가정폭력이 일어나지 않도록 계도하고 폭력이 발생하면 즉시 공권력이 개입한다. 가정의 일은 지극히 사생활의 영역이기는 하나 가정폭력은 인권침해이다. 나라는 부부간의 인권침해를 개인 차원의 문제로 방치해서는 안 된다.

나라는 사람들이 가정을 꾸려 나가는데 필요한 비용을 줄여 준다. 일반 가정은 교육비와 주거비를 마련하는데 수입의 많은 부분이 들어간다. 이로 인해 소비의 여력이 없어지고 재산을 모을 수 없으며 문화생활을 제대로 할 수 없다. 나라는 집 없는 신혼부부에게 임대주택을 제공하고, 그들이 집을 살 때도 집값에 치여서 생활이 어려워지지 않도록 한다. 나라는 통일에 따른 경제의 동태, 인구구조의 변화, 가족 형태 등을 감안하여 주택정책을 세운다. 기본적으로 1가구가 1주택을 소유할 수 있도록 한다. 그것은 부부의 기본재산이다. 통일국가는 젊은이들이 자식의 교육비를 크게 들이지 않도록 한다. 유치원에서 부터 고등학교까지는 의무교육을 실시하고, 공교육을 잘해서 사교 육비가 들어가지 않도록 한다.

가정은 어린이와 늙은이를 보호하는 안전지대이다. 가정은 어린이 들에게 예의범절과 공중도덕, 인간과 사회와 국가에 대한 의무를 교육 시키는 기초 교육장이다. 부모는 자식들의 선생이다. 부모는 몸으로 자식을 교육한다. 말과 글로써 자식들을 가르치려하기 보다는 몸가 짐과 실천으로 모범을 보이는 것이 자식 교육의 요체이다. 자식들은 부지불식간에 부모를 따라 한다. 가정에서 부부가 중심이 되어 가정 의 문화를 형성한다. 어떤 가정문화를 만들 것인가는 부부가 결정 하게 된다. 각 가정이 가정의 의례를 정성껏 행함으로써 조손일체祖孫 一體와 천인합일天人合一의 뜻을 느끼도록 하면 좋겠다. 그것이 자식들 에게 인간의 존엄성과 자아 정체감을 형성하게 하고 자긍심을 갖게 할 것이다.

문화 예술의 기반 확충

몇 해 전 어느 예술학교 출신의 32살 젊은 시나리오 작가가 요절했 다. 먹을 것이 없어 굶어 죽었다. 자존심 때문에 배고픔을 참고 참으며 견디다, 결국은 옆집 문 앞에 남은 밥과 김치 좀 달라는 쪽지를 남기 고 죽었다. 1984년 로스앤젤레스 올림픽에서 레슬링 금메달을 받아

우리나라의 두 번째 올림픽 금메달리스트였던 사람이 있었다. 그도 환호작약하던 옛날을 뒤로하고 변변한 직업도 없이 생활고에 시달리다 변사했다. 이 땅에서 글을 쓰고, 음악, 미술, 무용, 연극, 영화, 체육 활동을 통해 자신의 소질을 드러내고 나라의 문화발전에 기여하는 사람들이 많다. 그로 인해 한민족의 문화는 살아남고 문화민족이 될 수 있는 것이다. 많은 문학과 예술 체육 영재들이 오랫동안 교육을 받고도 적절한 활동무대가 없어 재능을 사장시키고 있다. 어떤 사람은 그러한 활동으로 큰 부자가 되기도 하지만 대부분의 문화예술인들이 그의 활동만으로는 생업이 보장되지 않는다. 나라는 문화진흥을 추진하면서 한편으로는 문화예술인들이 생활의 위협을 느끼지 않도록 관심을 기울이고 지원할 필요가 있다.

통일국가는 문화 예술 체육 활동을 산업이라는 관점에서 접근한다. 4차 산업혁명이 진행되고, 고도의 과학기술이 문명을 지배하고 있다. 문화산업은 신문명 사회에서 일자리의 새로운 기회가 될 수 있다. 문화산업은 또한 신산업이나 전통산업, 서비스산업과 융합하여 그러한 산업을 인간화하고 고급화시킬 수 있다. 문화산업은 다른 산업의 창의력을 유발한다. 오늘날 과학 기술이 고도로 발달해서 기능 중심의 제품은 매력이 없다. 거기에 문화의 옷을 입혀야 세계 일등이 될 수 있다. 문화산업은 새로운 시대의 유망 산업이다. 문화산업은 고용 창출과 경제의 질적 도약을 견인한다.

통일국가는 문화산업을 수출산업으로 발전시킨다. 문화산업은 한민족에게 잘 맞는 산업이다. 사계절이 뚜렷한 자연환경과 오랜 역사, 해륙국가의 위치, 가무의 기질, 신바람의 풍토 등은 문화산업이 발전할 수 있는 토대가 될 것이다. 통일국가는 분단과 냉전을 극복하기까지 했다. 이러한 바탕을 가진 우리의 문화산업은 한류로 나타나 세계를 환상적으로 지배하기도 했다. 우리가 사람들의 마음을 사로잡을 수 있는 문화상품을 많이 만들어서 수출하면 이는 다른 공산품과 서비스의 수출을 촉진하는 파급효과를 가져올 것이다. 통일국가 관광자원의 부가가치도 크게 높아질 것이다. 문화상품의 수출은 한민족의 이미지를 좋게 하고 통일국가 국격과 국가위상을 높일 것이다. 문화상품으로 알려지는 한민족의 이미지는 자주적이고 강건한 것이었으면 좋겠다. 또한 청결하고 산뜻하며, 재미있고 멋있다. 나아가 성실하고 근면하며, 선한 일류一流이다. 한민족은 이미지뿐만 아니라 실제로도 그러한 사람들이어서 세계 어느 나라에서도 존경받고 환영받았으면 좋겠다.

통일국가는 문화예술체육을 진흥할 수 있는 인프라를 구축한다. 나라와 지방자치단체는 도서관, 서점, 음악당, 미술관, 영화관, 공연장, 체육관 등 문화체육 시설을 운영하거나 그것을 지원한다. 이러한 문화시설을 학교 주변에 집결시켜 교육과 연계하고 주민들과도 연결한다. 문화시설은 저술 창작, 음악, 미술, 체육, 무용, 게임, 콘텐츠, 공예, 공연, 연극, 패션, 디자인, 영화 등이 사람들에게 전달되는 공간이다. 문화인들의 활동을 조직하고 지원하는 것은 문화산업의 핵심이다. 출판사나 공연기획사, 악단, 극단, 화랑, 광고회사, 대중매체, 문화재 관리사업 등은 문화산업을 이끌어가는 기업이자 문화산업의 인프라이다. 나라는 이러한 문화산업 인프라를 지원해서 육성한다. 나라는 이러한 문화산업의 인프라들이 인권을 지키고 민주적으로 운영될 수 있도록 투명성을 강화한다.

통일국가는 문화예술인들의 활동무대를 제공한다. 공공문화 시설은 특별한 소속이 없는 지식인 시인 소설가 음악가 미술가 체육인 배우 등 문화예술인들에게 활동공간과 활동의 기회를 제공한다. 문화예술인들은 이 공간에서 토론하고 연습하며 작품 활동을 한다. 문화예술인들은 이러한 공간과 활동을 기반으로 공동체를 형성하도록 한다. 그러한 공동체 활동은 문화예술인들이 서로 소통하고 창작 능력을 키울 것이다. 이들은 문화시설을 통해 유아교육, 학교교육, 사회교육과 연결된다. 그렇게 하여 문화예술인들은 학생과 주민에 대한 문화예술 교육과 활동을 지원하고 지도한다. 지방문화재에 대한 보존과 보호, 해설에도 이들이 참여한다. 체육인들은 모든 세대의 체육활동을 유형별로 지원한다. 여러 가지 행사에서 이들을 초청하여 공연하거나 지도하게 한다. 문화시설은 문화예술인들이 계속 활동할 수 있는 기회를 만들고 적절한 소득을 얻게 만든다. 문화시설은 사회보호시설과 협력관계를 맺어 지역공동체의 상호 부조활동을 활성화한다.

통일국가는 문화산업을 진흥하기 위하여 재정 금융정책과 교육정책을 편다. 나라의 산업은 거의 대부분 국가의 지원과 육성정책으로 발전할 수 있었다. 이제는 문화산업도 국가적 육성 대상이 돼야 한다. 국가적으로 독서와 글쓰기를 장려하고, 공공도서관에서 도서구입을 통해 출판문화와 글쓰기를 진흥시킨다. 나라는 영화 공연 음원 체육 출판 광고 등 기획사의 설립과 활동을 지원한다. 기획사들은 가급적 많은 문화예술인을 소속시켜 이들이 안정적인 소득을 얻도록 한다. 나라의 정책은 문화산업의 수요자를 확대하는 방향으로 추진한다. 이렇게 되면 자본이 문화기업을 키우는데 투자하게 될 것이다.

통일국가는 문화인들의 공동체 형성을 지원하고 사회안전망을 만든다. 문화예술인들은 개별적으로 수입의 편차가 매우 크다. 1%의 인기 있는 문화예술인, 소설가, 배우, 가수, 운동선수들이 그 분야 수입의 90%를 차지한다. 나머지 99%의 문화예술인 중 상당수는 기초생활이 어려울 정도로 수입이 적다. 모든 문화산업과 문화예술인은 분야별 문화진흥기금을 만들고, 그 기금에 그의 소득에 따라 누진적으로 출연하도록 제도화한다. 이 기금은 문화예술체육을 진흥하는 데 지원하여 해당 문화인들의 활동과 생계를 돕는다. 또한 노후 소득이 없는 문화인에 대해 연금을 지급한다. 이것은 문화예술계 내의 소득재분배 체계가 되며 문화인들의 사회안전망 구실을 하고 문화산업의 생태계를 보호한다.

공간문화의 구성

통일국가는 국토 공간을 과학적이고 실용적이며 아름답게 배치한다. 통일은 국토 공간을 구성하는데 제약을 철폐했다. 한반도는 산과 강, 들판이 어우러져 천혜의 아름다운 국토 공간을 갖고 있다. 여기에 인공구조물이 설치되어 있다. 인공구조물은 농지, 철도 도로 항만 공항 댐 저수지 발전소 등의 기반시설, 관공서 학교 공설운동장 박물관 미술관 공원 등 공공시설, 주택과 상업 및 서비스 등 도시기반시설, 공장 등 산업시설 등이 있다. 이는 지상시설과 지하시설로 분류할 수 있다. 근대화와 분단시대에 땅 위의 인공구조물은 그때그때의 사람들의 필요에 따라 건설됨으로써 난립됐고 전체적으로 조화롭지 않다. 남북의 분단시대에 이루어진 인공구조물은 편중되고 난잡하며, 혹은 빈한하고 탐욕스럽거나 흉물스러운 것들이 많다.

통일국가는 국토정비 50년 계획을 세워 자연환경과 인공구조물을 정리 정돈한다. 분단시대의 국토정비 계획도 참고하여 발전시킨다. 국토 공간을 산림지구, 강 하천 해양 등 수자원 및 수변지구, 농지지구,

기반시설지구, 공단 및 도시지구로 구분한다. 각 지구를 분리하고, 각 지구 내의 단위별 공간배치도 계획을 세워 배치하고 체계적으로 관리한다. 공간 배치계획의 기본 원칙은 경제성과 편의성을 기본으로 하며, 과학과 미관을 중시한다. 인공구조물들은 그 자체 내외부 구조를 과학적으로 구성하고, 청결하고 편리하게 만든다. 인공구조물끼리는 서로 조화를 이루고 아름답게 배치하여 건설한다. 인공구조물들은 자연과 조화될 뿐만 아니라, 자연환경을 보호하고 자연의 아름다움을 더욱 아름답게 할 수 있어야 한다.

나라와 지방자치단체는 국토 공간을 사람들의 인지와 창의성을 높이고 경제활동을 촉진할 수 있도록 만든다. 자연과 인공구조물이 아름답게 어울리면 이것이 관광자원이 될 수 있다. 지방자치단체는 각 도시를 외국 관광객을 유치하고 머무를 수 있는 관광상품으로 발전시켜 나간다. 국토 공간을 과학과 미관을 고려하여 건설하고 관리하면 우리의 문화수준이 높아질 것이다. 그리고 우리의 건축 토목 디자인과 설계 기술을 높일 것이며 경제활성화와 고용창출을 통해 국민 소득을 증대하는 데 기여할 것이다. 국가 전체의 국토정비계획이 있고 지방자치단체도 50년 계획을 세워 통일국가 공간을 재설계하고 사람들이 사는 마을을 안전하고 아름답게 새로 건설하거나 재개발한다. 국토 공간 배치계획은 고도의 미적 감각과 철학적 지식을 가진 사람들이 디자인하고 설계하도록 한다. 이러한 기반 위에서 주민들의 편의를 고려하여 도시계획을 세운다. 지방자치단체는 이러한 방향에 따라 장기간에 걸쳐 도시를 건설한다. 지방자치단체장이 그 임기 내에 국가와 지방자치단체의 종합적인 장기 도시계획과 공간배치계획을 자의적으로 변경할 수 없도록 제한한다.

국토 공간을 구축하는데 가장 중요한 것은 물이다. 물은 나라의 가장 중요한 자원이다. 물은 생명의 원천이며 국토를 구성하는 핵심 요소이다. 나라는 맑은 물을 저장하고 언제나 맑은 물이 국토를 흐르게 한다. 큰 강과 지천은 수변지구를 설정하여 일정한 범위내에는 공원과 농지 외에는 인공구조물이 들어설 수 없도록 한다. 현재의 한강과 같이 하천과 사람들이 분리되는 일이 없도록 한다. 도시지역에도 투수층을 많이 만들고 식목을 잘해서 빗물이 곧바로 흘러가 버리지 않도록 한다. 통일국가는 수자원을 풍부하고 질 높게 관리하여 물 부족국가에 이를 수출한다.

국토의 60% 이상을 차지하고 있는 산지에 나무를 심고 가꾸어서 국토의 침식을 막고 공기를 정화시키며 기후변화의 완충지대가 되도록 한다. 산림이 우거지면 동물들이 많이 서식하여 생물 다양성을 보존할 수 있고 경제적 자원이 된다. 산지의 형태에 따라 자연림, 경제림, 풍치림 지역으로 나누어 관리한다. 산지를 경제적으로 관리하기 위해서 영림단을 조직한다. 산림은 국토보전과 자연보호와 국부를 증대시키는 중요한 자원이다.

도시지역은 주택지구, 상업지구, 공업지구, 업무지구, 관공서, 공원, 학교, 병원, 공공서비스, 지구 등으로 구분한다. 도시지역의 도로변과 하천변에는 나무를 심어서 도시 전체를 공원처럼 관리한다. 주택지구는 사람들이 평온하게 살 수 있도록 소음을 제한한다. 직장과 주거가 근접하도록 배치하여 사람들의 출퇴근 시간과 교통수요를 줄인다. 4차 산업혁명으로 생산과 소비의 패러다임이 바뀌면 주택지구와 상공업 및 업무지구가 분리될 필요가 없을지도 모른다. 각 지방자치단체는 도시계획을 세울 때 반드시 미래산업이 도시구조에 미칠 영향을 반영한다. 주택의 형태와 배치도 아름답게 하여 동네를 하나의 미관지구가 되도록 한다. 건물과 기반시설 등 모든 시설물은 대규모 지진이나 풍수해에도 파괴되지 않도록 입지를 정하고 설계 기준을 강화한다. 주택을 새로 지을 때는 기본 골조를 반드시 철근 콘크리트로 하여 튼튼하게 시공한다. 새로 짓는 주택과 건물은 모두 태양광 발전 등 신재생 에너지 설비를 갖추도록 한다. 이때에도 건축물의 미관이 아름답게 그 설비들의 형태와 색상을 디자인한다. 공업지구는 미세먼지, 냄새, 오·폐수, 폐기물, 소음 등 일체의 공해유발 요소를 자체 자동 정화할 수 있도록 한다.

통일국가는 농업의 기계화에 맞게 농지를 대규모 단지로 조성한다. 논농사와 밭농사, 특용작물 단지를 조성하고 용수공급 농로 등 농업기반을 확충한다. 통일국가는 식량안보를 감안하여 농지를 적정 수준 확보한다. 농지구역에 주택이나 공장, 물류창고 등 산업시설이 들어서는 것을 억제한다. 가건물이 무질서하게 세워지는 것도 억제한다.

3

교육입국 教育立國

새로운 시대와 통일국가론을 이끌어 가는 교육

논어에서는 배움을 가장 먼저 강조했다 學而時習之 不亦悅乎. 인간은 무엇을 배우고 익히며 생각하고, 그것을 자기 행동의 기준으로 삼음으로써 다른 동물과 구별된다. 한민족은 세대를 거듭하면서 배우는 것을 좋아하고, 생각하는 것을 좋아하며, 그것을 현실에 적용하기를 좋아한다. 사람은 늘 생각하고 궁리하면 총명하게 된다. 한민족이 수백 년 그렇게 하면 그렇지 않은 민족보다도 훨씬 뛰어난 민족이 되고 뛰어난 나라가 될 것이다. 교육은 개인의 능력뿐만 아니라 국가와 사회의 집단적 능력도 키운다. 집단능력의 향상은 그 집단에 속한 개인들의 능력을 일거에 높이게 된다.

통일국가는 교육으로 나라를 만든다. 교육은 사람을 키우는 일이다. 교육은 나라의 구성원들에게 인간다운 품성을 함양케 함을 목표로 한다. 사람들이 자율적이며 자주적인 자유인으로서 자기의 존엄성을 지키고 타인의 존엄성을 존중하도록 한다. 나아가 타인과 협조하는 사회인으로서 성장할 수 있도록 한다. 옛날에는 소학을 우선적으로 교육했다. 사람으로서 어떻게 행동하고 어떻게 사회생활을 할 것인지 체계적으로 가르쳤다. 오늘날에는 이러한 기본적인 사항을 가정에서도 학교에서도 가르쳐 주지 않는다. 나라는 유치원과 초등학교 때부터 인간의 존엄성과 타인의 존중, 사회생활의 기본에 관한 사항과 공동체의 발전을 위한 협조 의무 등을 교육한다.

통일국가의 교육은 사람들에게 지식을 축적하고 지적 능력을 키워주며 생각하는 힘을 길러준다. 사람들이 교육을 통해 얻게 되는 지식은 기초학문 분야와 전문기술 분야가 있을 것이며, 경험적인 것과 선험적인 것이 있을 것이다. 사람들은 교육을 통해 자기 관리 역량과 탐구능력, 시스템적 사고능력, 정보처리능력, 의사소통능력, 협동능력, 창의력을 키우게 된다. 사람들이 편벽된 이념에 사로잡히거나 단편적 지식에 머무르거나 미신과 주술, 감각적인데 빠지게 되면 생각하는 힘이 약해지고 인지가 퇴화할 수 있다. 그렇게 되면 문화국가를 이룩할 수 없으며 나라는 쇠퇴하게 된다. 과학적 탐구는 사실에 기초한다. 사실은 온데간데없고 해석만 난무하는 쟁론을 경계한다. 이 세상에 보이는 것 구체적인 사물도 있지만, 우리의 정신으로 언어를 사용해 창조하는 추상적 사물도 많다. 국가를 비롯한 사회적 현상들은 그러한 결과이다. 구체적 사물과 추상적 사물을 과학적으로 접근하는 자세가 필요하다.

통일국가의 교육은 정서교육을 병행한다. 이것은 한민족의 특성을 살리는 일이다. 정서교육은 보이지 않는 관계를 파악하고 추상적인 것을 인지하고 공유하는 능력을 키우는 것이다. 한민족의 DNA에는 정신적인 것과 정서적인 것, 깊은 종교성이 녹아있다. 이러한 특성은 높은 사색을 가능하게 하고 인지 혁명을 일으킬 수 있다. 고도로 사변적이고 추상적인 탐구는 보이지 않는 본질을 탐구한다는 차원에서 의미 있는 것이다. 세상에는 보이지 않고 측정할 수 없는 것들도 많기 때문이다. 추상적 탐구가 인류를 다른 동물과 구별되고 세상을 지배하게 만든 힘이 됐다. 그러나 추상적인 탐구는 맥락이 없으면 공허하다. 추상적 탐구는 구체적 현상을 설명할 수 있어야 한다. 통일국가의 교육은 사색이 너무 추상적이어서 그것이 허무맹랑하고 환상으로 빠지지 않도록 한다.

학교는 학생들의 학교공동체 활동을 통해 신바람을 불러일으키고 인간관계를 따뜻하게 순화시킨다. 학생들의 예술체육활동을 장려한다. 음악 미술 체육에 있어서 민족적인 것을 살려 심미적 감성과 공감능력을 키운다. 한민족의 두뇌를 자극하는 음과 색과 모양이 있고 신체적 특성에 맞는 몸놀림이 있다. 그리고 문자가 있다. 사람들이 어떤 글자를 쓰고, 어떤 음을 쓰고 좋아하며, 어떤 색깔을 좋아하며 쓰느냐에 따라 우리의 두뇌와 얼굴 모양도 바뀌게 되며 생각도 바뀌게 된다. 나라의 뛰어난 사람들이 국민들의 생각하는 힘과 창의력, 지적 능력을 키울 교육 프로그램을 만들었으면 좋겠다. 다른 나라가 개발한 프로그램도 참고해야 한다.

통일국가는 4차 산업혁명의 신문명 시대에 대비한 교육을 한다. 이제 인공지능이 현실화될 것이다. 교육이 바뀌지 않으면 그것은 앞으로 없어질 직업을 위한 교육이 되어 버린다. 교육은 학생들에게 미래를 대비하게 하는 것이다. 과거에는 하나의 지식과 기술을 가지면 평생 그것을 기반으로 직장을 다녔다. 기술교체의 주기가 사람들의 생애주기보다 길었기 때문이다. 이제 사람들은 직장생활이 끝나기 전에 자기가 습득한 지식과 기술이 쓸모없게 되는 것을 보아야 하는 시대가 됐다. 학교 교육은 변화하는 과학기술과 산업현장에 부응하여야 한다. 불과 30년 전 사무실에서 필수 불가결했던 타자기와 타자수가 이제는 골동품상에 가서도 찾기가 힘들다. 지금 학교에서 타자기 다루는 교육을 한다면 대단히 우스운 일이다. 학교는 학생들에게 인공지능과 스마트 문명 시대에 적응하고 이를 이끌어 나갈 수 있는 지식을 가르치고 능력을 키워 줘야 한다. 지식을 저장하는 것과 더불어 지식을 찾고 융합하며 창조할 수 있는 능력을 길러 줘야 한다.

새로운 시대에 어떠한 교육을 어떻게 할 것인지 정답이 없다. 대학 교수나 각급 학교 교사들은 창의교육을 연구하고 실행해야 한다. 대학의 교수들이 자기가 맡은 강좌의 수업을 쇄신한다면 한 학교는 1만 개 가까운 강좌가 쇄신되는 것이다. 나라 전체적으로는 300만 개가 넘는 강좌가 쇄신된다. 초중고등학교에서도 교사의 숫자만큼 쇄신이 이루어진다. 교육현장이 달라지면 나라의 수준이 달라질 것이다. 창의교육과 쇄신을 개별 학교나 선생님들에게만 맡겨둘 수 없다. 나라가 이 분야의 가장 뛰어난 인재들을 모아 교육프로그램을 만들어서 각급 학교에 지원한다. 학교 교육을 교사가 주도하는 강의식 지식교육을 절반 이하로 배분한다. 나머지 절반은 학생들의 자기 주도적 학습을 유도한다. 학생들에게 스스로 상황을 기술하게 한다거나 제기된 문제에 대해 해법을 구한다거나 토론을 통해 사물에 접근하도록 하는 것이 좋겠다. 우리 교육에서 이러한 노력이 부족했다. 교사는 이러한 학생들의 자율적 학습에 프로젝트를 제시하고 참고 의견을 제시하는 관찰자로서 역할을 한다. 과거 학생들이 70명이던 콩나물 교실에서는 불가능했던 맞춤형 교육이 20명 이하의 교실에서는 가능하게 됐다. 이러한 교육을 위해서는 교사들의 많은 노력이 요구된다. 이러한 학습을 장려하기 위해서 학교의 자율성을 확대하고 평가방식을 바꾼다.

통일국가는 민족교육을 실시한다. 민족교육은 한민족의 역사와 언어와 강역과 국토를 중시한다. 민족교육은 민족과 민족문화에 대한 존중과 사랑을 교육하는 것이다. 세계화로 인해 민족을 강조하는 것이 백안시되고 있다. 민족교육은 시대착오적이라거나 퇴행적이라는 평가를 받고 있다. 세계화 시대에도 민족국가의 사명은 끝나지 않았다. 동아시아에서는 민족주의 물결이 강하고 팽창주의와 패권주의의 기운이 있다. 이러한 때에 한민족이 민족주의를 무장 해제하는 것은 외부의 제국주의 세력에게 좋은 일이다. 한민족은 민족국가에 근거해서 세계화로 나아간다.

통일국가의 민족교육은 민족공동체, 국가 정체성, 국민 형성을 위한 교육이다. 폐쇄적 저항주의나 환상적 낭만주의에 빠져드는 것은 민족교육이 아니다. 민족사 교육은 식민사관과 사대주의를 철저하게 배격한다. 역사학자 역사교사 지식인들이 역사교육을 제대로 해야 할 것이다. 우리 민족을 비하하고 자신감 없게 만드는 교육을 해서는 안 된다. 통일국가의 역사교육은 자주적 사관에 기초하여 민족적 자존감을 살린다. 통일국가의 역사교육은 국수적이거나 폐쇄적이거나 민족 우월주의에 빠지지 않는다. 그렇게 하면 한민족은 쇠퇴한다. 통일국가는 당당한 민족국가로서 국민들이 주변 민족국가들에게 주눅들지 않도록 한다. 통일국가는 내실을 다지면서 Global 사회에서 적극적인 역할을 하고 세계의 발전에 기여하는 것을 지향한다.

14년 의무교육과 충실한 공교육

　독립운동 시기에 우리의 선각자들은 삼균주의三均主義를 내세워 이를 한민족의 독립과 국가 건설의 기본 지침으로 삼고자 했다. 그 중 대표적인 것이 교육의 균등이며, 국비교육론이다. 교육의 주된 대상은 청소년들이다. 청소년들이 부모의 능력에 따라 불평등한 교육을 받는다면 그것은 정의롭지 못하고 부도덕한 것이다.

　통일국가는 교육기회의 공평을 기한다. 통일국가는 유아기부터 고등학교 교육까지 14년간 의무교육을 실시한다. 의무교육 기간에는 다양한 계층의 자녀들이 차별 없이 같은 학교에서 어울리도록 한다. 다양한 재능과 지능을 가진 학생들이 한 학교의 울타리에서 친교하며 생활한다. 학교 교육은 지식교육만 하는 것이 아니다. 통합교육을 통해 청소년들은 서로를 이해하고 돕는 사회성 교육과 지식교육과 창의성 교육을 받는다. 학교는 학생들에게 국가공동체 성원으로서의 결속력을 키운다. 교사들은 학생들 사이에서 왕따 현상이 일어나지 않도록 주의를 기울인다. 유아기와 청소년기에는 이렇게 해서 이들이 모두 공동체의 일원으로서 의식을 갖도록 한다. 교사들은 학생 모두를 상대로 한 보편교육과 개별 학생들의 능력과 특성을 감안한 특화교육을 실시한다. 교사들의 부담도 늘어날 것이다.

　학교교육에서는 어느 정도 경쟁이 있어야 한다. 잘하는 사람이나 못한 사람이나 똑같이 평가받는다면 누구든 잘하려고 힘써 노력하지 않을 것이다. 결과적으로 우리의 집단지력이 낮아지고, 나라는 뒤처지며, 결국은 모두가 손해 본다. 학생들에게 열심히 공부하고 잘하는 것을 격려한다. 학교와 선생님은 학생들의 지력을 높이고 창의력을 계발하기 위해 최선을 다한다. 학생들의 평가체계는 성실하게 공부하는 사람, 자기 주도적 학습을 하는 사람, 창의적 접근을 하는 사람들이 좋은 평가를 받도록 한다. 학생들에 대한 주기적 평가는 본인의 성취를 스스로 되돌아볼 수 있게 한다. 이것은 자신의 강약점을 파악하여 보충할 수 있게 하는 것으로서 필요한 과정이다. 교사에 대한 평가척도는 학생들의 주도적 학습과 창의력을 기른 성과를 중심으로 한다. 사회는 잘하는 사람과 노력하는 사람을 격려해야 한다.

통일국가의 교육체제는 열려 있어야 한다. 교육은 학교 교육으로 끝나지 않는다. 학교가 중심이되 사회와 자연이 모두 학업의 공간이다. 교육은 항상 현장과 연결되도록 한다. 교육이 시대의 흐름과 현장에서 떨어져 교육을 위한 교육에 안주해서는 안 된다. 산업 현장과 대학이 협력하여 대학도 활력을 높이고 기업도 원천기술을 보유하여 통일국가의 경제력을 키운다. 교육기관 상호 간에도 열려 있어야 한다. 교육기관들이 상호 경쟁하고 학습하며 교육의 질과 성과를 높여 나간다.

통일국가는 유아교육을 중시한다. 유아교육을 통해 어린이들의 정서교육과 사회교육, 뇌발달 교육, 육체적 발달을 돕도록 한다. 유아기에 수리와 언어, 감성, 사회적 기능 등 뇌기능이 폭발적으로 발달한다. 가정에서의 교육을 통해서도 이러한 뇌기능의 발달은 이루어진다. 유아들이 또래들과의 단체생활을 통해 배우면 더 빠르고 맥락을 정확하게 이해하며 뇌기능을 발달시킬 수 있을 것이다. 단체생활을 함으로써 공동체 생활을 하는 능력을 키울 수도 있다. 나라는 유아교육의 교사·교육내용·교육방법·시설 등 표준을 정하고 지방자치단체는 유아교육 기관을 육성하고 감독한다.

초등학교와 중학교는 동네 학교로 하며, 학생들이 자기 집에서 학교에 다닐 수 있도록 한다. 이 시기에는 기초학력을 습득하고 사회

생활을 잘 할 수 있는 훈련을 쌓는 시기이다. 학교는 모든 학생이 읽기, 글쓰기, 말하기, 수학과 과학적 사고, 논리, 토론 등 최소한의 기초학력을 갖출 수 있도록 한다. 학교와 선생님들이 기초학력이 부족한 학생을 방치하는 것은 무책임한 일이다. 학교는 모든 학생에게 방과후 맞춤형 학습을 실시한다. 이때는 정규수업 학습을 이해하지 못한 학생에 대해서는 그 내용을 더 쉽고 구체적으로 설명하여 이해시킨다. 학습능력이 뛰어난 학생들에 대해서는 심화학습을 시켜 그의 지력을 더 계발한다. 방과후 학습에는 음악 미술 체육 등 정서교육을 포함하여 즐거운 시간이 되도록 한다. 방과후 활동은 학교의 교사가 주축이 되지만 지식과 능력이 있는 동네의 자원봉사자들이 참여하여 기여할 수 있도록 한다. 학교는 그들에게 적절한 수당을 지급한다. 방과후에 집에 가도 보호자가 없는 학생들에 대해서는 학교에서 돌봄 서비스를 제공한다.

고등학교는 기초학력을 바탕으로 탐구능력을 키우고 미래를 대비하는 교육을 시작한다. 고등학교에서는 학생들이 자기 주도적 학습을 하도록 한다. 이것이 자율적이고 창의적인 사람을 기르는 방법이다. 학교수업은 보통수업과 맞춤형 심화학습을 실시한다. 심화학습은 학생들의 능력과 학력 수준에 따른 특화학습이다. 각 학교에 전폭적인 자율권을 주어 학생들의 학력을 높일 수 있도록 한다. 각 학교는 학생들에게 수준별 학습을 실시함으로써 학생들의 학력을 향상시킨다.

교육은 지방자치단체의 매우 중요한 일이다. 각 지방자치단체는 자기 지역 초중고등학교의 수준을 높이기 위하여 그 지방의 역량을 동원한다. 지방자치단체마다 명문 고등학교가 있어 학력의 지방분권을 이룩하고 지방에 거주하는 사람들에게 교육문제의 고민을 해소한다. 서울의 예를 보면 좋은 학교를 육성한 지방자치단체는 흥하고, 좋은 학교를 만들지 못한 지방자치단체는 쇠하게 된다. 도시지역은 한 자치단체에 복수의 고등학교가 있을 것이지만 인구밀도가 낮은 농어촌 지역은 지방자치단체의 거점에 1~2개의 고등학교를 세워 한 학년의 학생이 3백 명 이상 되도록 한다. 시골지역 고등학교는 기숙사를 세워 학생들이 공동생활을 하면서 학습에 전념할 수 있도록 한다. 고등학교 과정의 실업학교는 마이스터고로 하며 국립으로 운영한다. 고등학교 졸업생들에게 공무원 공기업 사기업에 취업할 수 있는 길을 열어 이들이 훌륭한 전문인, 직장인으로서 성장할 수 있도록 고졸취업 성장루트를 개발한다.

통일국가는 지방자치와 교육 자치를 분리하지 않고 통합한다. 교육은 지방자치의 가장 중요한 일 중의 하나인데 이것을 분리할 실익이 없다. 통일국가는 지방자치단체장의 책임 하에 의무교육을 실시하도록 한다. 지방자치의 정치적 중립을 법적으로 보장하고, 지방자치단체장이 교육행정을 총괄한다. 교육행정책임자를 별도로 선거할 필요가 없다. 학교는 재량으로 최선을 다해 학생들을 교육한다. 각 학교는 학생들의 학력과 능력 차이를 인정하여 맞춤형 교육을 실시한다. 우수한 학생들에 대한 특별교육 뿐만 아니라 학력이 떨어지는 학생들에 대해서도 똑같은 비중으로 특별교육을 실시한다. 교육당국과 지방자치단체는 교육의 혜택에서 방기되고 있는 학생들이 없는지 지속적으로 살핀다.

특별학교의 확산은 바람직하지 않다. 이것은 계층차별적이고 보통학교를 황폐화시킬 수 있기 때문이다. 전국적으로 여러 개의 과학고와 몇 개의 예체능학교를 허용한다. 지방자치단체는 학교 밖의 사교육을 초중고의 심화학습으로 흡수한다. 이것이 사교육의 학습능력

향상기능을 살리면서 교육과정의 왜곡과 교육 불평등을 시정할 수 있는 길이다. 의무교육 기간에는 모든 교육이 학교에서 끝날 수 있도록 한다. 과외 특별수업이 필요한 경우에는 이를 학교교육 체제 내에서 실시한다. 공교육을 완전 정상화하는 것은 사람들의 사교육비 부담을 덜어주는 것이다. 이는 계층차별을 약화시키고 국민의 복지를 향상시키는 길이기도 하다.

통일국가는 교권확립에 힘쓴다. 여러 가지 원인으로 인해 교권이 많이 약화됐다. 교육에서 차지하는 선생님의 몫은 대단히 중요하다. 학생들은 선생님들로부터 많은 영향을 받고 그들에 의해 장래가 좌우되기도 한다. 선생님은 학생들을 진정으로 존중하고 사랑하며 좋은 미래를 열어 주겠다는 사명감을 가져야 한다. 선생님은 헌법적 가치를 존중하고 이를 학생들에게 가르쳐야 한다. 선생님들은 시대 변화를 예리하게 관찰하여 학생들에게 이를 설명할 수 있어야 한다. 학습 내용에 대해서는 철저하게 이해하고 이를 학생들의 능력에 맞게 가르친다. 학생 숫자가 줄어들었기 때문에 선생님들은 학생들의 특성을 파악해서 그에 맞는 맞춤형 교육을 한다. 나라는 선생님들에게 학생들을 교육하고 지도할 수 있는 전적인 권한을 준다. 교권이 무너지면 학교가 학생들을 교육하는 중심이 될 수 없다. 부모와 사회는 학생들이 선생님의 교육과 지도를 잘 따르도록 가르친다. 나라도 학생과 선생님과의 관계가 그렇게 형성될 수 있도록 감독한다. 선생님들도 혼신의 힘을 다하여 학생들을 교육하고 스스로가 교권을 지킬 수 있도록 노력해야 한다.

나라는 의무교육 기간의 교육내용과 성취해야 할 학력의 기준을 제시한다. 나라는 사범교육체계를 수립하고 이를 관리한다. 사범대학은 유치원, 초등학교, 중고등학교 교사를 양성하고 이들을 재교육한다. 사범대학은 새로운 교육방법을 연구 개발하고 이를 교사들에게 확산시킨다. 교장 교감 등 학교 관리자에 대한 교육도 사범대학이 담당한다.

대학의 역할

대학은 나라의 문화 중심이다. 대학은 나라의 문화를 종합해서 기록하고 보존하며 이를 전승하며 문화를 생산한다. 대학은 지식인과 직업인을 양성해서 사회에 내보낸다. 지식인이란 과학자이다. 과학자는 인간과 자연과 사회 등 주·객관적 사물의 본질에 다가서고자 하는 사람이다. 직업인은 자기가 하는 일에 대한 전문지식을 가지고 있으며 그 일에 대한 자긍심과 책임감을 가지고 있는 사람이다. 대학은 나라의 수준과 미래를 결정한다. 통일국가는 최소한 두세 개 대학을 세계 최고 명문대학들과 같은 수준의 교육의 질과 명성을 갖도록 육성한다.

대학은 시대와 문명의 변화에 맞춰 스스로 쇄신해야 한다. 대학은 젊은이들로 가득 차 쇄신이 자연스러운 조직이다. 교수와 학생들이 치열하고 치밀하게 공부하고 탐구하며 창조성을 길러야 한다. 대학의 쇄신 없이는 우리나라가 다른 나라에 앞서 나갈 수 없다. 대학은 세상의 흐름과 호흡을 같이 하고, 안주하는 것을 경계한다. 현재의 지식이란 대부분 과거에 기반을 둔 것이기 때문이다. 대학은 세계의 변화추세를 끊임없이 학문적으로 해석하고 미래를 알리며 시대가 요구하는 인재를 배출해야 한다. 대학은 이러한 방향으로 일일신日日新한다. 그 중심에는 교수들이 서 있다. 대학교수의 본연의 임무는 학생들을 제대로 교육하는 것이다. 이것은 연구와 사회적 활동보다도 훨씬 중요한 일이다.

대학의 구조가 획일적이면 나라가 세계와 경쟁할 수 없다. 각 대학 또는 몇 개 대학군이 특성화해서 세계에서 가장 실력있고 경쟁력 있는 연구를 하고 그러한 인재를 양성하도록 한다. 대학은 자기 학교의 학생들이 도달해야 할 교양과목의 수준과 전공과목의 최저 기준을 미리 정한다. 이를 사회적으로 공표하고 학생들이 이에 도달하게 하여 졸업시킨다. 대학을 졸업하면 어느 정도의 학식과 능력이 있다는 것을 모두가 공유해야 한다. 학생들도 그런 정도의 학식과 능력을 갖춰야 대학을 다닌 보람을 찾을 수 있다. 학력의 표준에는 사회가 요구하는 내용이 포함되어야 한다. 그렇게 해서 대학과 대학생의 수준을 모두 높이고 사회적 수요와의 미스매칭도 줄일 수 있다. 대학생들은 강의를 듣고 그것만 외우는 방법으로 공부해서는 안 된다. 진리를 탐구하기 위해서 많이 읽고 관찰하며, 많이 사색하고 토론한다. 대학은 학생들을 그렇게 유도할 수 있도록 평가시스템을 만들어 나간다.

대학은 20대의 젊은이들만 다니는 학교는 아니다. 대학은 전 연령층을 대상으로 문호를 넓힌다. 직장인을 대상으로 하는 특별단과 대학을 설치하려는 데 대해 기존 구성원들이 반발하는 대학이 있었다. 대학은 University이고 진리를 추구하는 기관이다. 연령을 제한하는 것은 본 취지에 맞지 않다. 학생부족으로 인해 폐쇄가 불가피한 대학은 지방자치단체가 인수하여 직업훈련소와 주민들을 위한 교육 기관으로 운영한다. 신문명시대에는 많은 사람이 교육의 장에서 머무를 수밖에 없다.

대학이 국내박사의 수준을 높이고 사회가 그들을 인정해야 한다. 국내 유명대학들이 교수 채용에 있어 외국에서 박사학위를 받은 사람, 특히 미국 박사를 선호한다. 미국대학이 학문적 훈련을 잘 시키는 것은 사실이다. 국내 대학도 분발해서 학문하는 자세를 미국의 유명 대학 못지않게 강화할 필요가 있다. 국내박사들이 유명한 대학과 중요한 학술적인 자리에서 중요한 역할을 해야 한다. 그렇지 않으면 국내대학의 대학원과 연구기능은 활력을 잃는다. 대학들이 국내박사를 경시하는 것은 자기 스스로를 부정하는 일일뿐만 아니라 나라의 연구역량과 문화수준을 낮추게 된다. 자기가 배출한 학자를 자기가 무시하면서 대학의 질이 높아지기를 바라는 것은 어불성설이다.

통일국가는 서울과 대도시 소재 대학교에 대하여 교수의 신규 임용 시 30% 이상을 국내 대학 학위자로 임용하게 한다. 각 대학은 학부 기준으로 타 대학 출신자를 30% 이상 임용하도록 제도화한다. 한편 지방대학은 교수의 30% 이상을 해외박사를 임용하도록 한다. 이러한 조치는 국내 대학의 연구를 진작하고 학문의 동종교배를 막기 위한 것이다. 대학에서 끼리끼리 문화가 형성되는 것을 방지한다. 대학은 사고의 다양성과 유연함, 치열한 탐구 정신을 유지하고 살려 나가야 한다. 교육당국은 대학교수들의 연구 활동을 5년 단위로 공개한다. 대학은 각 교수의 연구 성과를 바탕으로 재임용 여부를 결정한다.

통일국가는 대학입시의 공정성을 유지한다. 나라는 대학입시에서 특혜가 있다거나 계층 차별적인 요소가 개입하는 것을 철저히 막는다. 집안 배경이 청년 학생들의 운명을 좌우하는 일이 없도록 한다. 그것은 정의롭지 않기 때문이다. 학생 개인의 능력과 학업의 성취를 평가하는 방식의 시험과 이를 근거로 하는 일반전형이 대학입시의 근간이 되어야 한다. 그 시험은 국가 전체적으로 치르는 학력평가 시험일 수도 있으며, 대학별 본고사일 수도 있고, 그 둘의 종합일 수도 있다.

어떤 경우이든 시험의 변별력이 높아야 한다. 시험의 요소는 지식의 양과 정확도, 창의력과 지력이 균형 있게 포함될 수 있도록 한다. 학생들의 입시공부가 지식의 축적뿐만 아니라 자기 주도형 학습과 생각하는 힘을 키울 수 있도록 하는 것이다. 대학입시에서 본고사를 치르는 것을 허용한다. 각 학교는 시험을 통해 자기 학교의 특성에 맞는 학생들을 선발할 수 있도록 출제할 수 있다. 시험이 교육적으로 한계는 있을지 모르나 가장 객관적이고 공정하며 냉정하다. 어느 학교든 입학시험의 공정성을 해친 경우에는 아주 치명적인 징벌을 가한다. 학교 최고 책임자는 파면하고 관련자는 형사처벌하며 학교에 대한 재정 지원을 3년간 50% 감축한다.

수시전형과 특별 전형은 학생들과 학부모들이 모두 수긍하기 힘든 측면이 있다. 대학 입시제도가 복잡해지는 것은 계층차별적이고 불평등하다. 소위 스펙 위주로 입학 전형을 하는 것은 가난한 학생들한테는 불리하다. 특별 전형은 사회적 약자 보호나 특별 재능을 가진 학생들을 선발하는 제도로 운영한다. 사회적 약자 배려나 국가와 사회를 위해 희생한 사람들의 자녀 배려 선발은 10% 내외, 음악 미술 체육이나 수학 과학 기술 등 특정 과목이 뛰어난 특수 재능 선발은 5% 내외로 한다. 통일 후 3년까지는 10% 정도의 지역균형도 배려해야 할 것이다. 특별 전형은 그 선발기준을 명확히 하여 공정성 시비가 일어나지 않도록 해야 한다.

사람들의 성취의 차이는 기회의 차이에서만 기인하지 않는다. 어떠한 상황에서도 열심히 노력하고 특출한 사람은 좋은 결과가 있다. 각자의 성취의 차이를 기회의 차이로 전가하고 은폐하며 평등을 요구하는 것은 이중기준이며 정의롭지 못하다. 대학생부터는 자기 책임 원칙을 지켜야 한다. 그들은 자기 능력과 성취한 것에 맞는 적절한 진로를 선택한다. 사람들이 어렸을 때부터 자기 책임의 정신을 갖도록 한다. 통일국가는 의무교육 후 대학에 진학하지 않은 학생들이 취업할 수 있도록 진로를 만든다. 고졸 직장인들이 사회에서 중요한 역할을 하고 성공할 수 있는 분위기를 만든다. 사람들이 자기가 원하는 분야를 파고들어 사회활동을 하는 것이 개인을 위해서나 사회를 위해서 좋다. 사회적으로도 학벌이 아닌 전문성을 존중하는 분위기를 조성한다.

제7장

희망 있고 공정하며 안전한 나라

1

중산층이 중심인 나라

중산층이 강한 사회

통일국가는 중산층이 중심을 이루는 나라이다. 나라는 일반적으로 중산층이 튼튼하고 그들이 공론을 주도해야 건강하다. 중산층에 대한 개념은 여러 가지가 있다. 여기서 중산층이란 안정된 직업이 있거나 일정한 소득이 있고, 거주할 수 있는 주택이 있는 사람들이다. 이들은 생활 조건을 계속 향상시키고자 하며 자식들을 교육시킬 능력이 있다. 이들은 생활에서 체면을 지킬 줄 알고 교양이 있다. 중산층은 공공의 문제와 국가공동체의 일을 중요하게 생각하고 이에 대해 어떠한 역할을 하고자 한다. 이들은 바른 정치를 위해 각종 선거에 입후보하거나 투표한다. 또한 사회의 잘잘못을 가려 의견을 표출하며 공론을 결집하는 데 적극 참여한다. 중산층은 각 직장과 지역공동체와 사회단체들을 구성하는 중심이다.

사람들이 공동체에서 서로 토론하고 도우며 같이 활동해야 지적 수준이 높아지고 공론을 모을 수 있다. 그것은 사람들의 집단 지성을 높이고 개인의 소외를 막을 수 있다. 통일국가는 중산층의 그러한 활동을 활성화함으로써 그들이 나라의 중심이 되고 그들이 나라를 발전시켜 나가도록 한다. 중산층이 나라의 중심에 서기 위해서는 특권층의 권력독점을 막아야 한다. 재벌이든 문벌이든 학벌이든 어떤 집단이 특권층을 형성하고, 그들이 나라를 좌지우지해서는 안 된다. 중산층은 사회의 투명도를 높이고, 나라와 사회의 바람직스럽지 못한 일을 비판하고 견제한다. 이러한 사회에서는 아무리 힘 있는 사람이라도 함부로 할 수 없다. 공론이 살아있으면 나라는 건강하다. 나라가 망할 때는 골품귀족이나 권문세족이나 문벌양반 등 소수가 폐쇄사회를 구성하고 부와 권력을 독점했으며 탐욕이 들끓었다. 그 때 백성들은 헐벗고 유맹流氓이 됐다. 통일국가는 신분사회가 형성되는 것을 막고, 부와 권력이 서로 결탁하는 일이 없도록 한다.

통일국가는 중산층을 보호하기 위해 계층 차별적인 제도와 관행을 없앤다. 학교 교육과 대학입시와 사회진출에서 당사자의 능력과 노력 외에는 그 어떤 것도 영향을 미치지 못하도록 한다. 청년들이 국가 조직과 경제, 사회 분야의 엘리트 경로에 들어서는데 많은 비용이 들어가서는 안 된다. 엘리트 코스에 진입하는 길은 단순하고 시간이 많이 걸리지 않으며 공정해야 한다. 그렇게 해야 서민출신에게 엘리트 코스의 문이 확실하게 개방된다. 국가 중간간부를 임용하는 각종 고시제도를 유지한다. 여기에는 누구라도 도전할 수 있고, 오직 본인의 노력과 실력만으로 당락이 결정된다. 고시낭인의 부작용을 방지하기 위해서 응시횟수를 제한한다. 개천에서 용이 많이 나오는 나라여야 희망이 있고 활력이 있다. 모든 젊은이가 학업을 마치고 자신의 능력에 따라 사회에 진출하며, 거기에 시간과 비용이 많이 들지 않도록

한다. 자신의 노력과 능력 외에 어떤 배경이 작용하는 것은 정의롭지
않다.

통일국가는 중산층을 확대하기 위하여 국부를 골고루 배분한다.
국부의 적정 배분은 국가 전체적으로 효용을 높이는 길이다. 소득
불평등과 빈부격차, 양극화가 심해지는 것은 국가를 분열시키고 나
라를 약하게 만든다. 제3세계 국가들의 혼란과 빈곤의 악순환은
그러한 모습이다. 나라는 산업 재정 금융 및 사회정책을 통해 국부를
적정 배분한다. 통일국가는 계층의 고착을 막고, 나라의 활력을 유지
하며, 희망 있는 나라를 지향한다. 중산층 중심의 사회는 역동적이어
서 서민이 당대에 대통령이 되고 장차관이 되며, 당대에 석학이 되고,
당대에 재벌이 나오는 나라이다. 그리하여 중산층이 나라의 주인이라
는 책임감을 갖고 최고가 될 수 있다는 자긍심을 갖는다.

중산층의 육성과 보호

통일국가는 중산층을 육성하고 보호한다. 중산층을 형성하는데
가장 중요한 것은 사람들에게 생업을 갖도록 하는 것이다. 과거 농업
사회에서는 토지분배와 세금이 민생정책의 핵심이었다. 정전제丁田制,
井田制나 여전제呂田制, 균전제均田制 등 여러 가지 제도가 있었다. 그 제도
들의 기본 취지는 백성들에게 토지를 공평하게 분배하여 그들의 민생
문제를 해결하는 것이었다. 통일국가는 농업인구가 총인구의 5%이
하이다. 사람들은 이제 제조업과 서비스업에서 그들의 생업을 찾아
야 한다. 이 분야에서도 자동화와 인공지능의 발달로 일자리가 줄어
든다.

통일국가는 경제의 성장을 추구하면서 동시에 새로운 시대에 맞는 분배체계를 만들어야 한다. 나라는 기업 활동을 장려하고, 기업이 고용을 증대할 수 있는 정책을 시행한다. 나라는 새로운 경제활동 분야의 육성과 새로운 직업군의 발굴, 새로운 소득원을 만들어서 사람들이 안정적인 생업을 갖도록 해야 한다. 과거에는 기술의 혁신이 일어나면 새로운 일자리가 생겼다. 오늘날 과학기술의 진보로 재화와 서비스의 총량은 늘어나고 품질은 향상되는데, 일자리는 늘어나지 않거나 오히려 줄어들고 있다. 통일국가의 초기에는 인프라의 투자 증가로 고용이 급격하게 늘어날 것이다. 이는 광범위하게 산재되어 있는 잠재실업을 흡수한다. 사람들이 경제 건설의 현장에 참여함으로써 이질적인 사회통합으로 인한 혼란을 극복할 수 있을 것이다. 통일국가는 국가통합이 완성된 후에도 많은 일자리를 유지할 수 있도록 시스템을 구축해 나간다.

통일국가는 중산층을 보호하기 위해 교육비를 낮춘다. 나라는 유아교육부터 고등학교까지 의무교육을 실시한다. 공교육은 교육 소비자의 수요를 모두 충족시켜야 한다. 중산층 가정은 거의 대부분 부부가 맞벌이 직장생활을 하게 될 것이다. 나라는 이들의 어린 자녀에 대한 보육체계를 잘 갖춘다. 이는 중산층을 보호하는 길이며 나라의 장래를 위해 필요하다. 갓난아이들은 그의 부모나 조부모가 가정에서 돌보는 것이 바람직하다. 이를 위해 부모합산 3년까지의 육아 휴직을 권장한다. 젊은 부모들이 직장생활 때문에 어린아이들을 개별적으로 어떤 사람에게 맡겨두는 것은 부적절하다. 나라는 농촌과 도시의 지역 단위별로 보육시설을 설치한다. 보육체계를 잘 갖추는 것은 젊은이들에게 출산을 장려할 수 있을 것이다. 또한 수익자 부담의 보육사업을 체계화하는 것은 일자리를 창출하는 효과가 크다. 만 3세

이상의 어린이들은 유아교육시설이 이들을 맡아 보호하고 교육하도록 한다.

통일국가는 중산층을 보호하기 위해 주거비 부담을 낮춘다. 국가 전체적으로 집값을 안정되게 유지하고 1가구 1주택을 제도적으로 장려한다. 무주택 가구에는 주택을 구입할 수 있도록 주택금융제도를 통해 적극 지원한다. 공공 분양주택은 무주택자에게 원가 수준의 낮은 가격으로 분양한다. 결혼한 사람들은 큰 부담 없이 소규모 집을 구입할 수 있도록 지원한다. 나라는 집 없는 신혼부부에게 5년간 임대주택을 제공한다. 도시 주택의 10% 정도를 임대주택으로 할애한다. 임대주택 단지를 별도로 조성하지 않고 일반 주택과 아파트에 임대주택을 섞어 놓아 이들을 구별 짓지 않는다. 신축 아파트나 재건축 재개발 아파트, 공동주택에 반드시 10%의 임대주택을 섞어서 배정한다. 2주택 이상 다주택에 대해서는 보유세와 양도소득세를 높인다. 1가구 1주택이 정착되면 주택가격이 안정될 것이다. 한 주택만 소유한 사람에 대해서는 기본적으로 양도소득세를 부과하지 않는다. 사람들이 필요에 따라 주택을 쉽게 사고팔 수 있도록 주택거래세를 저렴하게 한다. 나라는 안전하고 위생적이며 과학적인 주거의 기준을 정하고, 민간 주택사업자들이 반드시 이를 지키도록 강제한다.

통일국가는 중산층을 보호하기 위해 물가를 비싸지 않게 관리한다. 세계화로 인해 교역이 이루어지는 품목의 가격은 세계적으로 평준화되고 있다. 이로 인해 사람들의 후생은 증가했다. 교역품목의 경쟁력을 유지하는 것이 국내산업을 보호하는 길이다. 국내 산업의 경쟁력을 저해하는 요소는 세계적 추세 또는 경쟁국가와의 비교를 통해 조정되는 것이 바람직하다. 기초식품, 전기, 가스, 석유, 교통, 통신, 상하수도 등 국민 생활에 필수적인 재화와 서비스는 국가정책으로 품질을 유지하면서도 저렴하게 공급되도록 한다.

통일국가는 사람들의 지력을 키우기 위해 노력한다. 기계화와 정보화가 진행됨에 따라 사람들이 편한데 익숙해지고 감각적인 것에 치우치는 경향이 있다. 이러한 경향이 지속되면 사람들의 생각하는 힘과 두뇌가 퇴화할 수 있다. 수렵채취 시대를 살았던 사람들의 뇌가 현대인의 뇌보다 크고 뛰어났다는 설도 있다. 그때 사람들은 생존을 위해 주변 환경과 동식물의 동태와 자신의 신체를 빠짐없이 관찰했다. 그들은 관찰한 사물을 정확히 기억하고 그 의미를 알고 있었다. 그들은 생활에 필요한 모든 도구를 직접 제작했다. 그래서 구시대 사람들은 현대인보다 더 넓고 깊은 지식과 지적 능력을 가지고 있었다. 현대인은 그러한 능력이 퇴화됐다. 기계와 인공지능에 의존하는 추세가 계속되면 사람들이 지적 능력과 공작 능력을 상실할 수 있다. 이 두 가지 능력은 인간의 정체성을 구성하는 가장 중요한 요소이다. 통일국가는 사람들의 두뇌 기능이 퇴화하지 않도록 교육체계와 사회 시스템을 만든다.

통일국가는 사람들의 글 읽기와 글쓰기를 장려한다. 사람들이 자연과 사회 현상을 관찰하며 이를 기록으로 남기도록 장려한다. 학교와 지역사회의 도서관은 사람들의 책 쓰기를 권장한다. 사람들이 주제를 정해 책을 쓰게 되면 생각이 깊어지고 언어가 풍부해지며 사리 분별이 정확해진다. 사람들이 자기의 글을 써서 남긴다면 언행이 바르게 될 것이며 생각이 더 명철해진다. 언어는 사람들이 사물을 인식하고 생각을 표현하는 도구이다. 언어가 거칠고 천박해지면, 나라는 가난해지고 척박해지며 문화는 퇴보한다. 사람들이 일상생활에서 욕과 거짓말과 비속어와 부정적인 말을 쓰지 않아야 한다. 사람들이 바른말과 고운말, 정확한 말과 긍정적인 말을 쓰는 것이 좋다. 바른 언어 교육은 가정과 학교와 대중매체가 꾸준히 강력하게 실시하도록 한다. 각종 방송은 국민 언어의 표준이다. 방송은 국민 언어교육 기관으로서의 언제나 정확하고 바르고 좋은 언어를 써야 한다. 공중방송에 대해서는 이를 의무화한다.

공영방송은 교양강좌 프로그램을 대폭 강화한다. 사계의 최고 전문가와 학자들에게 방송을 통해 자기의 학문과 전문지식을 강의할 기회를 제공한다. 그렇게 되면 다수의 국민들이 일상 속에서 가장 훌륭한 정보와 교양을 접하고 수준을 높이게 된다. 이는 수십 년간 어떤 문제를 천착해온 학자나 전문가들을 인정하고 존중하는 방법이 될 것이다.

통일국가는 중산층이 나라의 공론을 주도할 수 있도록 민회를 활성화한다. 민회는 국민 스스로 국가와 국민 생활을 연결하는 제도가 될 것이다. 민회는 토론을 통해 나라와 지역공동체의 방향을 바람직스럽게 할 것이다. 나라는 작은 공동체에서의 토론을 장려한다. 토론장이 감정의 분출이나 이념의 대립으로 인해 싸움판이 되는 경우가 있다. 사람들이 사실과 이론을 바탕으로 토론을 진행하여 사물의 본질에 접근하고 지식을 높이도록 한다. 또한 토론을 통해 다른 사람의 의견을 알고 존중하도록 한다. 사람들이 토론을 통해 지역과 국가공동체가 안고 있는 문제를 정확히 파악하고 공감대를 형성한다. 정치하고자 하는 사람들은 언제든지 민회에 참여하여 자기의 정견과 포부를 밝히고 지지를 형성할 수 있다.

어떤 사람은 공동체로부터 단절되어 은둔하거나 고립되어서 살고 있다. 사람들이 공동체로부터 단절되는 것은 개인으로서도 퇴보하는 길이고 가족도 힘들며 공동체로서도 자기의 가치를 훼손하는 것이다. 마을공동체는 이들이 공동체에 참여하도록 노력한다.

2
희망 있는 공정한 사회

청년의 기회

통일국가는 기회의 나라이다. 통일로 인해 국민경제가 확대되고 성장하여 청년들에게 많은 기회를 제공할 것이다. 통일국가는 세계 일등 국가를 지향한다. 삶의 환경과 정치, 과학기술, 교육, 산업, 복지 체계 등 거의 모든 부문에서 세계 최고의 나라를 지향한다. 통일국가는 세계 모든 나라의 사람들이 본받기를 원하는 나라이고, 한번 가서 보고 배우고자 하는 나라가 될 것이다. 나라가 전체적으로 일등을 향해 전진하고 성장함으로써 청년들에게는 기회가 많고 그들은 희망을 가질 수 있다.

시경詩經의 첫 편, 관저關雎에서 암수의 물수리들이 노는 정경을 그렸다. 이는 청년 신사君子가 요조숙녀를 찾아 구애하는 장면을 은유하는 것 같다. 그 옛날부터 청춘 남녀가 만나 사랑을 나누고 가정을 이루는 것은 하늘이 준 본성이다. 나라는 이들의 본성을 실현할 수 있도록 돕는 것을 중요한 과제로 삼는다. 나라와 사회가 전체적으로 청년들의 결혼과 출산을 장려한다. 나라와 지방자치단체는 결혼하는 청년들에게 신혼집을 임대해주고 세금을 깎아주며 아이를 낳으면 지원한다. 청년들의 결혼과 출산은 나라의 현재와 장래를 위해 매우 중요하다. 청년들이 결혼해서 가정을 이루면 가족에 대한 책임감이 강해진다. 그러한 책임감이 국가공동체의 결속을 강화한다. 이들이 출산하여 자식을 갖게 되면 가정의 활력이 높아진다. 가정의 행복과 활력이 사회와 나라의 활력을 구성한다. 어린아이들은 나라의 미래 주역이라고 하지만 현재에도 나라의 활력을 이루는 중요한 요소이다. 어린이는 현재의 주역이다.

세계적으로 거의 모든 나라가 저출산 고령화로 미래가 어둡다. 통일국가도 저출산 고령화의 문제를 안고 있다. 통일국가는 세계 최저인 우리의 출산율을 높여야 한다. 그래야 8천만의 인구를 유지하고 고령사회의 문제를 해결할 수 있다. 통일국가는 출산휴가를 제도화한다. 출산휴가는 모든 젊은이에게 보편적으로 적용된다. 젊은이들이 출산휴가를 낼 때 눈치 보거나 출산휴가로 인해 직장에서 뒤처지는 일이 없도록 한다. 지방자치단체도 어린아이들의 보육 체제를 구축한다. 보육시설에서는 부모가 그의 일과를 마치고 아이들을 찾아갈 때까지 돌보도록 한다. 어린아이들의 돌봄은 반드시 공적으로 승인되고 감독받는 시설에서 자격을 갖춘 사람들이 정한 기준에 따라 해야 한다.

통일국가는 청년들을 중산층으로 육성하기 위해 노력한다. 나라는 이들의 재산형성을 돕는다. 젊은이를 대상으로 재형저축이나 주택부금, 일정한 수익이 보장되는 공공사업에의 펀드 또는 주주 참여 등 여러 가지 방법으로 부를 형성하도록 한다. 이들이 주택을 구입할 수 있도록 장기 저리로 주택자금을 지원한다. 청년들에게 희망을 주고 그들의 적극적 사회참여를 유도하기 위해서는 나라가 역동적이어야 한다. 통일국가는 국가공동체가 경직되는 것을 방지한다. 통일 초기에는 사회가 역동적일 것이다. 시간이 가면서 국부의 총량이 늘어나고 사회가 안정되면 사회적 이동이 약화된다. 계층구조가 고착되는 것은 좋은 일이 아니다. 나라는 사회의 역동성이 약화되고 경직되거나 계층 차별적 제도가 만들어지는 것을 막아야 한다. 이러한 것을 방치하면 나라는 기울어진다. 나라가 경직되어 가는 것은 매우 천천히 진행되기 때문에 잘 알아차릴 수 없다. 이러한 흐름에 문제를 제기하고 맞서는 사람은 피해를 볼 가능성이 있다. 사람들이 주인의식이 없으면 나라가 잘못되어 가는 것을 뻔히 알면서도 침묵한다. 지식인은 나라가 잘못되는 경우 경종을 울려야 하는 사명을 갖고 있다.

국가지도자는 나라의 경직성을 쇄신하는 일에 앞장서야 한다. 대부분의 관행과 제도는 시간이 지나면 본래의 기능을 잃고 사회를 경직시킨다. 세상은 계속 변하는데 제도가 이에 따라가지 못하기 때문이다. 사람들은 대부분 현재의 제도에 안주하는 경향이 있다. 지도자가 나서서 일부러 쇄신하지 않으면 잘못되고 낡은 것들이 고쳐지지 않는다. 국가지도자는 자신의 직을 걸고 낡고 불공정하며 반공동체적인 제도와 관행을 쇄신해야 한다. 국가지도자가 이러한 결의를 가지고 강하게 행동하지 않으면 개혁이란 성공할 수 없다. 개혁에 실패하면 나라는 점점 더 경직되고 힘이 빠져 망하거나 혁명세력에 의해 뒤집히게 될 것이다.

유럽의 여러 나라 중에서 독일은 개혁에 성공하여 제조업이 튼튼하게 살아있고 사회가 활기차다. 독일의 자동차 공장들은 독일 생산기지를 다른 나라로 옮기지 않았다. 주변의 다른 나라들은 포퓰리즘에 빠지고 개혁을 하지 못하여 청년들의 일자리가 없고 나라가 무기력해지고 있다. 그 나라들의 제조공장들은 생산기지를 자국에서 버틸 생각을 못하고 이웃 나라로 옮겨 버렸다. 한때 세계를 호령하던 그 나라들이 경직되어 이제는 사기가 떨어지고, 청년들은 희망을 잃어가고 있다.

통일국가는 반드시 힘 있는 국가쇄신기구를 만들어서 지속적으로 강하게 개혁을 추진한다. 나라가 파괴되거나 무력해 지면 기득권층이나 서민이나, 가진 자나 못 가진 자나 모두에게 불행하다. 개혁의 방향은 경직성과 불합리, 부조리와 불의를 척결하고, 새롭고 발전적인 방향으로 나아가는 것이다. 이것이 청년들에게 기회를 제공할 것이다. 통일국가는 계층 이동을 지속적으로 촉진한다. 나라는 취약계층 청소년을 지원하여 상향의식을 고무한다. 나라는 분배정책과 세금정책을 통해 부의 편중을 시정한다. 부가 편중되고 양극화가 심하면 불만이 누적되고 이것이 파괴적 충돌을 가져온다. 이러한 부조리를 바꾸려는 열정이 혁명으로 나타나기도 한다. 혁명은 민중의 이름으로 민중의 힘으로 진행되지만, 기필코 민중의 피를 부른다. 그 결과 민중은 간데없고 새로운 기득권층만 만들고 끝난 경우가 비일비재했다. 새로 기득권이 된 사람들은 그것을 지키기 위해 더 강력한 통제체제를 만들면서 안주한다. 국가지도자는 개혁에 대한 저항을 설득하고 조정하되 이를 제압할 수도 있어야 한다. 지도자는 개혁과정에서 나오는 극단적 주장이나 행동을 억제하고 개혁을 신속하게 진행한다. 통일국가는 그러한 정치과정에서 사람들의 생명을 죽이거나 본질적 가치를 훼손하지 않는다. 나라는 누구의 삶의 터전이든 그것을 송두리째 빼앗는 일을 해서는 안 된다. 사람의 삶을 파괴하는 것은 좋은 일이 아니며 정의롭지 않다.

좋은 일자리와 안정된 소득

통일국가는 청년들에게 희망을 주어야 한다. 청년들이 희망을 갖고 결혼하며 출산할 수 있는 실질적인 힘은 일자리에서 나온다. 사람들이 자신의 미래가 현재보다 더 나아질 것이라는 희망을 가질 수 있어야 국가공동체는 건강하다.

정부는 큰 고용주로서 많은 일자리를 제공한다. 기업은 더 많은 일자리와 더 좋은 일자리를 제공한다. 국민경제를 키워나가고 국민의 후생을 증진시키기 위해서는 기업이 활성화돼야 한다. 나라는 기업들이 기존 일자리를 유지할 수 있도록 경쟁력을 키워주고, 새로운 일자리를 만들어 내도록 지원한다. 대기업은 첨단기술을 적용한 신분야에 투자하거나 대규모 장치산업을 이끌어 나가도록 한다. 중소기업은 신기술을 적용하여 신상품을 개발하고 강소기업이나 대기업으로 성장하도록 유도한다. 특정한 기능과 기술이 있는 사람들은 창업하도록 돕는다. 중소기업이 중소기업에 안주하지 않도록 지원제도를 만든다. 서비스업도 체계화하여 일자리를 만들고 일자리의 품질을 높인다. 모든 경제단위가 한 단계 더 발전할 수 있도록 기술·경영·상품·인력관리 등 모든 면에서 혁신한다. 기업은 혁신을 통해 발전하고 일자리를 창출한다.

일자리 창출과 분배를 위해서는 성장이 필요하다. 통일국가는 기업들이 투자를 꺼리는 제반 요소를 해소하기 위해 최선을 다한다. 나라와 지방자치단체들은 산업단지를 조성하는 등 기업들이 투자할 기반을 구축한다. 안전과 인권을 보호하기 위한 규제 외에는 사후 규제로 바꾼다. 규제는 기본적으로 네거티브 시스템으로 전환한다. 고용 창출적 노사관계를 조성하여 고용 확대를 추구한다. 나라 전체적으로 보면 중소기업이 대부분의 일자리를 제공하게 된다. 중소기업의 일자리를 좋은 일자리로 만들기 위해 대기업과 협력업체나 하도급업체 간의 공정거래 질서를 확립한다. 기본적으로 대기업과 협력업체 노동자 사이의 임금이나 사내 복지수준의 격차가 크지 않도록 관리한다. 그 격차가 심한 것은 수탈의 구조가 작용하고 있는 것으로 보아야 한다.

통일국가는 직업의 안정성과 품질을 관리한다. 세계화와 정보화가 진전되면서 정규직보다는 일시적 거래형태의 고용관계가 증대하고 있다. 제조업의 취업이 중요함에도 불구하고 기업들이 공장 자동화나 해외투자를 통해 인력의 채용을 줄이고 있다. 필요한 인원도 정규직보다는 도급, 파견근로, 비정규직을 선호하고 있다. 도소매업이나 요식업, 보건복지업, 건설업 등에서 일하는 사람들은 대부분 비정규직이다. 정규직은 보호받고 높은 임금을 받는 경우도 있으나 현재의 추세를 보면 이러한 정규직 시대가 끝날 것 같은 불길한 예감이 있다. 나라는 기업들이 가급적이면 정규직을 채용하도록 유도한다. 국가적으로는 임금의 많고 적음보다 사람들의 직업과 소득의 안정성이 더 중요하다. 기업들이 정규직 채용을 하더라도 큰 부담이 없도록 임금체계를 직무급으로 전환한다. 모든 부문에서 equal work equal pay 원칙이 적용되도록 한다. 통일국가는 기업들이 해외투자 대신 국내투자를 선호하는 여건을 만든다. 사람들이 실업으로 인해 직업 전환을 준비하는 기간에도 생계불안이 없도록 사회안전망을 운영한다. 서비스 업종에서의 직업 안정성을 보장하기 위해 각 직역별로 자격증 제도를 만들고 직역별 지역별로 협회를 만들어 상호 부조시스템을 만든다.

문명사적 추세는 경제를 키워 취업을 늘리는 것이 한계에 와 있는 것 같다. 과거에는 100인이 먹고 살기 위해서 99인이 노동해야 했다. 지금은 100인이 먹고 살기 위해 1인이 농사일을 해도 넘친다. 과학 기술이 백배 천배의 생산성 증대를 가져왔다. 산업현장에서 노동자를 대체할 여러 가지 수단들이 나오고 있다. 재화를 생산하는데 노동의 수요가 줄었다. 정보 통신 기술의 발달로 어지간한 기술은 세계적으로 퍼져서 기술의 격차가 없어지고 있다. 글로벌 경쟁을 하고 있는 기업은 임금이 싼 지역으로 기지를 옮겨버린다. 생산된 재화는 늘어나고 있지만 취업기회가 줄어드는 것은 세계적인 추세이다. 통일국가는 노동뿐만 아니라 다른 방법으로도 사람들의 안정된 소득을 보장하는 방법을 진지하게 검토해야 할 것 같다.

공정한 사회

통일국가는 모든 차별을 금지한다. 사람들은 일체 평등하다. 통일국가의 국민은 출신의 남과 북, 성별 학벌 국적 종교 등등 어떠한 것에 의해서도 차별받지 않는다. 특히 남북의 출신 지역에 따른 차별대우는 철저하게 타파해야 한다. 차별금지법을 제정하여 차별적인 언행을 법으로 규제한다. 이것이 강력하게 시행되면 차별적 언행은 사라지게 될 것이며 차별이 나쁜 것이라는 문화가 형성될 것이다. 어떤 사람이든 자기의 배경이 아니라 오직 자기의 능력과 노력에 따라 성과가 달라지며, 그 이룩한 성과에 의해 대우가 달라질 뿐이다. 차별금지를 제도화하여 줄서기와 패거리, 끼리끼리 봐주고 밀어주고 끌어주는 문화를 청산해야 한다. 다만 특정 지역이나 어떤 범주의 사람들이 국가 전체에서 배제되는 일이 없도록 배려하는 것은 필요할 것이다.

통일국가는 갑을관계에서의 부당한 일을 막는다. 갑의 횡포는 대부분 천박하고 정의롭지 않다. 조선시대에 박지원은 소설로서 그것을 고발했다. 양반전에 보면 과거에 합격하여 벼슬길에 들어선 사람은 농사도 짓지 않고 장사도 하지 않는데 그의 집에는 만물이 갖추어진다. 그는 마을 사람들에게 자기 집일을 시키고, 이웃집 소를 자기의 것처럼 부린다. 상민들의 코에 잿물을 붓고 머리채를 잡아 돌리며 수염을 잡아챈다. 학문을 배웠다는 자가 권세를 얻더니 하는 짓은 천박하기 그지없다. 오늘날에도 여러 가지 형태로 권세 있는 사람들이 있다. 그러한 사람들의 횡포에 보통 사람들은 상처받고 분노를 머금는다. 사람이 원한을 사면 자신은 물론 그 자손들이 잘 못 된다. 사람들은 힘 있는 사람들의 횡포가 심한 나라는 지킬 가치가 없다고 생각한다. 갑질은 천한 짓이며 매국 행위이다.

오늘날 보통 사람들은 자영업을 하거나 피고용자가 되거나 자유활동을 통해서 생업을 유지한다. 이들이 거대자본과 대기업, 거대사적 권력과의 관계에서 불공정한 처우를 받거나 인권침해를 당할 수 있다. 나라는 이러한 사례를 적발하고, 이를 적극적으로 막아야 한다. 그렇지 않으면 일반 국민들은 구조화된 약자로서 피해를 당하고 억울해도 구제받을 수 없다. 힘의 차이가 분명한데 이를 사인 간의 관계로 방치하는 것은 불공정하다. 나라의 입장에서는 돈 많고 힘 있는 사람이나 가난하고 힘없는 사람이나 그 가치가 똑같다. 나라는 이러한 원칙을 칼날같이 지켜 공정한 심판자가 되어야 한다. 공동체는 힘의 횡포와 힘의 남용이 있을 경우 이를 널리 알리고, 그에 대한 사회적 비난과 견제가 작동하도록 한다. 국민 전체가 정의를 지키는 파수꾼이 된다. 나라는 다른 사람의 인권을 침해한 자에 대해서는 형사범으로 다스린다.

어떤 단체나 공동체에서든 권위와 힘이 있는 사람이 있다. 때로는 그러한 사람이 공적 책임과 감시가 소홀한 틈에서 언로를 막고 약한 자를 괴롭히며 수탈하고 인권을 유린한다. 사람들은 나쁜 일을 당하거나 보고 들으면서도 보복과 배제의 두려움 때문에 이를 고발하지 못한다. 통일국가는 그러한 음험한 지대를 지속적으로 탐색한다. 누구든 권위와 권력을 빌미로 타인의 인권을 침해하는 것은 사악한 짓이다. 다른 사람을 심복하게 만들어 심신을 지배할 수 있을 정도로 위대한 사람은 현실에서는 없다. 그것은 잘해야 신화이고, 사실은 거짓이고 사기다. 그렇게 훌륭한 사람이라면 타인의 정신과 육체를 지배하지 않는다. 어떤 공동체에서 개인숭배가 있고 어떤 사람이 다른 사람의 심신을 지배하고 있다면 그 단체는 집단최면에 빠진 것이다. 사적 단체와 공동체에도 자체 견제장치가 있어야 하며 권력교체를 제도화한다. 한 사람이 어떤 공동체를 전횡하든가 10년 이상 그 공동체를 지배하는 것은 이상 징조다. 이러한 사회에는 외적 감시가 작동해야 한다. 민간단체에서도 권불십년權不十年의 관행이 작용해야 건전하다.

공동체에서 누구든 자기의 책임과 의무를 회피해서는 안 된다. 어떤 사람이 정상적인 권리 의무관계에서 발원하는 권리행사를 갑질로 왜곡하는 것도 불의이다. 집단의 힘에 눌려 정당한 권리를 행사하지 못하는 것도 비리이다. 집단의 힘에 기대어 책임을 회피하는 것이 용인되면 도덕이 무너지고 나라는 쇠퇴한다. 나라는 그 권리 의무 관계가 정당한지에 대해 감독하고 바로잡을 수 있어야 한다. 나라가 있음으로 해서 힘 있는 사람이나 힘없는 사람이나 누구라도 누명을 쓰거나 억울한 일이 없어야 한다. 국가는 강한 존재이고 불편부당하다.

통일국가는 경제적 우열관계가 분명한 주체들 간의 거래에서 불공정한 거래가 없도록 감시한다. 대기업의 대리점, 프랜차이즈업의 가맹점, 대형유통업체의 납품업체와 입점업체 등이 수백만 개이다. 대기업의 하도급 업체 등이 또한 부지기수이다. 이러한 을z의 지위에 있는 자들이 모두 중산층이며 나라의 중추이다. 나라는 이들을 보호한다. 나라는 가맹점과 본사와의 노예계약을 차단하며, 우월적 지위에 있는 자가 부당한 조건을 붙이지 못하게 하며, 일방적이고 부당한 계약해지나 과당경쟁을 막아준다. 나라는 갑을 간의 계약관계가 정당하고 합리적으로 진행될 수 있도록 대부분의 정보를 공개하고 다른 부분과 비교할 수 있도록 한다. 가맹점들은 단체를 만들어서 본점과의 협의를 정례적으로 실시한다.

통일국가는 나라 전체적으로 성과주의를 채택한다. 사람들은 노력한 결과를 공정하게 평가받아야 한다. 결과로서 좋은 것과 그렇지 못한 것이 반드시 있게 마련이다. 이것을 똑같이 대우하려 한다면 그것은 공정하지 않다. 그것은 거짓이며 국가공동체를 열등하게 만든다. 역사에서 결과의 평등을 추구했던 나라들이 있었다. 그러한 나라는 결국에 거짓과 위선으로 가득 차고 인간의 존엄성은 말살됐으며 전체주의가 됐다. 결과가 좋은 것은 좋게 평가받아야 한다. 결과 평가가 공정하지 않다면 나라는 역동성을 상실하게 된다. 기계적 평등이나 온정주의는 정의롭지 않다. 능력 있고 성실한 사람이 좋은 평가를 받고 높은 자리에 올라야 사회적으로 납득이 된다. 어떤 사람이 능력도 없고 노력도 하지 않았는데 정치적 연줄을 이용하여 이득을 얻든가 높은 자리를 차지하는 것은 옳지 않다. 그러한 일은 청년들에게 아주 좋지 않은 교육이다. 성인이 된 청년들이 자기 부모의 품에서 안주하거나 의존해서 생활하는 것은 좋은 일이 아니다. 부모 잘 둔 탓에 갑자기 큰 조직의 간부가 되거나 흥청망청하는 것은 나라 전체적으로나 본인을 위해서 나쁜 일이다. 통일국가는 부모에 따라 청년들의 장래가 결정되지 않도록 제도를 정비한다. 청년들이 잘못되면 나라의 장래는 어둡다.

통일국가는 희망과 도전의 분위기를 유지한다. 국가적으로 경쟁은 불가피하다. 사람들이 경쟁의 결과에 대해 납득하고 동의하려면 경쟁의 정당성을 지탱해 줄 공정성과 개방성, 투명성을 보장해야 한다. 경쟁의 결과는 불확정적이어야 한다. 결과가 뻔한 경쟁은 진정한 경쟁이라고 할 수 없다. 경쟁의 결과로서 승자독식은 바람직하지 않다. 나라는 경쟁에서 진 사람들이 절망하지 않는 사회적 시스템을 만들며, 패자부활전을 활성화한다. 능력 있고 열심히 한 사람이 앞서나가고, 뒤처진 자도 노력하면 재기할 수 있으며 패자부활이 가능하도록 제도를 만든다.

3

안전한 사회

자기책임의 원칙과 공적 부조의 조화

통일국가는 자기책임의 원칙과 공적 부조의 정신을 조화하여 나라를 운영한다. 나라가 사람들의 생활을 모두 완전히 책임지는 것은 가능하지 않으며 옳은 일도 아니다. 자기의 삶에 대해 개인의 책임의식이 약화되면 정의가 흐려지고 독재가 발호한다. 나라가 사람들의 사생활을 책임지겠다고 했던 나라들은 모두 실패했다. 나라는 사람들이 자기 책임의 원칙으로 살아갈 수 있는 기반을 만드는 데 주력한다. 나라가 사람들의 삶의 기반을 만드는 것은 국민 모두에게 보편적으로 적용되는 공적 책임이다. 나라는 국토환경을 보호하고, 기반시설을 건설하여 국민 생활을 편리하게 만들며, 사람들이 모두 필요로 하는 공공재를 공급한다. 나라는 국민경제의 확장과 발전을 추구하여 일자리를 제공한다. 나라는 재정 금융 산업 정책을 통해 늘어난 국부를 여러 사람에게 적정하게 공정 분배되도록 한다. 또한 재정정책을 통해 재분배를 강화하여 경제적 불평등이 커지는 것을 예방하고 사회적 차별을 방지한다.

　나라가 사람들의 사생활에 직접 뛰어들어 부조하게 되면 개인으로서는 고마운 일이고 좋은 일이다. 그러나 이러한 개별적 공적 부조의 비중이 높아지면 나라의 부담이 커지고 공공의 사무를 실행할 자원이 축소된다. 결과적으로 국민 전체에게 제공할 인프라 건설과 공공 서비스가 줄어든다. 이는 형평성과 정의의 원칙에도 맞지 않는 일이다. 이러한 일이 많아지고 장기화되면 개인도 무력해지고 나라도 무능해진다. 사람들은 자신의 사생활을 스스로 책임지는 것이 바람직하다. 이렇게 하는 것이 개인의 자율성과 존엄성, 창의성을 살릴 수 있다. 또한 국가의 건강성을 유지하고 전체적으로 유익하게 될 것이다. 자기 책임만으로는 생활하기 힘든 사람들에게는 맞춤형 공적부조를 제공한다.

　나라는 공공의 안전을 지키고 사람들이 일상생활을 하는데 비용이 크게 들지 않도록 한다. 나라는 관혼상제를 비롯하여 교육 취업 출산 질병으로 인해 큰 비용이 들어가지 않도록 제도를 만든다. 나라는 국민들의 의식주가 부족하지 않도록 한다. 지방자치단체는 주민생활의 편의를 도모하고 향상을 위해 필요한 일을 한다. 지방자치단체의 일선 행정조직들은 공공서비스 제공자로서 주민생활을 돕는 데 유능하고 기민해야 한다. 보건 의료와 실업과 재해에 대해서는 국가 전체적으로 부담을 분담할 수 있도록 사회보장제도를 만든다. 국가는 양질의 제도적 물질적 인프라를 구축하고, 국민들이 그 혜택을 골고루 누리고 전체적인 생활 수준을 높이는 데 주력한다. 사람들은 모두에게 똑같이 제공되는 사회적 기반 위에서 각자가 많은 노력을 하면 많이 얻고 노력을 적게 하면 적게 얻는 것이 사회 정의이다. 나라는 그 과정이 공정하고 효율적으로 진행되도록 시스템을 만들고 그 시스템의 작동과정을 관리하고 감독한다.

건강보험이나 실업보험, 산재보험, 국민연금 등 사회보험은 수지 균형을 맞추도록 한다. 이러한 거대 보험이 국가재정에 부담을 지우기 시작하면 나라는 무능해지고 국민 전체가 위기에 빠질 수 있다. 사회보장 체계는 위험을 공동으로 대처하여 생활의 안정성을 높인다. 사회 보험의 보장성을 높이기 위해서는 국민 부담을 높여야 한다. 통일국가는 소득 재분배 차원에서 사회보장의 국민 부담률을 점진적으로 상향 조정한다. 나라는 공공재의 공급과 공공 투자를 통해 국가 전체의 성장동력을 키우고 사회보장 체계를 효율적으로 운영하여 국민 생활의 안정을 꾀한다.

사회안전망 구축

통일국가는 사람들이 안전하게 살 수 있는 사회안전망을 구축한다. 남북한에서 시행했던 사회안전망을 승계하여 통합한다. 통일 당시의 재정상태에 따라 불가피할 경우 조정하더라도 경제 상황이 좋아짐에 따라 본래의 목표한 수준까지 상향한다. 그렇게 되기까지는 10년 정도 시간이 소요될 것이다. 나라는 국민 전체가 혜택을 누리는 공공재를 공급하는 것이 우선이다. 그러한 공공재는 사람들의 생활을 편리하게 하고 비용을 낮춘다.

성인은 기본적으로 자기 책임의 원칙으로 생활한다. 경제생활을 하는 시기는 자기의 노력으로 자기 생활을 하며 가족의 생활을 책임진다. 각종 사회보장 제도는 그들의 생활을 조력한다. 사회적 약자나 생활능력을 상실한 사람들에 대해서는 국가가 기초생활을 책임진다. 통일국가의 사회안전망은 건강보험, 고용보험, 산재보험, 국민연금이 있으며, 재정상황이 허용하는 범위 내에서 노령연금을 지급한다. 국민연금은 가입 기간에 따라 지급액의 차이를 두는 것은 불가피하다.

청소년들에 대한 교육은 공적 책임이 크다. 어린아이는 세 살 때까지는 부모와 조부모 등 가족이 돌보는 것이 좋다. 이를 위해 육아 휴직을 부모합산 최대 3년까지 보장한다. 육아 휴직 후 원 직장으로의 복직은 국가가 이를 책임진다. 이 기간 동안 아이에게는 가정이 안전망이다. 사정상 가정에서 아이를 돌볼 수 없는 경우에는 보육시설을 이용한다. 부부는 가정이 해체되지 않도록 특별한 정성을 들이는 것이 필요하다. 세 살 이후 어린이들은 유치원 등 공교육 체제에 편입된다. 유치원을 포함해서 모든 교육기관은 어린이들에 대해 교육뿐만 아니라 돌봄서비스를 제공한다. 돌봄 서비스는 시장원리를 적용한다. 국가와 지방자치단체는 돌봄산업를 체계적으로 감독하고 고용기회를 창출한다. 각 학교는 학생들에 대한 안전망이 될 수 있도록 필요한 조치를 하여야 한다. 유치원에서부터 고등학교까지 교육은 의무교육으로 하며 국가가 책임진다.

은퇴 후 노인들은 자기책임과 공적 부조의 결합을 통해 안전하게 생활한다. 노인들은 수입이 있을 때 축적했던 재원을 기본 생활자금으로 쓴다. 그 재원은 국민연금 퇴직연금 노령연금 사보험 및 주택 등 자기의 재산으로 구성된다. 나라는 사람들에게 젊었을 때 그러한 재원을 축적하도록 권장하고 돕는다. 노인들이 그들의 기본 생활자금으로 기초생활을 할 수 없을 경우에는 공적 부조로서 그것을 보충한다. 모든 사람은 최소한의 기초생활을 보장받는다. 기초생활 보장이란 의식衣食에 어려움이 없고, 병들면 치료받을 수 있으며, 집이 없으면 임대주택을 제공받는다.

통일국가의 보건의료는 공공의 책임이다. 감염병과 전염병에 대한 대처는 국가가 주도하며 어린아이들의 예방 접종체계도 완벽하다. 국경과 수출입항에서의 검역체계도 철저하게 운영한다. 나라는 도시뿐만 아니라 농어촌 지역까지 상하수도를 설치하고 오폐수나 쓰레기를 위생적으로 처리한다. 사람들이 일상생활에서 공중보건을 지키고 위생적으로 생활하도록 문화를 조성한다. 통일국가는 건강보험에서 제외되는 진료과목이 없도록 하고 치료비의 70~80%까지 보험에서 부담한다. 나라는 각 가정의 의료비 상한을 정하여 병원비 때문에 집안이 망하는 일이 없도록 한다. 의료보호 대상자들에게는 매월 일정액의 의료비를 지원하고 병원진료비 10% 정도를 본인이 부담하도록 한다. 의료보호 대상자들의 큰 질병 치료비는 별도로 관리한다.

통일국가는 소득과 재산을 합산하여 직장과 지역의 국민건강보험을 통합한다. 모든 국민이 의료보험 체제에 들어와 있고 진료의 공공성이 강화된 마당에 보험을 분리하는 것이 마땅치 않은 것 같다. 동네 작은 병원과 전문 병원, 대형병원 간의 역할 분담을 제대로 하여 모든 의료 인력이 의료서비스를 분담할 수 있도록 한다. 대형병원은 중증 질환자와 첨단 장비가 필요한 진료, 전염병 퇴치에 특화할 필요가 있다. 농어촌 지역의 동네병원에 대해서는 지방자치단체가 이를 지원하여 지역의 의료공백이 일어나지 않도록 한다. 의료서비스의 수가는 공공성에 맞게 적정수준으로 유지하여 국민부담이 늘어나지 않도록 해야 한다. 원격진료와 인공지능, 줄기세포연구 등 의학 분야의 새로운 시도들이 발전할 수 있는 길을 열어 준다. 사람들이 병들어도 품위를 잃지 않고 종신할 수 있도록 의료문화를 개선할 필요가 있다.

사람들은 학업을 끝내고 직업을 갖는다. 직장에 취업하는 경우도 있고, 자영업을 하는 경우도 있다. 그 어떤 경우이든 실업 상태에 빠질 수 있다. 통일국가는 취업과 직업훈련과 실업을 병립시켜 사회안전망을 구축한다. 사람들은 실업이 되더라도 곧바로 직업훈련소에 입학한다. 그는 여기에서 재취업에 필요한 교육을 받는다. 그 기간 동안 급여형태의 직업훈련 수당을 받는다. 직업훈련 수당은 고용보험의 실업수당과 기업과 지방자치단체와 국가가 분담한다. 직업훈련소는 관련 연구소와 기업들과 밀접하게 연계하여 인력을 배치한다. 이러한 체제는 학문과 산업과 고용을 융합하고 강력한 사회안전망 구실을 한다. 통일국가는 신문명 시대에 새로운 사회안전망을 추진한다.

직업훈련소는 지방자치단체와 기업들이 산업별로 설치하고 운영한다. 대기업은 자기 직속의 직업훈련소를 운영할 수도 있다. 직업훈련소는 산업현장에서 직접 필요한 기능을 가진 인력을 교육하는 곳이다. 직업훈련소의 강사는 해당 분야에서 오랫동안 현장경험을 했던 사람과 산업기술연구소에서 산업을 연구했던 사람들이다. 직업훈련소는 신규로 산업현장에 들어가는 사람들이 필수로 이수해야 할 과정으로 한다. 어떤 산업현장에서 인력을 조정하여 전환 배치하고자 할 때는 사전에 직업훈련소에서 직업전환 교육을 하고 전환 배치한다. 산업간 인력 조정의 필요가 있을 때에도 직업훈련소는 그 완충장치가 된다.

산업기술연구소는 지방자치단체와 대학과 기업들이 협력하여 설립한다. 이 연구소에서는 과학 지식을 산업에 적용시킬 방안에 대해 연구한다. 이 연구소에는 대학에서 석박사를 받은 사람들과 기업현장의 경험자가 같이 토론하고 연구하도록 한다. 이 연구에는 마케팅 분야도 포함된다. 연구 결과는 기업들이 공유하여 산업화하도록 한다. 산업기술연구소는 학문과 경험을 가진 전문인력의 일자리를 제공하고 국가의 산업기술 수준을 향상하는 기능을 한다. 이러한 체제는 산업현장에서 우수하게 일했던 사람들이 퇴직 후 교사로서 또는 연구 인력으로 재취업하여 기술을 전승하고 보존하며 축적할 수 있는 제도가 된다.

직업훈련소의 교육은 모든 직역에서 이루어진다. 농어업을 하거나 요식업, 이미용업, 동네 슈퍼를 하는 등 자영업을 하더라도 직업훈련을 받도록 한다. 그렇게 해서 모든 일을 과학적으로 가장 잘 할 수 있는 방법으로 하도록 한다. 직종별로 직업훈련소를 중심으로 교육을 이수하면 이수증과 자격증을 주도록 한다. 필요하거나 가능하다면 그 자격증의 등급제를 실시할 수도 있다. 자격증을 가진 사람들, 이미 용업 요식업 등 개인사업을 하는 사람들끼리 조합이나 협회를 조직한다. 협회는 회원 상호 간 부조하는 공동체가 되도록 한다. 자영업자들은 실업수당이 없다. 자영업자들의 협회가 고용보험 형태의 부조제도를 운영한다. 이 부조 제도도 지방자치단체와 국가가 지원한다.

이제 평균수명이 길어지고 평생직장 개념이 희박해 지고 있다. 불가피하게 제2, 제3의 직업이 필요한 사람들이 많아지게 되었다. 이러한 차원에서 성인에 대한 평생교육과 직업전환 교육을 활성화해야 한다. 이는 국가가 기존의 교육기관, 직업훈련기관과 손잡고 해야 한다. 대학은 교육의 수요를 청년만을 대상으로 할 것이 아니라 중장년층까지 대상으로 한다.

국가적으로 이러한 노력을 꾸준히 함으로써 나이 든 사람들의 경제 활동을 권장한다. 이렇게 하는 것이 노령사회에서도 잠재성장률을 높이며 소비를 창출하게 하고 국가 경제의 활력을 높일 수 있다. 평생 교육 체계가 단순히 교양을 높이는 데에서 머무르지 않고 생산 활동과 연계될 수 있도록 설계하여 소득과 문화가 같이 높아지게 함으로써 사람들이 인간의 존엄을 스스로 보호할 줄 알며 각박해 지지 않도록 한다.

100세 시대의 사회시스템 구축과 노후생활 보호

이제 100세 시대는 기정사실이 됐고, 120세의 시대가 오고 있다. 60세에서 65세 사이에 은퇴하는 사회구조를 전반적으로 재정비해야 할 필요가 있다. 통일국가는 60세 이상 사람들이 일할 수 있는 기회를 만들어 가야 한다. 60세 이상의 인구는 정치 사회적으로도 큰 영향력을 갖게 됐다. 이들이 사회의 모든 분야에서 생산적이고 건전한 기여를 할 수 있도록 체제를 구축해 나간다. 몸이 건강하고 일할 의지가 있는 노인들에게는 일할 수 있도록 하는 것이 개인 복지뿐만 아니라 국가 경제를 위해서도 좋다. 노인들도 자신을 매일 쇄신하여 몸과 마음이 경직되지 않도록 한다. 초고령 사회가 도래하고 있는 상황에서 국가적으로 노인들에 대한 노후생활 보장 대책을 아주 슬기롭게 설계하지 않으면 국가와 개인 모두 힘들어 진다. 사회보장은 현세대만 볼 것이 아니며, 국가의 장래와 미래세대까지도 고려하면서 적정 수준의 제도를 만들어야 한다. 정치인이 선심 공약으로 선전선동하거나 포퓰리즘에 부화뇌동하면 나라의 장래는 어렵게 된다. 계층 간 세대 간 갈등이 파괴적으로 나타날 수 있다. 중산층이 강해야 비합리적이고 파괴적인 주장을 견제할 수 있다.

대체로 사람들은 늙으면 생업의 현장에서 물러나게 된다. 사람들은 은퇴 후 생활을 자신의 연금과 기본재산, 가족부조, 공적·사적 보험 및 각종 사회보장 제도에 의하여 보호받고 종신한다. 자신의 연금이나 재산도 없고 가족과 사회적 부조도 없는 노인들에 대해서는 나라가 그 기초생활을 보장한다. 나라는 소년가장, 갑자기 극빈에 빠진 사람, 심신 장애로 인해 경제활동을 할 수 없는 사람에 대해서도 기초생활을 보장한다.

통일국가는 사람들이 젊은 시기 수입이 있을 때 기본재산을 형성하도록 지원한다. 사람들은 청장년기에 장기저리 주택구입 자금의 융자지원을 받아 자기 집을 마련한다. 그리고 은퇴 시기까지는 그 부채를 모두 상환한다. 은퇴자들은 부채 없는 자기 소유의 집이 있어 주거불안이 없다. 자기 소유의 집과 농지 및 기타 재산은 그의 기본재산이다.

통일국가는 노인들이 매달 일정액의 생활비를 확보할 수 있도록 제도를 만든다. 노인들은 대부분 국민연금 등 연금을 받는다. 연금으로 생활비가 부족한 경우에는 자신의 기본재산에서 생활비를 보충할 수 있도록 역모기지를 제도화한다. 연금과 기본재산을 통해 노인들은 비교적 여유 있는 생활을 할 수 있다. 자신의 재산이 있음에도 불구하고 본인은 노후에 곤궁하게 살다가 사후에 그 재산을 자식들에게 상속시켜 주는 것은 정의롭지 않다. 노후에는 자기의 재산을 헐어서 생활비로 쓰는 것을 사회상규와 국가적 제도로 만든다. 역모기지가 활성화되면 노인복지를 향상시키고 나라의 부담을 줄이며 노인들의 소비가 늘어 국민경제를 확대시킬 수 있다. 기본재산의 역모기지를 활성화하기 위해 상속세를 강화한다.

자신의 재산도 없고 공적·사적 보험이나 연금도 없어 기초생활 자금이 없는 노인들에 대해서는 나라가 기초생활을 보장한다. 기초생활 보장은 실제로 도움이 필요한 사람들에게 맞춤형으로 시행되도록 한다. 기초생활 보호는 국민 생활보호의 보완적인 수단으로서 상대성의 원칙과 비례의 원칙이 적용되어야 정의롭다. 나라는 노인들이 사회의 보호망 밖에서 길거리를 헤매며 대책 없이 살아가는 일은 없도록 한다.

나라와 국민은 자기 책임의 원칙을 항상 염두에 둬야 한다. 공짜는 개인의 책임의식과 주인정신을 약화시킨다. 사람들의 공짜에 대한 기대는 무한이다. 사람들이 공짜를 즐기기 시작하면 절제가 약화되고 나라의 수준이 떨어진다. 이것은 국가 경제의 활력을 떨어뜨리고 국가의 건강성과 사회보장의 지속 가능성을 훼손한다. 국가부담이 커진다는 것은 국력이 떨어지고 국가권력은 강해진다는 얘기다. 자원 배분에서 국가의 권력이 너무 강해지는 것은 사회주의국가에서 보았듯이 좋은 일 아니다.

노령화가 진행됨에 따라 제힘으로 제 몸을 관리할 수 없는 노인들이 많이 나오고 있다. 이들을 보호하기 위해 노인 요양시설을 발전시켜 나간다. 요양시설에서는 간병서비스를 의무화하고 의료비의 상한을 정해 과잉진료와 무의미한 연명치료를 금지한다. 공공의 개입을 통해 값싸고 좋은 요양시설을 만들어서 제공하는 것은 중산층의 부담을 줄여 이들을 보호하는 일이기도 하다. 노인이 치매나 중풍에 걸리면 오늘날과 같이 도시화된 사회에서 가족들의 돌봄은 한계가 있다. 이러한 중증 노인질환자를 별도로 관리하는 병원을 만들어서 이들을 치료하고 관리한다. 이러한 시설은 수익자 부담으로 운영하되 국가와 지방자치단체가 보조하고 감독하는 시스템으로 한다. 그렇게 해야 국가의 부담이 커지지 않고 일자리를 창출할 수 있다.

사회적 약자 보호

　통일국가는 자활 능력이 없고 소외받는 사람들을 보호하고 이들을 대변한다. 신체장애자나 정신박약자, 버림받은 자, 소년가장, 고아, 산업재해자, 상이용사, 중병자 등등 외부의 도움이 없이는 생존할 수 없는 사람들이 상당히 있다. 이들은 대부분 자신의 의지와는 상관없이 사회적 약자가 되었다. 나라가 이들을 보호해야 한다. 당사자나 가족에게 그 부담을 모두 지우는 것은 가혹하다. 특히 국가를 지키고 공동체를 위해 일하다가 잘못된 사람들은 특별히 더 보살펴서 그들의 생활이 곤궁하지 않도록 하고 자긍심을 갖고 살 수 있도록 한다. 그래야 공화국의 정신이 유지될 수 있다.

　사회적으로 보살핌 없는 사람들이 큰 죄를 저질러 교도소에 갔다 오면 사회에 융화하지 못 하는 일이 있을 수 있다. 그 사람들은 죄를 범하기 전부터 본질적으로 사회적 약자이고, 교도소에 갔다 오면 더욱더 약자가 된다. 이들은 외롭고 의지할 데도 없다. 이들도 인간의 존엄성을 자각하고 자기의 권리를 지킬 수 있도록 나라가 관심을 가지고 보호해야 한다. 본질적으로 악으로만 충만한 사람은 없다. 사람들의 마음에는 선한 본성이 있기 때문에 사람들이 악의 유혹에 빠지지 않게 하고 좋은 삶을 살 수 있도록 도와주어야 하는 것이 문화국가의 의무이다. 나라와 사회는 이들이 재활하여 자립할 수 있도록 도와주어야 한다. 종교단체나 사회단체는 그러한 사회적 약자의 사회적응을 돕는 역할을 하는 것이 좋겠다. 나라는 이들이 정상인으로서 생업을 도모할 수 있도록 별도의 직장을 만들고 시설을 만들어서 생활을 안정시킨다.

　외국인으로서 이 땅에 와서 직업을 갖거나 시집장가 온 사람들이 늘어나고 있다. 이들이 배우자나 가족, 사회로부터 냉대받을 수 있다. 나라는 이들이 국민으로서 보람을 느끼고 사회에 기여할 수 있도록 교육하고 사회적 편견이 일어나지 않도록 배려한다. 특히 결혼해서 온 사람들이 배우자로부터 폭행당하거나 집안에서 무시당하지 않도록 한다. 읍면동과 관할 파출소는 배우자를 교육하고 가정폭력에 적극 개입하여 불상사를 방지한다. 그들이 낳은 아이들에게 언어를 비롯한 학습을 지원하기 위해서 특별학급을 운영한다. 이들을 훌륭한 국민으로 받아들여서 우리의 문화를 풍성하게 하는 계기로 삼는 것이 좋겠다. 이 나라에 거주하는 외국인들은 바로 수십 년 전 광부로 또는 간호사로 선진국에 나갔던 과거 우리의 아버지, 형님 누나들의 이야기다. 이 땅에 이주해온 외국인들을 포용해야 우리는 더 큰 나라가 될 수 있다. 외국에서 온 그들이 스스로 우리나라의 국민이 된 것을 자랑스럽게 생각하도록 해야 한다.

통일국가는 부모의 보호를 받지 못하는 어린이를 특별한 관심을 가지고 보호한다. 태어나면서부터 버림받은 아이들, 가정의 파괴로 버림받은 아이들, 부모의 사망으로 고아가 된 아이들이 있다. 나라는 종교단체와 협조하여 고아원을 설치하여 이들을 잘 기르고 연고가 있는 집안에 입양을 시키도록 한다. 고아원에서 자라더라도 정규 학교에 입학시켜 사회 생활을 정상적으로 티 없이 할 수 있도록 고아원이 지원한다. 이혼이나 미혼모 등으로 인해 한 부모 가족이 생길 수 있다. 이들은 대부분 저소득인데 그 아이들도 정상교육체제에 편입하여 돌보도록 한다. 배우자로부터 폭행당하거나 쫓겨난 사람들이 있다. 이들을 보호할 수 있는 공간을 지방자치단체별로 만든다. 사회적 약자를 체계적으로 보호해 나가기 위해서 심청 재단, 허황옥 재단, 장발장 재단 같은 것을 만들어 제도화시켜 나가는 것도 좋겠다.

지방자치단체는 자활능력이 없는 사람들의 생활을 직접 부조한다. 지방자치단체는 모든 읍면동에 하나 이상의 복지마을을 만들어 운영한다. 여기에는 자활능력이 없고 의지할 곳도 없는 사람이나 갑작스럽게 곤경에 처한 사람, 절망에 빠진 사람들을 거두어 보호한다. 복지마을에 들어오고 나가는 것은 자유롭다. 이렇게 복지전달체계를 집결시키면 지역행정과 자원봉사자와 지역공동체가 그들을 경제적이고 효과적으로 보호할 수 있을 것이다. 복지마을에서는 그 자체에서 생산과 봉사활동이 스스로 일어나도록 유도한다. 지방자치단체는 이들을 보호할 수 있는 민간의 공동체 형성을 권장한다.

사회적 약자라고까지는 할 수 없으나 자라나는 청소년들이 정신적으로 건전치 못하거나 나쁜 유혹에 빠지지 않도록 해야 한다. 특히 중고등학교 시절은 매우 중요하며 유혹도 많고 거기에 약한 시기이다. 이 시기에는 규율과 절제가 필요하며 많은 학습을 해야 한다. 이들을 잘 키울 수 있도록 어른들이 협조해야 한다. 청소년들에게 술 담배 약물 등을 팔거나 타락하게 만드는 사람들은 매우 엄정하게 처벌한다.

4

대동사회의 꿈

우리 조상들은 오랫동안 대동사회를 추구했다. 대동사회는 아름다운 정치에 대한 조상들의 꿈을 대변한다. 대동사회에서는 사람들이 자기의 소질에 따라 원하는 바를 실현하고, 그로 인해 타인과 공동체 발전에 기여한다. 어린이는 보호받고 자라며, 젊은이는 일할 곳이 있고 가정을 꾸려 자식을 낳아 기를 수 있다. 늙은이는 생활이 편안하고 품위 있게 종신終身한다. 사회적 약자는 도움을 받을 곳이 있다. 무엇을 이루고자 하는 사람은 도전하여 성공할 수 있는 기회가 열려 있다. 사람들이 모두 평등하고 억울한 일을 당하지 않으며 차별을 받지 않는다. 사회가 경직되지 않고 유연하며 항상 새로운 기운이 넘친다. 나라는 정의를 추구한다. 현능한 사람이 앞장서서 나라를 이끌어 가며, 창의적이고 도덕적인 활동이 존중받는다. 나라는 경제적 안정과 바른 윤리와 건전한 질서가 유지된다. 이와 같은 세상은 고전禮記에서 그렸던 대동지세大同之世의 모습이다. 우리 조상들은 이것을 다 알았다.

통일국가는 조상들의 그 꿈을 상속한다. 통일은 새로운 나라를 만드는 작업이다. 통일국가는 사람을 하늘로 삼는다以民爲天. 통일국가는 역동성을 높여 모든 사람에게 희망과 기회를 준다. 통일국가는 국민의 안전을 지키며 정의를 수호하고 질서를 유지하며 공공의 수요를 해결할 능력을 갖춘다. 나라는 국민들의 고통을 해결하며, 국민경제의 성장과 국부의 공정배분에 힘쓴다. 지도자와 공직자는 그러한 나라의 일을 반드시 실천하는 책임을 다하며, 그 일을 할 때 항상 공경하고 정성스러우며 장중하되 겸손하다.

통일국가는 세상의 이치를 잘 살피고 이를 현실에 적용한다. 통일국가의 일은 사실에 기초하고 거짓이나 과장이 없다. 사실은 화려하지 않고 분명하다. 이론과 말이 화려할수록, 구호가 거창할수록 이는 사실과 거리가 멀다. 정치가 선전선동으로 요란하고 화려하면 사람들의 삶은 고단해진다. 나라는 어떠한 경우에도 현실을 호도하거나 사람들을 현혹시키거나 책임을 회피하지 않는다. 국가지도자의 말과 글은 담담하고 사무적이며, 행동은 꾸밈이 없다. 현실은 담담하기가 물과 같지만, 이론보다 항상 선진적이며 책상보다 훨씬 창조적이다. 통일국가에서는 사람이나 사물이나 언어가 모두 제 위치에 있고 제대로 쓰이며, 나라의 일은 때를 놓치지 않는다. 또한 통일국가는 공동체의 이상을 추구하며 창의를 존중한다.

통일국가는 4차 산업혁명, 문명의 대전환기에 마주섰다. 통일국가는 시대의 흐름을 읽고 그 시대 흐름에 맞게 쇄신한다. 이 세상 모든 것은 한순간도 제자리에 머물러 있지 않는다. 이는 나라에도 똑같이 적용되는 원리이다. 과거는 낡은 것이고 새로운 시대를 생각하는 데 하나의 참고이지 오늘을 재단할 수 없다. 오늘의 일은 날마다 새롭다. 나라는 시대의 변화에 조응하여 생각과 말과 이론과 제도를 창조한다. 통일국가는 사람의 자율성을 존중한다. 사람들은 본능적으로 자기의 위치와 제 할 일을 안다. 그들은 큰 틀이 결정되면 그 구조 속에서 자신들의 할 일을 찾아간다. 국가는 나라의 방향에 대해 대강을 철저히 지켜나가고, 사람들은 그 틀 안에서 자기 통치를 한다. 나라의 지도자는 나라의 안전과 사람들의 자유와 인권, 국민생활의 안정과 사회의 정의를 위해서 책임을 다한다.

통일국가는 상생의 공동체, 대동사회를 지향한다. 통일국가는 국민이 주인이고, 사람이 최고의 가치이며, 늘 상향하는 세계 최고의 나라이다. 통일국가는 국민의 자유와 자율을 존중하고, 정의에 기초하여 선善을 추구한다. 통일국가는 국민의 공론이 지배하며 사실과 때를 맞추어 창신하고 일신하며 세상에 문을 열고 소통한다. 통일국가는 그러한 나라이다.

에필로그

나는 한반도의 통일을 주장한다. 지금 우리나라에서 많은 사람이 통일에 대한 기대를 접고 있다. 통일이 과연 가능한 일이냐 하는 회의도 생겨나고 있다. 더 나아가서는 통일할 필요 없이 두 국가로 공존하는 것이 현실적이고 바람직하다는 주장까지도 나오고 있다. 주변국들도 하는 것으로 봐서는 한반도 통일을 생각지 않는 것 같다. 돌아가는 주변 정세가 암담하기만 하다. 일상의 소확행小確幸을 추구하는 청년들에게 통일이라는 거대 담론이 가당키나 할까? 이러한 불온한 분위기에 맞서 통일해야 한다고 주장하는 것이 이제 시대에 뒤떨어지고 무모해 보이기도 한다. 통일을 주장하면 가끔은 익명의 세계에서 엄청난 욕설이 쏟아지기도 한다. 통일하자고 주장하는 데에는 용기가 좀 필요한 상황이 됐다. 상당히 씁쓸하다. 그래도 나는 분단 고착의 불온한 기운에 맞서 우리 한민족은 통일해야 한다고 주장한다.

통일하는 것은 우리의 원상을 회복하는 일이다. 통일된 한민족의 나라는 비로소 자주독립국가로서 언제나 당당한 나라가 될 것이다. 우리나라는 통일로서 동족상잔이나 외침의 위험에서 벗어나 항상 평화로운 나라가 될 것이다. 그러한 우리나라는 자유와 인권이 철저히 보장되고 억울함과 차별이 없으며 정의로운 나라가 될 것이다. 우리는 이러한 통일의 가치를 포기할 수 없다. 지금 정세가 아무리 어렵다 하더라도 우리는 통일의 깃발을 부여잡고 있어야 한다. 그래야 통일은 가능성이나마 열릴 수 있다. 뒷날 이 땅에서 살게 될 우리의 후손들은 분단 현실에 안주하며 살자고 주장했던 사람들을 어떻게 볼 것인가?

통일로 인해 한민족은 정신이 개벽되고 나라의 틀이 달라짐으로써 눈높이가 높아진다. 우리나라는 知力이 높고 도의가 살아있으며 문화의 힘이 있는 나라가 될 것이다. 우리나라는 선진경제를 이루고 모든 이들이 생업을 갖는 궁핍 없는 나라가 될 것이다. 통일로 인해 냉전적 제약이 사라지고 더 큰 나라가 됨으로써, 우리나라는 역동적인 쇄신과 移動이 자연스럽게 이루어져 날마다 새로워지는 나라가 될 것이다. 우리나라는 海陸國家로서 문명의 융합을 이루고 세계의 중심이 되는 나라가 될 것이다. 통일이 되면 5천 년의 역사와 냉전의 경험과 동서양 문명을 융합하여, 우리나라는 모든 면에서 세계 일등이 되어 만방萬邦이 본받기를 바라는 나라가 될 것이다. 우리나라는 세계 5강이 되어 주변의 어느 나라도 넘볼 수 없는 위엄 있는 나라가 된다. 그러한 우리나라는 세계 평화에 기여하고 인류의 무지와 가난을 물리치는데 선봉에 설 수 있는 힘이 있는 나라가 될 것이다. 그래서 우리들의 조상들과 우리들과 우리들의 후손들이 통일된 조국을 길이 자랑스러워할 것이다. 나는 우리나라가 평화통일을 이룩하여 이러한 나라가 되기를 소원하며 이 글을 썼다.

나는 우리 민족이 이 꿈을 놓아버리지 않기를 희망한다. 남북한이 하나의 민족이라는 생각을 공유하고 통일해야 한다는 생각을 품고 있다면, 우리는 반드시 통일을 이룩할 수 있다. 세상은 날마다 변한다. 앞으로 무슨 일이 벌어질지 알 수는 없으나 남북한이 분단에 그대로 머물러 있을 수 없는 것이 사물의 이치이다. 우리는 통일을 위해 노력하고, 그 기회가 오면 주저 없이 통일국가를 이룩해야 한다. 우리는 그 과정의 어떠한 혼란과 어려움도 이겨낼 수 있다. 우리는 아직도 할 일이 남아 있다. 우리에게는 희망이 있다.

나는 통일국가를 이룩하고자 하는 청년들과 동지들이 많아지기를 바란다.

통일에 대한 관심이 약화되면서 관련 서적의 출판 환경도 열악하다. 참 안타까운 현실이다. 어려운 사정에도 불구하고 『통일국가론』을 흔쾌히 출판해 준 늘품플러스의 전미정 대표님과 편집부 직원들에게 감사를 표한다.